Christiane Grefe/Peter Heller/Martin Herbst/Siegfried Pater

Das Brot des Siegers

Dem couragierten Mitarbeiter in der McDonald's-Zentrale in Chicago gewidmet, ohne den dieses Buch nicht möglich gewesen wäre.

Über die Autoren

Christiane Grefe, geboren 1957, seit 1987 Redakteurin bei der Wochenzeitung »Die Zeit«, davor freie Journalistin.

Peter Heller, geboren 1946, Sachbuchautor, Publizist, freier Filmemacher.

Martin Herbst, geboren 1959, freier Journalist.

Siegfried Pater, geboren 1945, Publizist, Autor mehrerer Bücher zu entwicklungspolitischen Themen.

Christiane Grefe/Peter Heller
Martin Herbst/Siegfried Pater

Das Brot des Siegers

Die Hamburger-Konzerne

Lamuv Taschenbuch 55

CIP-Titelaufnahme der Deutschen Bibliothek

Das Brot des Siegers : d. Hamburger-Konzerne / Christiane Grefe ...
– Bornheim-Merten : Lamuv Verlag 1987. –
(Lamuv-Taschenbuch ; 55)
ISBN 3-88977-134-3

NE: Grefe, Christiane [Mitverf.]; GT

Bitte fordern Sie unser kostenloses Gesamtverzeichnis an:
Lamuv Verlag, Düstere Straße 3, D-3400 Göttingen

1. Auflage, Oktober 1987
2. Auflage, Mai 1989
Gesamtauflage: 19 000

Umschlagentwurf: Marlies Rieper-Bastian
Gesamtherstellung: Steidl, Göttingen
ISBN 3-88977-134-3

Inhaltsverzeichnis

7 **Das burgerliche Zeitalter**

11 **Niedergang und Aufstieg des Finger-Food**

23 **Maschinenfutter**

Marlboro-Country · Rohstoff Tier · Bullen für Buletten · Fett-Patties · Traumtomaten · Bauernsterben · Agrobusiness · Effizienz – der moderne Aberglaube · Konzentration durch vertikale Integration · Die Speisekarte der Multis · Kinder des Agrobusiness · Aus Erdäpfeln wurden Bintjes · Buns · Deutsche Pioniere · Food-Design

71 **Die Service-Revolution**

Das System-Korsett · Heiße Theken · Die totale Kontrolle · »Du gehörst zu einem Sieger-Team« · Time is money · Blechkellner · König Kunde soll einen schnellen Abgang machen

95 **Die Buletten-Knechte**

Immer lächeln · Ronald Reagans McDonald's-Gesetz · »Wir haben keine Gewerkschaft . . .« · Regieanweisungen für Einstellungsgespräche · »Die haben einen Riesenaufstand gemacht«

121 **Hamburgerologie**

Die Burger-Akademien · Mit Lizenznehmern auf Expansionskurs · Wie Millionäre gemacht werden · Familienkrach im Hause McDonald's

141 **Die Mäuler im Sturm erobern**

Die wundersame Vermehrung · Die einfältige Vielfalt · Fast Food around the clock! · Liebe auf den ersten Biß · Hackfleisch-Ordnung international · Traumrenditen

177 **McDonald's als Entwicklungshelfer**

Gesegnete Mahlzeit! · Wurstkühe · VW: »Darüber freuen sich Millionen« · Kraftfutter für den Big Mäc · Fleisch frißt Menschen · Bürger contra Burger

205 **Das gesunde Mißtrauen**

Hartnäckige Gerüchte kursieren · Gaumenkitzel · Unberechenbare Zutaten · Die starke Wirkung von Herbiziden · Der Appetit kommt nach dem Essen · Die süße Sucht · Der konstruierte Geschmack · »Bugs« Burger Bug Killers

233 **Burger-Propaganda**

Marketing-Strategen · Konsum-Entertainment · Restrisiko Kunde · Expansionshindernis Standort · Die idealen Mitarbeiter · Die aggressive Missionsgesellschaft · Burger-King

261 **Die Big-Buck-Philosophie**
»Kapiert, Chruschtschow?« · Ganz klar: sauber und anständig · Die fröhliche Diktatur · Jeden Tag eine gute Tat · That's the way of life

285 **Letzte Meldungen aus der kulinarischen Welt**
Nachwort zur Taschenbuch-Ausgabe

Das burgerliche Zeitalter

Wall Street. Lunch Hour in Manhattan. Die Bürohäuser spucken Menschenmassen aus. Männer in blauen Anzügen und hochhackige Bürodamen in eintöniger Eleganz zwängen sich durch die Straßen, teilen sich auf die zahllosen Fast-Food-Lokale auf, hasten mit Papiertüten wieder heraus und kehren in die »Offices« zurück, jeder mit seinem Hamburger-Faustgericht; geschniegelte Kannibalen.

München, Pariser Platz. Heute mittag probiert die 63jährige Frau Eginger im grellbunten *McDonald's* ihren ersten Hamburger. Die Enkelin hat sie ins Lokal gezerrt. »Mal was Neues«, denkt Frau Eginger. »Praktisch.«

»Kannst du mir mal einen Hamburger kaufen?« bettelt ein hungriger Obdachloser vor einer Filiale der Kette *All American Burger* in Santa Monica, Kalifornien.

Oder Nairobi. Die Kolonisierten haben gelernt. Bei *Wimpy's* essen schwarze afrikanische Städter ihren Hamburger mit Messer und Gabel.

Karlsruhe, Innenstadt. Die junge Frau streunt seit Stunden ziellos durch Kaufhäuser, stiert blicklos in Auslagen. Niemand wartet auf sie. Sie ist nicht hungrig. Die Plastiktüten an die Wand gelehnt, hat sie sich in die roten Plastikstühle fallen lassen, den Hamburger mit beiden Händen im Griff. Ein Einzeltisch, man muß niemanden ansehen – niemand sieht einen an.

Gleichzeitig Rio de Janeiro. Ein Junge träumt von der großen Reise ins Land der Dinge. Wahrscheinlich wird er sie sich niemals leisten können. Doch die Vereinigten Staaten kommen zu ihm: er hat einen Job bei McDonald's.

El Salvador: Die Hamburger-Niederlassung von McDonald's wird von Soldaten mit locker sitzender Maschinenpistole bewacht.

»Die Staatsform wechselt – die Bulette bleibt«, schrieb der Schriftsteller Arno Schmidt. Ein Faustgericht als Epidemie: Ost, West, Nord, Süd – der Hamburger hat Erfolg. Und wer Erfolg hat, hat recht, sagen die US-Amerikaner: »Never argue with success« – leg dich mit dem Erfolg nicht an. Doch hat recht, wer Erfolg hat? Ursprünglich der kleinste gemeinsame Eßnenner der Nation der Nationen, verbreitet sich der Hamburger mit scheinbarer Harmlosigkeit auf dem ganzen Erdball. Warum?

Wo Mobilität, Effizienzdenken und Selbstverwirklichungsideale das Essen zur lästigen Notwendigkeit gemacht haben, da greift man nach ihm; die »Hol-mich-iß-mich«-Funktionalität hat Ruhe und Muße am großen Tisch ersetzt. »Mach mal Pause«, wirbt Coca-Cola. »Du verdienst eine Pause«, wirbt McDonald's. »Aber die werden Sie nicht kriegen«, meint der US-Kommunikationswissenschaftler Marshall Fishweck.

Keine Pause von der Arbeit – denn der gleiche Rhythmus bestimmt auch den übrigen Tag. Keine Pause also auch von der immer mehr von Konsum- und Leistungsdruck in Griff gekrallten Freizeit. So werden die Umworbenen ständig neu in eine der fettdunstigen Kultstätten der Abfütterungsindustrie gespült, die einander gleichen wie massenproduzierte Kleidungsstücke, wie konfektionierte Ferienreisen und Fernsehserien, wie normierte Musikklänge und -idole, Möbel und Gedanken. »Ein Prozeß der Nivellierung wurde eingeleitet, der alles Authentische und Besondere vernichtet«, sagt Pier Paolo Pasolini. Längst macht die sogenannte Modernisierung vor den intimsten Bereichen des Menschen nicht mehr halt: vor Sex nicht und auch nicht vorm Essen.

Nährboden des Hamburgers ist die Industrialisierung. Vom Grad der Entfremdung einer Gesellschaft hängt ab, wie weit sie mit der Bulette schon gekommen ist. Der Konsument, der seinen Burger kaut, ist Ergebnis des gleichen Prozesses wie der Burger selbst. Das Primat der Wirtschaft hat aus Essen Lebensmittelprodukte gemacht – und hat uns Zeit und Phantasie für Mahlzeiten geraubt. Die schnelle Mahlzeit zwischendurch ist nicht nur Gag – »Essen mit Spaß«; sie ist Bedürfnis für den, der mithalten will. Ist für die Produktion Zeit gleich Geld, so ist für den Konsumenten Zeit gleich Freizeit geworden – zu kostbar, als daß man sie fürs Kochen hergäbe. Essen dient der notwendigen Befriedigung von Hungergefühlen einerseits – oder aber es steigt auf zur Freizeitgestaltung mit »Erlebniswert«. Doch käuflich, fremd, Tauschobjekt, Ware ist es allemal. Ist uns die Produktion unserer Nahrung durch wirtschaftliche Arbeitsteilung aus der Hand geraten, so folgt nun ihre Zubereitung. Na und?

Computer-Menüs. Zeit sparen. In Michael Endes »Momo« sparen die grauen Männer soviel Zeit, daß sie am Ende nichts mehr mit ihr anzufangen wissen ... McDonald's treibt uns an: »Die so gesparte Zeit kann man sinnvoll nutzen: ein kleiner Einkaufsbummel, ein Gang zum Amt, Joggen im Park oder ein paar Takte lesen.«

Wer bestimmt den Wert der Dinge und des Tuns? Was ist »sinnvoller«: Joggen im Park oder eine Mahlzeit zubereiten? Ist das Unvorhergesehene, Spontane, Unberechenbare, Überraschende, Einzigartige schon im Acht-Stunden-Tag beseitigt, so verliert nun auch das Essen die Authentizität des Augenblicks.

Was bedeutet dieser Verlust? Was sind die Folgen? »Küche ist eine der stärksten kulturellen Ausprägungen eines Landes oder einer Gesellschaft«, meint der französische Kulturminister Jack Lang. Kochkunst sei »ein Werk der Liebe«, so der Autor Jean Ferniot, »weil man sich nicht für sich selbst an den Herd stellt«. Die Franzosen wollen eine Koch-Hochschule und das Schulfach »Geschmackserziehung« einführen.

Doch kulturkritisches Nörgeln greift nicht; sensible Pessimisten, die es ums Abendland bangt, hat die kapitalistische Logik längst eingeholt. Sie ist zwingend: gierig frißt sich die Industrialisierung von den Sachgütern über die Lebensmittelproduktion bis zu deren Verteilung vor – auch unsere Hirne und unsere Zeit hat sie längst verschlungen. Das Essen im Vorbeigehen ist uns reales Bedürfnis. Effizienz wird uns abverlangt – können wir nicht mehr anders? Wir essen und lesen, essen und arbeiten, essen und schreiben, gehen, rennen. Wir essen in der U-Bahn, im Auto, an der Haltestelle, auf der Straße – verfolgt von den Werbeplakaten der Schnellfutterketten, die uns das Maul stopfen wollen.

Doch Körper und Seele protestieren an ihren Grenzen: Bedenkliche Eßstörungen wie die Eßsucht nehmen zu. »Vom Essen besessen« seien die US-Amerikaner, meinen die beiden Autoren Karen und John Hess; ihr Verhältnis zum Essen sei »neurotisch, krank, unglücklich«.

Kein Thema für Hamburger-Produzenten. Sie freuen sich, daß man ihnen nicht entkommen kann: »Hunger hat jeder jeden Tag«, sagt der Marketing-Chef von McDonald's Deutschland, Rolf Kreiner. »Das ist anders als bei Autos oder beim Kinderkriegen.«

Niedergang und Aufstieg des Finger-Food

Das behaarte Wesen hockt auf einem Felsen und frißt. Gierig beißt es in ein Stück Fleisch, das es in den Händen hält, und das Blut trieft ihm über den Pelz am Kinn, Unterarmen und Brust. Aufmerksam schaut das Wesen um sich. Jeden Moment kann ihm ein Feind die Beute entreißen; auch vor Artgenossen ist es nicht sicher. Noch tiefer gräbt es seine Finger in das dampfende Fleisch und reißt ein ums andere Mal hektisch einen Fetzen ab. Was im Magen ist, kann ihm nicht mehr genommen werden.

So mag es vor einigen Millionen Jahren, auf der Schwelle des Tieres zum Menschen, zugegangen sein. Die ersten Lebewesen, die als Menschen bezeichnet werden können, aßen mit Fingern, ihre Nahrung war *Finger-Food*.

Irgendeine Technik der Nahrungsbeschaffung, -zubereitung und -aufnahme (über die rein instinktiven Fertigkeiten hinaus) war nicht bekannt. Die ersten Menschenwesen (wobei durchaus nicht klar ist, was noch als Tier und was schon als Mensch bezeichnet werden kann) rangen buchstäblich mit Händen und Füßen um ihr Essen, gleichgültig, ob sie nun Wurzeln aus dem Boden gruben, Kleinnager und Insekten fingen oder gemeinschaftlich ein größeres Tier erlegten. Sie befanden sich im ständigen Nahkampf mit der Natur. Sie waren Teil dieser Natur. Eine Trennung – hier Mensch, da Umwelt – existierte noch nicht. Der essende Mensch war nur ein kleiner Teil von dynamischen Prozessen (Witterung, Bodenbeschaffenheit, Tierreichtum und so weiter), die er nicht beeinflussen, die ihn am Leben erhalten, aber auch umbringen konnten.

Die Ernährungsgeschichte des Menschen ist ein Teil seiner Entfremdungsgeschichte, jener Geschichte also, in deren Verlauf er sich immer mehr aus dem unbedingten Verwobensein in die dynamischen Naturprozesse herauslöste. Er bewerkstelligte dies, indem er Puffer zwischen sich und die Umwelt schob. Vorratshaltung beispielsweise ist ein solcher Puffer, der negative Umweltprozesse – zum Beispiel Nahrungsmangel im Winter – abfangen soll.

Dadurch, daß sich die Menschen Vorräte anlegten, entfremdeten sie sich gleichzeitig von den Naturprozessen. Die Sicherheit des Menschen vor der Natur ging immer auch zu Lasten seiner Verbindung mit der Natur. Die Bemühungen des Menschen waren von Anfang an auf eine Entfremdung von der Umwelt ausgelegt, denn nicht länger mochte er einem System ausgeliefert sein, das ganz anderen Gesetzen als denen des menschlichen Wohlbefindens und bequemen Überlebens folgte.

Die Tatsache, daß die Menschen zu Beginn mit den Fingern aßen, ist Ausdruck ihrer Verbundenheit und ihres Angewiesenseins auf die natürliche Umwelt. Wenn wir heute mit Bestecken Nahrung zu uns nehmen, so ist das Ausdruck unserer Distanz zu eben dieser Umwelt. Wir halten uns die Natur vom Leibe.

Wie und womit er sich ernährt, das hat in der Entwicklung des Menschen schon immer eine entscheidende Rolle gespielt: »Das Schicksal der Völker hängt von ihrer Ernährung ab«, sagte noch im letzten Jahrhundert der Geschmacks-Philosoph Anthelme Brillat-Savarin. Einige Forscher vermuten, die Nahrung (beziehungsweise deren Fehlen) sei es gewesen, die den Affen veranlaßte, in das Grasland hinabzusteigen und dort sein Auskommen zu suchen.

In der Steppe wurden den Affen die Hände frei für andere Tätigkeiten als Klettern. Im Blickfeld ihres dreidimensionalen Gesichtssinnes konnten sie Gegenstände manipulieren, und damit waren Voraussetzungen zur Herstellung von Werkzeugen und Waffen geschaffen. Die Entwicklung solcher Techniken verbesserte die Nahrungsgrundlage der menschlichen Wesen; die ersten Werkzeuge und Waffen wurden nur zur besseren Lebensmittelbeschaffung erfunden. Steine, später Lanzen und Wurfgeschosse halfen, die Beute zu erlegen, scharfe Faustkeile, sie zu zerlegen.

Mit dem ersten Steinwurf hatte der Mensch seine Umwelt schon verraten, denn damit sanken die Chancen der Beutetiere erheblich, und die seinen stiegen. Die Umwelt war den menschlichen Waffen nicht gewachsen (das spielte zunächst noch keine große Rolle, weil eben noch nicht viele Menschen herumliefen). Es scheint, als habe der Mensch mit der Einführung der Technik die Spielregeln des Ökosystems verletzt; die Überlebenschancen waren von da an ungleich verteilt, und die Distanz zwischen Mensch und Umwelt wuchs.

In den ersten paar hunderttausend Jahren seiner Geschichte stammte die Nahrung des Menschen aus seiner unmittelbaren räumlichen und zeitlichen Umgebung. Der Einzugsbereich einer Horde betrug kaum mehr als einige Kilometer, und auch die Haltbarkeit der Lebensmittel war kaum zu beeinflussen. Pflanze und Tier mußten innerhalb weniger Tage verzehrt werden, oft innerhalb weniger Stunden.

Die zweite Phase der Ernährung, deren Höhepunkt in der Zeit vor der Industriellen Revolution erreicht wird, ist gekennzeichnet durch eine gewaltige Ausdehnung dieses Einzugsbereiches. Konservierungsmethoden wie Kühlen, Trocknen und Einsalzen ermöglichten den Verzehr von monatealten Nahrungsmitteln. Mit Segelschiffen, Pferd und Wagen wurden Lebensmittel und vor allem Gewürze aus Entfernungen von Hunderten, manchmal Tausenden von Kilometern herangeschafft. Die immer größere Auswahl an Zutaten und die Fertigkeiten im Kochen, Braten und Backen begünstigten das Entstehen regelrechter Rezeptkulturen, die sich auch in der Niederschrift von Kochbüchern bemerkbar machten. Schon aus dem Athen des Altertums sind Titel wie »Die Kunst des Kochens« überliefert, und es scheint mindestens ein Dutzend kulinarischer Leitfäden gegeben zu haben, die sich mit dem Einlegen, den Gemüsen, der sizilianischen Küche und anderen Themen befaßten. Größere Bedeutung erlangten Kochbücher allerdings erst nach Erfindung der Buchdruckerkunst.

Die Lebensmittel waren – in dieser zweiten Phase der Ernährung – ungleich verteilt. Die Kreation neuer Speisen und Gerichte fand vorwiegend hinter verschlossenen Türen statt, in den Palästen von Adel, Klerus und Monarchen. Das Volk ernährte sich vor allem von Kraut und Rüben, allerlei Breigerichten, Brot, Grütze aus Hafer, Erbsen, Bohnen, Hirse, Gerste, Weizen und allenfalls Roggen. Das Kochbuch der Anna Wecker etwa, in den letzten Jahren des 16. Jahrhunderts erschienen, befaßt sich nur zu einem Fünftel mit Fleischgerichten. In der Hauptsache handelt das Werk von »Mandel/Gersten und allerlei Gemüß«.

»Wenn der Bauer Vieh aufzog, war es zu einem guten Teil für die Privilegierten, Adel und Bürgertum«, schreibt der Zivilisationsforscher Norbert Elias. Das Volk durfte die Leckereien liefern und manchmal auch zuschauen, wie die Früchte seiner Arbeit verpraßt wurden. Bei solchen besonders prächtig aufgeputzten Schau-Essen wurden beispielsweise ganz vergoldete Lämmer, Kälber und Hirsche serviert, um manchmal verspeist, gelegentlich auch dem gaffenden Publikum preisgegeben zu werden. Oft drängten sich die Zuschauer so sehr, daß der Ablauf des Mahles gestört wurde. Die Köche, die das alles anrichteten, waren Zeremonienmeister, Public-Relations-Spezialisten und noch mehr für ihre Herren, während die große Mehr-

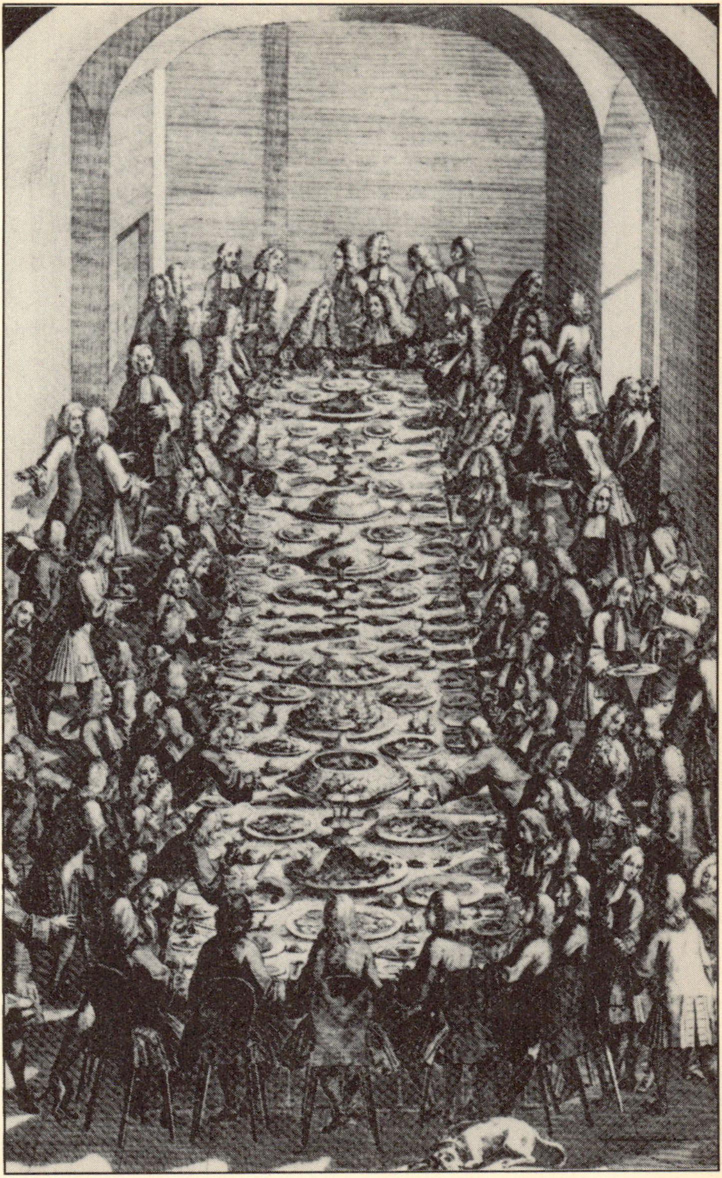

zahl ihrer Kollegen in Gasthäusern und Wirtschaften im Trüben fischte. Einen solchen »Schmutzbruder« könne er ohne Mitleid öffentlich zur Schau stellen lassen, echauffierte sich 1797 der Arzt M. A. Weikard.

Die Entfremdung des Menschen von seiner Nahrung hatte wunderliche Blüten getrieben. Lebensmittel wurden zum Machtfaktor; was einer aß, wurde zum Rangabzeichen hochstilisiert: »Man aß, wie es seinem Stand zukam, in den man wie in eine Staatsangehörigkeit hineingeboren wurde. Wie der einzelne Mensch kaum auf den Gedanken kam, aus seinem sozialen Status auszubrechen, so wenig kam es ihm in den Sinn, die für ihn vorgeschriebene Ernährungsweise zu wechseln«, schreibt der Ernährungswissenschaftler Teuteberg. Verzehrte das gemeine Volk ein Stück Wild, so war das bereits ein Politikum, ein Angriff auf die bestehende Ordnung.

Auch heute noch gibt es Speisen mit besonders hohem gesellschaftlichem Ansehen, man denke nur an Kaviar, der so etwas zu sein scheint wie eine rituelle Speise der Oberschicht – wer davon ißt, meint, dazuzugehören. Ohne weiteres ließen sich Rangordnungen für Speisen und Getränke aufstellen mit Froschschenkeln, Langusten, Krimsekt und Champagner an der Spitze, Schweinsbraten mit Knödeln im volkstümlichen Mittelbau und Currywurst mit Pommes frites oder Hot dog als Underdog-Mahlzeiten.

Für die Menschen des Mittelalters und der Neuzeit war die Produktion von Nahrungsmitteln nach wie vor ein mühsames Geschäft. Zwar lebte man durchaus nicht mehr von der Hand in den Mund wie die Ahnen in grauer Vorzeit; immerhin beherrschten mittlerweile die Menschen die Techniken von Ackerbau und Viehzucht. Trotzdem mußten die Lebensmittel dem Boden abgerungen werden – und von Zeit zu Zeit brach das dünne Eis, und die Bevölkerung war Hungersnöten ausgeliefert, zum Beispiel zu Beginn des 17. Jahrhunderts, während des Dreißigjährigen Krieges.

Die hungerleidenden Menschen gingen soweit, »Katzen und Hunde, Baumrinde, Ratten und Mäuse zu verschlingen, ja sogar vor menschlichen Leichnamen scheute man nicht zurück. In Neustadt in der Pfalz mußte 1635 der Friedhof bewacht werden, um das Ausgraben der Leichname zu verhindern«, heißt es in der »Allgemeinen Wirtschaftsgeschichte Deutschlands« von Josef Kulischer.

Die Not galt freilich nur für die große Mehrheit. Einer kleinen Minderheit ging es blendend: »Ein großer, festlich erleuchteter Saal, in der Mitte desselben und nach der Tiefe des Theaters eine reich ausgeschmückte Tafel, an welcher acht Generale sitzen. Rechts und links davon, mehr nach hinten zu, noch zwei andere Tafeln, welche jede mit sechs Gästen besetzt sind. Vorwärts steht der Kredenztisch, die ganze vordere Bühne bleibt für die aufwartenden Pagen und Bedienten frei. Alles ist in Bewegung, Spielleute ziehen über den Schauplatz um die Tafel herum.« So lautet eine Regieanweisung in Schillers historischem Drama über den Dreißigjährigen Krieg »Wallenstein«.

In der zweiten Phase der Ernährung konnte die Effektivität der landwirtschaftlichen Produktion nur langsam gesteigert werden, und wenn, dann durch vergleichsweise »sanfte« Methoden wie Dreifelderwirtschaft und Fruchtwechsel, mit denen sich der Landmann allgemein besser auf die Ergiebigkeit der Böden einstellte. Viel mehr Menschen als heute erzeugten auf mehr Nutzfläche weniger Nahrungsmittel.

Das verzehrte Mahl war etwas Einmaliges. Jedesmal würde es etwas anders schmecken, aussehen oder riechen, und darin kamen die unterschiedlichen Bedingungen der Natur zum Ausdruck, aber auch Stimmungen und Fertigkeiten des Koches und anderes mehr. Eine Speise war ebensowenig exakt reproduzierbar wie der Augenblick und das Gefühl. Es bestand auch gar keine Notwendigkeit für irgendwie genormte Mahlzeiten, was sich erst änderte, als die Bevölkerung zunahm und sich massenweise in den Städten konzentrierte.

Obwohl die Menschen angeblich nicht dazu geschaffen sind, »in Ameisenhaufen zusammengedrängt zu werden« (Rousseau), suchte immer mehr Landvolk seine Zukunft in den neuen Bevölkerungszentren: »Wir wollen in die Stadt marschieren und drinnen unser Glück probieren«, heißt es in Nestroys »Lumpazivagabundus«. Denn die Städte verhießen Arbeit und Wohlstand für Massen, sobald sie Standort einer neuen Produktionsform, der Industrie, geworden waren. Seit der Mitte des 18. Jahrhunderts verdingten sich Hunderttausende zum Beispiel in der sprunghaft wachsenden englischen Textil- und Baumwollindustrie. Die Fabrikstädte Manchester, Leeds, Birmingham und Sheffield hatten 1760 zwischen 15 000 und 40 000

Einwohner; 1850 war ihre Bevölkerungszahl auf das Sechs- bis Zehnfache angestiegen.

Die Städte diktierten ihren Bewohnern neue Ernährungsbedingungen. Mit der familiären Versorgung, wie sie Jeremias Gotthelf 1842 beschrieb, war es weitgehend vorbei: »Als endlich alle saßen, kam die Suppe auf den Tisch, eine schöne Fleischsuppe, mit Safran gefärbt und gewürzt und mit dem schönen, weißen Brot, das die Großmutter eingeschnitten, so dick gesättigt, daß von der Brühe wenig sichtbar war. Nun entblößten sich alle Häupter, die Hände falteten sich, und lange und feierlich betete jeder für sich zu dem Geber jeder guten Gabe. Dann erst griff man langsam zum blechernen Löffel, wischte denselben am schönen, feinen Tischtuch aus und ließ sich an die Suppe, und mancher Wunsch wurde laut: wenn man alle Tage eine solche hätte, so begehrte man nichts anderes.«

Die Umstände des neuen Arbeitslebens kannten die Landbewohner nur vom Hörensagen, mit der modernen Lohnsklaverei waren sie schon gar nicht vertraut. Unter den unwürdigsten Bedingungen mußten die meisten 10 bis 14 Stunden am Tag schuften, Kinder nicht ausgenommen. Die Löhne, die noch aus hundert Kilometern Entfernung so verlockend geklungen hatten, wurden jetzt zum Hungerlohn relativiert, denn die große Nachfrage in den Städten trieb die Preise in die Höhe.

Zwar wurden viele Arbeitskräfte gebraucht, aber die Industriellen lockten meistens mehr Menschen an als nötig, um die Löhne niedrig halten, gegebenenfalls sogar drücken zu können. Auch die Organisierung der Arbeiterschaft in Gewerkschaften wurde damit erschwert. Die Veränderungen im Erwerbsleben wirkten sich radikal auf die Ernährungsgewohnheiten der Menschen aus. Das Bild der Ernährung im Großfamilienverband zersplitterte mit dem Beginn der Industriellen Revolution parallel zur Zerstörung des Sozialraums Familie überhaupt. Viele junge Männer kamen allein in die Stadt, höchstens mit kleiner (Rumpf-) Familie. Großeltern oder gar Urgroßeltern und andere Verwandte blieben außen vor. Die alleinstehenden Männer traf es besonders schlimm; traditionsgemäß hatten sie sich bislang kaum um das Essen kümmern müssen. Auf einmal waren sie allein mit ihrem hungrigen Bauch, aber auch wenn sie sich ausgekannt hätten, wäre ihnen für eine vernünftige Ernährung keine

Zeit geblieben. So waren sie auf die notdürftig bereitgestellten Angebote der Fabriken angewiesen.

Egon Erwin Kisch, der »rasende Reporter«, hat 1929 eine Mittagspause bei den Ford-Werken in Detroit beobachtet: »Karren mit Nahrungsmitteln sind in den Werkstättenhallen aufgefahren. Fünfzehn Cent kostet ein Päckchen mit drei belegten Broten (zwei mit Fleisch, eins mit Marmelade). Aus dem Suppenkessel daneben wird für fünf Cent ein Papierbecher gefüllt. Für eine Flasche warmen Kaffees sind zehn Cent zu erlegen, doch erhält man fünf für die leere Flasche zurück. Vor den Karren und vor dem Suppenkessel stehen die Arbeiter in langen Reihen an. Etwa acht Minuten dauert es, ehe man drankommt. Die Mittagspause in den Betrieben mit drei Schichten ist fünfzehn Minuten. Demnach müssen die heiße Suppe im Papierbecher, die Brötchen, der Kaffee (der wird aus der Flasche getrunken) und allenfalls ein Apfel binnen sieben Minuten verzehrt werden. Stehend oder auf der Erde kauernd. Bänke oder Stühle gibt's nicht. Die Kantinen sind an drei Gesellschaften verpachtet, die ihre Rayons abgegrenzt, keine Konkurrenz zu fürchten haben und sich um die Bequemlichkeit ihrer Gäste nicht kümmern. Denn Mister Ford ist nicht nur Nichtraucher, sondern auch Nichtstammgast der Nahrungsmittelkarren.«

In Europa ging es nicht besser zu. In Otto Rühles »Illustrierter Kultur- und Sittengeschichte des Proletariats« schildert Wenzel Holek, Arbeiter auf einer Abraumhalde, die dortigen Verhältnisse: »Früh um halb neun Uhr, zum Frühstück, ließen wir uns gewöhnlich jeder einen Kaffee und zwei Zöpfchen geben. Er wurde uns in einem tönernen braunen Töpfchen hingelangt, war kalt und schmeckte sehr wenig nach Kaffeebohnen. Für die sieben Kreuzer, die er kostete, war er viel zu teuer. Was sollten wir aber machen? Anderswohin gehen konnten wir nicht; es war überall hin viel zu weit ...«

Als letztes Überbleibsel der familiären Versorgung hatte sich der Henkelmann erhalten. Um die Mittagszeit konnte man im Umkreis vieler Fabriken Frauen sehen, die mit der Suppe auf den Mann warteten.

Das reduzierte Mahl hatte aber seinen Ort nicht nur in der Fabrik, sondern auch »im Unterwegs«, als dem zweitwichtigsten Aufenthaltsort des Arbeiters am Tage. Auch dazu hat Egon Erwin Kisch beobachtet: »In einer Großstadt wie Berlin erhöht sich die Arbeitszeit schon durch die enorme Entfernung der Wohnung von der Arbeitsstätte, schon die morgendliche Fahrt in der überfüllten Straßenbahn ist Anstrengung, und die abendliche Heimkehr nimmt dem ausgepumpten Arbeiter den Rest seiner körperlichen und geistigen Kraft.«

In diesem »Unterwegs« begannen sich mehr und mehr »öffentliche Kochnischen« – Imbißstuben – anzusiedeln, die von Anfang an mobil waren und sich der Wechselhaftigkeit der Arbeiterheere anpassen konnten, wie beispielweise das »Erste Breslauer Wurst-Verkaufsauto« oder die »Lunch-Wagons«, die schon seit den siebziger Jahren des 19. Jahrhunderts von Pferden durch die US-amerikanischen Industriezentren gezogen wurden.

Standardisierte Nahrung hatte von Anfang an gleichgeschaltete Menschenmassen zur Voraussetzung. Gleichgeschaltet im Arbeits-, Fortbewegungs- und Freizeitrhythmus, in ihren Bedürnissen hinsichtlich Wohnung und Lebensstandard. Die Entstehung des modernen Massenmenschen und des genormten Essens fallen zusammen, spätestens seit der Kartoffelsuppe des Grafen Rumford für die Armenheere Münchens.

Überhaupt: Heere! Während auf der einen Seite Massennahrung für die Arbeiterheere in den Mietskasernen der Städte gebraucht wurde, existierte andererseits auch in den »richtigen« Heeren, den Armeen, den Brutstätten des genormten Menschen, eine große Nachfrage nach Standard-Futter.

Kurz nachdem die Voraussetzungen für die Massenversorgung im 17. Jahrhundert entwickelt worden waren (Erhitzen unter Luftabschluß bis zur Sterilisation, antiseptische Konservierungsmittel, Gefriertechnik, Fleisch-, Suppen-und Kartoffelextrakte), setzte das Militär die Erfindungen zum Unterhalt der Soldatenheere ein. Im Krimkrieg 1853 bis 1856 wurden auf englisch-französischer Seite erstmals Konserven als Truppenverpflegung im großen Stil verwandt. Die Deutschen ließen sich ebenfalls von den Vorzügen der Dosenkost überzeugen. Während des Ersten Weltkrieges richtete die Armee in Spandau und Mainz zwei Konservenfabriken ein, die in Tag- und Nachtschicht monatlich acht Millionen Fleischkonserven herstellten.

Auch die Entwicklung von Kühleinrichtungen, zuletzt des Kühlwagens, trug dazu bei, daß die fleischverarbeitende Industrie einen

»Messer, Gabel, Schere, Licht gehören für kleine Kinder nicht – das haben wir uns auch gedacht!« (McDonald's-Radiowerbung)

gewaltigen Aufschwung erlebte. In den Vereinigten Staaten bildete Chicago mit seinen riesigen Schlachthöfen das Zentrum der Branche. 20 000 Menschen arbeiteten hier unter den unwürdigsten Bedingungen; an minderwertigen Arbeitsplätzen wurden minderwertige Produkte hergestellt.

Wie es dabei zuging, hat zu Beginn des 20. Jahrhunderts Upton Sinclair, ein Freund Egon Erwin Kischs, beobachtet: »Manche Rinder hatte man mit 'Whiskeymalz', einem Abfallprodukt der Brauereien, ernährt, und sie waren 'steerly', wie das die Männer bezeichneten, was bedeutet, daß sie mit Geschwüren übersät waren. Diese Tiere zu töten war eine widerliche Arbeit, denn wenn man das Messer in sie hineinstieß, platzten die Geschwüre auf, und übelriechendes Zeug spritzte einem ins Gesicht. Wie sollte man sich sein Gesicht abwischen, um etwas zu sehen, wenn die Ärmel blutverschmiert waren und die Hände in Blut schwammen? Aus solchem Zeug wurde das 'eingelegte Rindfleisch' hergestellt, das etliche Mal mehr Soldaten umbrachte als die Kugeln der Spanier.«

Auch damals waren schon Methoden bekannt, mindere Produktqualität mit allen möglichen Farb-, Geruchs- und Geschmacksstoffen zu kaschieren. In den Chicagoer Fleischfabriken waren jedenfalls, so Sinclair, »die reinsten Allchemisten« zugange.

Industriearbeit und das schnelle Hineinschlingen von Nahrungsmitteln gehörten von Anfang an zusammen. Die Fabrik ist die Schule der schnell- und allesessenden Gesellschaft, ebenso wie das Militär und der Krieg. Hier verlernten die Arbeiter wieder die mühsam anerzogenen »Manieren«, aber auch Rituale wie Beten.

Für den Gebrauch irgendwelcher Bestecke blieb keine Zeit, und von den betriebseigenen und »freien« Imbißstuben wurde auch nichts angeboten, was dies notwendig gemacht hätte: Würstchen, Semmeln, belegte Brote. Letztere traten ihren Siegeszug als Besteckersatz an. Die Stulle wurde zum wichtigsten Ausrüstungsgegenstand des Berliner Arbeiters.

Die Wiege für die Wiedergeburt des *Finger-Food* steht in der Fabrik, nur waren es diesmal nicht die Gesetze und die Rationalität der freien Wildbahn, die das Herunterschlingen der Nahrung erforderten, sondern die Bedingungen des modernen Arbeitslebens, einer profitorientierten, rationellen Produktion.

Die Industrielle Revolution erzwang einen Wandel der Eßkultur bei Millionen von Menschen, der seine Entsprechung in dem Niedergang der »Kunst des Kochens« gefunden hat. Die Zubereitung von Nahrung in Imbißbuden läßt sich wohl kaum noch als eine solche Kunst bezeichnen. Und die modernen Hamburger-Stuben produzieren ihre Waren wie am Fließband.

Die Finger-Food-»Restaurants« sind Ausdruck eines Mangels geworden, einer »Gestaltung des Eßelends als Gag«, wie einmal der »Vorwärts« schrieb. Daß hier der Mensch etwa wieder Kontakt zu seiner Nahrung aufnehme, weil er sie mit den Händen berühre, davon kann gar keine Rede sein, denn die Lebensmittel ihrerseits senden keine unverfälschten Signale mehr aus. Hamburger etwa sind üppig geschminkte Huren, die in entsprechenden Bordellen verkauft werden, aufgedonnert, mit exaltiertem (Werbe-) Gehabe.

Die Zubereitung der Nahrung und die Art ihrer Aufnahme ist immer ein Ausdrucksmittel menschlicher Phantasie gewesen, ein Produkt menschlichen Gestaltungswillens. Wie die Menschen aßen, das war über die Jahrtausende immer auch ein Gradmesser ihres Entwicklungsstandes. Im Angesicht der Fast-Food-»Restaurants» scheint dieses Kulturbarometer nicht mehr zu funktionieren. Oder aber es funktioniert besser als jemals zuvor ...

Maschinenfutter

Die verschwitzte, bräunliche Scheibe mißt 98 Millimeter Durchmesser, ist 145 oder 125 Gramm schwer, wird mit Schmelzkäsescheiben montiert und verschweißt, mit bunter Spezialsauce geschmiert und heißt, griffbereit verpackt in ein süßlich-weiches Sesambrötchen, *Whopper* oder *Big Mäc*. Die Herkunft des Hamburgers ist nicht klar festzumachen. Sicher scheint allein, daß jene Massen an Burgern und Beilagen nicht, wie die Legende konzerneigener Wahrsager und Reklametrommler des Herstellers McDonald's behauptet, im patentierten Schlaraffenland und Kinderparadies »McDonaldland« zwischen Pommes-frites-Sträuchern unter Coca-Cola-Wasserfällen wachsen.

Der größte Koch der Welt, die Fast-Food-Kette McDonald's, verkauft in jeder Sekunde 140 Markenburger auf dem Erdball. Die bis zum 20. November 1984 um 12.10 Uhr Chicagoer Ortszeit verfütterten 50 Milliarden Frikadellen würden – die Reihen fest geschlossen – einhundertzweiundzwanzigmal die Erde umspannen. Aufeinandergestapelt hätten die Burger einen grausigen Turm von ein paar Millionen Kilometern Höhe ergeben. Und der wächst in atemberaubender Geschwindigkeit. Ed Rensi, Präsident von McDonald's USA, plant den 100 000 000 000. Hamburger aus der Frikadellen-Schmiede für den 13. Mai 1993.

1970, als McDonald's fast nur ein Viertel der heutigen Größe hatte, wurde errechnet: In einem Jahr verbrauchte das Unternehmen für die Verpackung 81 585 Hektar an Wald; der Stromverbrauch entsprach der Energie von über 11,5 Millionen Tonnen Kohle, was damals soviel war wie der Jahresverbrauch der Millionenstädte Boston, Washington und San Francisco zusammen. Den wichtigsten Stoff, die Burgerseele aus Hackfleisch, bezahlten Rinderherden mit ihrem Leben, die dicht gedrängt die Fläche der Zehn-Millionen-Stadt Groß-London gedeckt hätten. McDonald's ist der größte Fleischverbraucher der Vereinigten Staaten: pro Woche werden fünf Millionen Kilo Rind für Hamburger verschmorrt (1984).

Die Hamburger-Herstellung ist zu einem Industriezweig geworden. Die Rohstoffgewinnung für die Massenproduktion ist eine der tragenden Säulen der Landwirtschaft im industriellen Zeitalter. Die Fast-Food-Kultur stellt eine Antwort auf neue Lebensverhältnisse der Menschen dar und ist zudem Ergebnis wie Ursache der extensiven, monokulturellen Produktion in der Landwirtschaft. Die industrialisierte Eßkultur der Buletten- und Steakbrater fördert Mechanisierung und Konzentration bei der Nahrungsmittelherstellung.

Marlboro-Country

Das Land bis zum Horizont wimmelt von Rindern. 100 000 Tiere leben auf dieser US-Rinderfarm. Die Cowboys der Neuzeit reiten aus, bewaffnet mit Funksprechgerät und Chemiespritze. Ihre Lassos sind aus Nylon gestrickt. Der Viehauftrieb geschieht mit einem Hubschrauber; der Cowboy sitzt am Pilotenknüppel. In den Umzäunungen treiben die Kuhhirten die Tiere mit Stöcken, die Elektroschocks verteilen. Es riecht nach Desinfektionsmitteln. Zur Identifizierung werden den Rindern Elektrochips eingepflanzt. Zur Markierung vorgesehene Kälber werden von den Cowboy-Statisten nicht mehr mit dem Lasso eingefangen, sondern in trichterförmige Gatter getrieben; eingezwängt zwischen mechanisch bewegbaren Metallklappen, verlieren die Bullen hier mit schnellem Schnitt Männlichkeit und Hörner, werden von den auf industriellen Zuschnitt kastrierten Westernhelden mit Hormonen, Antibiotika und Tranquilizern geimpft.

Die Ranch hat eine eigene Rollbahn für den Steak-Abtransport; Computer von Millionenwert führen Buch über jedes einzelne Tier – über Wachstum, Mast, Schlachtung und konsumierbare Fleischportionen.

114 Millionen Schlachtrinder leben so im Traumland von Freiheit und Abenteuer. Obwohl die US-Bürger nur fünf Prozent der Menschheit ausmachen, wird ein Viertel des gesamten Fleisches der Welt in Marlboro-Country erzeugt.

Die Züchter schneidern an der Schöpfung der Natur. Supertiere werden in komplizierten Kreuzungsexperimenten kreiert: sie sollen um zwei Rippen länger messen als die gewohnte Kuh aus dem Kinderbilderbuch. *American Breeder Service,* der größte Spermaproduzent der Welt, wirbt für Vertrieb: »Wir bieten größte Fruchtbarkeit und beste genetische Samenqualitäten der Welt.« Und ein Rinderzuchtunternehmen in New Mexico wirbt: »The Diamond a female ... she's money in the Bank.«

Rinder müssen Profit abwerfen. Folgerichtig werden nur noch jene Rassen gezüchtet, die am schnellsten das meiste Fleisch liefern. Für den Weltmarkt werden überall die gleichen Rassen gezogen, in der Regel nur noch vier Arten: alles im Skelett großvolumige Tiere, die rasch Fleisch ansetzen. Wegen der gesteuerten, künstlichen Besamung finden Veränderungen im Viehbestand, die früher auf natürliche Weise Jahrhunderte gebraucht haben, in nur wenigen Jahrzehnten statt. Fast drei Viertel der einheimischen Rinderarten in Europa sind deshalb heute schon vom Aussterben bedroht.

Kühe werden künstlich besamt. Die Zuchtbullen, Spitzenvererber, denen der Samen abgezapft wird, haben niemals eine Kuh gesehen. Sie sind lebende Samenbanken, angekettet im Stall. Nur einmal am Tag werden sie für 20 Minuten, an Laufketten gefesselt, bewegt.

Die Kuhhirten transportieren große Behälter: im Stickstoff lagern tiefgekühlte Bullensamen oder Embryos. In den Stallungen sind Labors eingerichtet; Techniker bereiten dort ihre Instrumente für künstliche Besamung und Embryo-Transfer vor.

Eine Spendenkuh kann pro Spülung bis zu zehn Embryos liefern (normalerweise gebiert die Kuh natürlich nur ein Kalb). Solche »Edelkühe« bringen bei Versteigerungen bis zu mehreren Millionen Dollar. Auch die nur mikroskopisch erkennbaren Embryos aus der Embryo-Ernte werden versteigert – für mehrere tausend Dollar.

Eine ganze Industrie forscht daran, das Fettwachstum zu beschleunigen, das Rekordtempo weiter zu erhöhen. Fettes Rinderhack hält Hamburger-Scheiben beisammen; fettdurchwachsenes Grillfleisch kauen Besucher der Steak-Haus-Restaurantketten lieber; fettes Fleisch ist billiger in Mengen und schneller produziert. In den »Feedlots« der USA wird pro Jahr ebensoviel Getreide an Vieh verfüttert, wie die Bevölkerung von Indien und China zusammengenommen im gleichen Zeitraum zum Essen zur Verfügung steht. In den Vereinigten Staaten wird nahezu die Hälfte der weltgrößten Getreideproduktion (USA) an Tiere verfüttert, woanders ist Getreide die Hauptnahrung der Armen.

Wachstumsfördernde Chemikalien sind gängige Futterbeimischung – passives Bodybuilding für Ochsen. Umsatz der Firma Upjohn in der US-Landwirtschaft mit solchen und ähnlichen Wirkstoffen pro Jahr: 295 Millionen Dollar.

Biotechnologen experimentieren derzeit mit dem Wachstumshormon Somatostatin. Die Gentechnologie machte es möglich, das menschliche Gen für Somatostatin zu isolieren. Ziel war, zwergwüch-

Wenn Ihr Profit von Leistung abhängt.

sigen Menschen zu helfen. US-Wissenschaftlern gelang es nun im Auftrag der Industrie, menschliches Somatostatin in Schweine zu übertragen. Das Tier wächst, wird größer und größer, was vegetarische Kritiker schon mal zu der Frage verführte: »Wird es bald Koteletts so groß wie Klodeckel geben?«

Vor der Schwemmung und Spülung der Spendenkuh werden dem Tier über mehrere Tage Hormone eingespritzt, die einen Supereisprung auslösen sollen. Danach findet die künstliche Befruchtung statt. Sieben Tage später werden die Embryos herausgespült. Tiefgekühlt werden die Samen und Embryonen bis zu zehn Jahren aufbewahrt. Sobald eine normale Kuh austragen soll, wird ihr der »edle« Embryo eingepflanzt.

Doch auch das reicht den industriefinanzierten Forschern noch nicht aus: Die ersten Kälbchen, die nur noch aus einem Viertel-Embryo entstanden sind, kamen kürzlich an der staatlichen Universität von Louisiana zur Welt. Die Forscher teilten unter dem Mikroskop sieben Tage alte Rinderembryonen in vier Teile. Die Embryoviertel wurden anschließend vier verschiedenen Kühen in die Gebärmutter eingespült.

Die Übertragung von mikrochirurgisch geteilten Embryonen auf »Leihmütter« hat in der Tierzucht große Zukunft. Zum einen können dadurch Tiere mit besonderen Erbeigenschaften stärker vermehrt werden. Zum anderen läßt sich in der Zucht strenger selektieren, der Erbwert des Zuchtbullen ist noch direkter meßbar: Zunächst wird nur eines der Vierlingskälbchen gemästet und geschlachtet; erweist es sich als züchterisch nutzbar, können seine erbgleichen Geschwister, bis dato als gefrorene Embryonenteile im Labor aufbewahrt, zur Weiterzucht von Nachkommen verwendet werden.

In den Vereinigten Staaten dürfen die Jungrinder nur einige Wochen grasen, ehe sie zusammengetrieben und zu weit entfernten Futterstationen, den »Feedlots«, transportiert werden. Diese Mastzentren sind turnhallengroße Umzäunungen, in denen die eingepferchten Tiere in wenigen Monaten schlachthausreif gefüttert werden. Mit Getreide, Antibiotika, Darmpräparaten und Hormonen werden sie zu Fleischproduzenten reduziert.

Durchschnittliche tägliche Gewichtszunahme: drei Pfund. Die Schlachtreife ist nach durchschnittlich 193 Tagen erreicht. In einer solchen Zeit kann das Gewicht von 320 auf über 500 Kilo aufgefüttert werden. Gegenüber der klassischen Zucht auf der Weide wird nur noch die Hälfte der Zeit benötigt; das Geld ist doppelt so schnell verdient.

Die Rinder als Futtermaschinen und nicht als Lebewesen zu betrachten, führt bei den Fleischproduzenten zu erstaunlichen Ideen: Durch Zementstaub im Getreide wird die Gewichtszunahme beschleunigt – die Kosten werden gesenkt. Sogar die Exkremente können wieder verarbeitet und ins Futter gemischt werden – eine Erfindung des US-Landwirtschaftsministeriums.

Es gibt triftige Gründe zu der Annahme, daß DES, ein Wachstumshormon, mit dem Rinder gemästet werden, bei Menschen zu Krebs führt. DES hat seinem Entdecker, der Iowa State University, 2,9 Millionen Dollar an Patenten gebracht. Sein Produzent, die Eli Lilly, verdiente bisher über 60 Millionen Dollar daran.

Ein Dutzend Ölmultis hat in die Mästung von Schlachtrind investiert und damit die Strukturen der Rinderzucht verändert. Aus kleinen Rinderfarmen des US-amerikanischen Mittelwestens wurden in Texas gigantische Tierfabriken. Die Idylle der Farmen verreckte im Sog der Zuwachsraten. Bauern sind heute Farmmanager-Experten für Landwirtschaft und Börsenwesen. Mit einem Auge auf den Betrieb, schielen sie mit dem anderen fleißig nach den Kursen für Getreide und Fleisch – sensibel für jeden Kurssturz, der Notschlachtung erzwingen oder auch Gewinne versprechen könnte. 1966 zum Beispiel, als die katholische Kirche das freitägliche Fleischverbot lockerte, gab es an den US-Börsen einen sprunghaften Anstieg der Preise für Rinder- und Schweinehälften. Farmer legten Futtermittelvorräte an und kauften Jungtiere, da alles mit gesteigerter Nachfrage rechnete.

Die modernen Farmen verfügen über Computer-Terminals: Am Bildschirm des »Cattle-Fax«-Datensystems informiert sich der Farmmanager über Preisentwicklungen im Warentermingeschäft der Chicagoer Fleischbörse, bekommt er Auktionsergebnisse der Viehversteigerer über Tausende von Kilometern übermittelt, sieht er Vorhersagen der Wetter- und Landsat-Satelliten, liest aktuelle Preise für Getreide-, Maisfutter und Beimischungen ab und errechnet das im Kosten-Nutzen-Verhältnis für ihn »ideale« Nahrungsmittelgemisch zur Fütterung der Rinder. Die Futterrezepte bereitet der Computer täglich neu – orientiert an den Kursschwankungen der Börse. Weil der Faktor »Geschmack« dabei keine Rolle mehr spielt, kann es vorkommen, daß die Tiere die Nahrung verweigern. Doch auch daran ist gedacht: Chemische Geschmacksstoffe werden entwickelt, dem Kraftfutter beigemengt und sorgen bei den Vierbeinern für Appetit.

Rohstoff Tier

Die Zeiten, da schlanke Rinder auf fetten Weiden unter Glockengeläut am Dorfeingang ruhig grasen konnten, sind auch in Europa vorbei. Was das Auge des Touristen heute noch auf den Wiesen der Voralpen in Bayern erspäht, verkommt zu Souvenirs der Milchwirtschaft und Attraktionen des lokalen Touristenvereins. »Milka«, die freundliche, fleckige Kuh, ist zum Werbeposter der Schokoladenindustrie degeneriert.

Im schwäbischen Günzburg werden jährlich fast 100 000 Rinder durch den Fleischwolf gedreht. Herr Lutz, vormals Fleischermeister und heute leitender Hamburger-Technologe in Europas größter Hackfleischfabrik L & O, hat ein Auge für den Rohstoff Tier: »Ja, es gibt das sogenannte Weidevieh, es gibt aber auch das mais- oder trockengefütterte Vieh. Wir, für die Hamburger, bevorzugen natürlich das maisgefütterte Tier, weil es etwas kräftiger vom Fleisch ist, weil es einen kräftigeren Biß hat und auch vom Geschmack her wertvoller ist und ein besseres Produkt bringt.«

Seitdem der Bedarf der Fleischverarbeiter nach preiswerteren fetten Hamburgern und Steaks steigt, haben auch bundesdeutsche Bauern auf Intensivmast umgestellt. »Das Grundmaterial Fleisch hat in den letzten zwanzig Jahren eine gravierende Veränderung mitgemacht und in der Qualität nachgelassen«, meint dazu ein norddeutscher Dorfmetzger. »Das Fleisch ist sehr, sehr hell und wäßrig und nicht mehr zum Verzehr geeignet; es ist sogar zur Konservierung nicht mehr brauchbar, weil die ph-Werte nicht mehr stimmen und gewisse Fleischsorten nur noch im gekochten Zustand zu verarbeiten sind. Das ist ein Wandel, der zurückzuführen ist auf die Fütterung, auf die Veredelung und die Erbmasse der Tiere.«

Die Schlachtviehproduktion unserer Landwirtschaft steht in der industriellen Fertigung den US-Verhältnissen kaum mehr nach; nur die geographischen Vorgaben widersetzen sich noch der Einführung von »Feedlots« à la Texas oder Kentucky.

Deutsches Mastvieh erblickt das Tageslicht fast nur noch bei der Deportation zum Schlachthof. In langgezogenen Betonstallungen stehen die Tiere zu mehreren Hundert nebeneinander angeseilt – bewegungslos. Schon die Kleintiere werden in Spezialbetrieben von Milch (angerührtem Trockenpulver aus EG-Überschüssen) direkt auf Maisfutter umgeschult. Sie grasen nie. Sobald die männlichen Kälber ein Gewicht von 200 Kilogramm erreicht haben, werden sie auf dem Spaltenboden der Stallung gefesselt. Die Intensivmast kann beginnen.

Das Kraftfutter besteht aus Mais, angereichert mit Sojaschrot aus überseeischen Importen als Eiweißzusatz. Die Maismonokultur braucht viel Stickstoffdünger und schädigt durch Erosion den Boden: »Eine Katastrophe«, sagt der Bauer Sepp Bichler. Das Soja, vielfach aus der »Dritten Welt« eingeführt, ist hin und wieder mit dem dort noch verwendeten DDT gewürzt. Und trotz aller Verbote floriert ein Schwarzmarkt mit Östrogenhormonen. Fahrende Veterinäre, sogenannte Autobahntierärzte, helfen mit.

Die Pharmaka bewirken die Einlagerung von Wasser im Fleisch der Tiere; sie quellen das Fleisch auf wie einen Schwamm. Oftmals kaufen die Rinderzüchter das fertige »Bullenmastkorn«, eine von Futtermittelproduzenten industriell gemischte Fertignahrung, die schon Eiweiße, Mineralsalze, Vitaminmischungen und veterinärmedizinische Pharmaka enthält. Im norddeutschen Raum experimentieren derzeit Großunternehmen damit, die Bullenzucht auf eine effiziente Futterbasis umzustellen: Die Tiere bekommen zum Kauen lediglich Stroh und dazu, als Beilage sozusagen, mit Geschmacksstoffen versetzte Industriefuttermischungen. Damit wäre der platzraubende Maisanbau überflüssig, und Stallherden von mehreren tausend Tieren wären in greifbarer Nähe.

2,3 Millionen Bullen umfaßt der bundesdeutsche Viehbestand. Der volle Einsatz der Chemie bei der Intensivmast garantiert eine tägliche Gewichtszunahme von 1,2 bis 1,3 Kilogramm. Bei nur 100 Gramm pro Tag weniger gibt es Panik bei den Bauern, weil sie mit kleinen Gewinnspannen arbeiten. Und würden sie auf einer Weidefütterung der Tiere beharren, bräuchten die Rinder ein Jahr länger, um auf gleiches Gewicht zu kommen, und würden zudem einen um zehn bis zwanzig Prozent geringeren Verkaufspreis erzielen, denn die Fleischverwerter verlangen nach Mastrindfleisch.

Seit 1800 stieg der jährliche Fleischkonsum im deutschsprachigen Raum von 23 auf 89 Kilogramm pro Kopf. Doch nicht nur der individuelle Verbrauch wuchs um fast das Vierfache, auch die Zahl der Köpfe nahm zu, und zwar von 13,7 Millionen 1816 (auf dem Gebiet der heutigen Bundesrepublik) auf 61,1 Millionen. Das heißt, daß Anfang des letzten Jahrhunderts im Jahr 315 Millionen Kilogramm Fleisch verzehrt wurden, heutzutage von 61 Millionen Bundesbürgern jedoch 5,3 Milliarden Kilogramm. War früher der Fleischkonsum einer Oberschicht vorbehalten, wird heute im durchschnittlichen Haushalt ein Viertel aller Ausgaben für Nahrungsmittel allein für Fleischwaren ausgelegt, und die Steak-Restaurants und Fast-Food-Ketten helfen mit, damit heutzutage jeder das Manna der industrialisierten Demokratie abkriegt. Fleisch ist nicht länger Privileg.

Doch die Fleischberge müssen irgendwo herkommen. Längst geht die Befriedigung dieses Riesenkonsums über die natürlichen Kräfte der Landwirtschaft. »Aufgrund der Marktwirtschaft bekommt der Erzeuger nicht mehr das Geld, das er benötigt«, klagt der Schlachter aus Norddeutschland, »also wird eine schnelle Mast vorgenommen, alles wird größer gemacht. Um zu überleben, kann er nicht mehr wie früher vorgehen und muß bei der Mast mitmachen. So geht es bei den Hähnchen, so geht es bei der Bullenmast, so geht es bei der Schweinemast. Die Umschlagsgeschwindigkeit – je schneller sie ist, je weniger liegt das Geld der Züchter fest, um so eher geht was zu verdienen.«

In den USA werden die Rinder in den Stallungen elektronisch überwacht. Videokameras zeichnen den Alltag der Tiere auf Band. Die Bewacher am Monitor kontrollieren täglich das Verhalten im Zeitraffer-Schnellgang des Magnetbandgerätes. Gefüttert wird per Fließband, der Mist wird automatisch beseitigt. In deutschen Ställen erleichtern Holzgitter am Boden die Mistbeseitigung. Die Tiere sind völlig eingeengt und werden dadurch immer aggressiver: Die Hörner müssen abgebrannt werden, um gegenseitige Verletzungen zu vermeiden. Die Schwänze werden abgeschnitten, da die Bullen auch vor Kannibalismus nicht mehr zurückschrecken. Die Gitterstäbe werden angefressen und deshalb neuerdings aus Plastik hergestellt. In das Fleisch eingepflanzte Kapseln mit Beruhigungsmitteln bringen die verzweifelten Tiere schließlich zur Ruhe. Läßt man sie frei laufen, sind sie dazu oft gar nicht mehr richtig imstande; die Hufe sind zu lang gewachsen, die Tiere können nur noch stolpern. Das schwache Licht und das eisenarme Futter haben nur den einen Zweck: das Fleisch hellrosa und zart zu machen, blutarm. Das Rind degeneriert in dieser Umwelt.

Alles muß nach Zeitplan gehen – sonst fressen die Tiere nicht, werden nervös, leiden an Gelenkentzündungen. Krankheiten wie Lungenentzündung und Durchfälle sind häufig. In der Regel fallen ihnen zehn Prozent der Kälber zum Opfer.

Das qualvolle, kurze Leben im Stall endet schließlich in den Schlachtstraßen der modernen Fleischfabriken, wo Tausende von Rindern täglich sterben. Sie werden im Hängen entblutet, automatisch enthäutet und zerstückelt in Handelsgut: Vorzugsrippen, Hälse, Schultern, Keulen ...

Die bundesdeutsche Fleischwarenindustrie, die lange Zeit als traditionsreiche, mittelständische Branche galt, besteht nur noch aus etwa 275 Betrieben. Die Firmen geraten zunehmend unter den Druck der preisaggressiven Großanbieter, Verbrauchermärkte und der Kettengastronomie. Die Folge ist eine wachsende Konzentration: 1984 erzielte nur ein Zehntel der Fleischwarenbetriebe fast die Hälfte des gesamten Umsatzes der Branche.

Bullen für Buletten

40 Prozent der gesamten US-Rindfleischproduktion wird zu Hackfleisch verarbeitet; über die Hälfte allen Fleisches in den privaten Haushalten der Vereinigten Staaten wird als Hamburger verspeist. Klar, daß sich die Fleischproduzenten darauf versteifen, durch Genmanipulationen Rinderzuchtsorten für diesen Konsum zu forcieren, daß sie das »Hamburger-Rind« zu entwickeln hoffen.

Täglich verkauft heute allein McDonald's in den USA etwa eine Million Kilogramm Rindfleisch in Form von Burgern. Das Unternehmen kann solche Mengen nicht als Vorrat lagern oder selbst am Warenterminmarkt erspekulieren beziehungsweise Festpreisverträge aushandeln - dies zumindest untersagen die US-Gesetze zum Schutze der Fleischproduzenten. Üblich sind Vereinbarungen mit Fleischproduzenten und Lieferanten. McDonald's liefert - offiziell und unmittelbar - keinerlei Produkte an seine »Restaurants«. Der Chefeinkäufer für McDonald's Europa, Michael Gerling: »McDonald's produziert nicht selber. Wir können die besten Hamburger herstellen und verkaufen. Und wir kaufen bei dem besten Brötchenbäcker, bei dem besten Kartoffelproduzenten oder Fleischproduzenten, immer dort, wo die besten Spezialisten, die fairsten Partner sitzen, natürlich auch unter Berücksichtigung von logistischen Gesichtspunkten und der Verfügbarkeit des Rohmaterials.«

Dr. Edmund Brandt ist seit über drei Jahrzehnten in der Nahrungsmittelbranche beschäftigt. »Vor etwa 30 Jahren«, erinnert er sich, »Mitte der Fünfziger, als ich in Los Angeles für eine Fleischfirma arbeitete, die viereckige Wurstsorten herstellte, damit sie genau auf das Toastbrot paßten, und die Abfälle, die wir in Hülle und Fülle hatten, lieferten wir damals den Neulingen im Hamburger-Geschäft. Damals war es noch McDonald's und der Burger King - McDonald's mit seinen ersten drei Geschäften in Santa Barbara. Ich weiß es noch genau, die ersten Hamburger, die ich aß, da konnte es mal als Überraschung vorkommen, daß man Knorpel im Fleisch hatte und sie ausspucken mußte. Heute hingegen wird der Hamburger aus bestimmten Fleischsorten hergestellt.«

Die über 200 Imbißläden der Hamburger-Kette McDonald's in der Bundesrepublik werden zentral aus Europas größter Hackfleischfabrik Lutz & Otto (L & O) in Günzburg mit täglich zirka 1,3 Millionen tiefgefrorener Rindfleischplätzchen versorgt. L & O ist vollständig vom Bulettenimperium abhängig, doch das Unternehmen besitzt nicht einmal einen Vertrag mit McDonald's.

Herr Lutz ist leitender Manager der Firma, die einst im Besitz seiner Familie war. »Wir haben von der Firma McDonald's das Know-how zur Herstellung für die Hamburger bekommen«, erläutert er. »Wir haben investiert. Wir haben Qualitätsprodukte hergestellt. Die Vereinbarung lautet ganz einfach: Die Hamburger werden kostengünstig hergestellt. Wir haben eine offene Buchhaltung, und McDonald's hat jederzeit Zutritt zu unseren Unterlagen.«

L & O ist heute eine gemeinsame Tochtergesellschaft des großen US-Fleischunternehmens Otto & Sons und des größten bundesdeutschen Viehverwerters, der Südfleisch-Südvieh-Gruppe (Umsatz 1980: drei Milliarden Mark). Dieser Gruppe sind 37 000 Bauern angeschlossen. Sie verarbeitet in ihren eigenen Schlachthöfen neben bundesdeutschem Vieh auch Rinder aus Frankreich, der DDR und Polen.

»Unser Vorbild ist der amerikanische Partner ...«
(Geschäftsführer Lutz von der Günzburger Firma L & O, hier mit Clown Ronald McDonald)

L & O produziert gefrostete Burger-Bauelemente, Patties genannt, nach Angaben seines Geschäftsführers Dietrich aus Fleisch süddeutscher Produktion: »Das entspricht ganz genau der Spezifikation, die wir hier vorgegeben erhalten haben von McDonald's – sowohl im Aroma als auch im Fettgehalt, als auch in der Fleischqualität an sich, wobei unsere Unternehmensgruppe den Vorteil hat, daß sie von der Zucht über die Mast bis zur Schlachtung die ganze Kette in der Hand hat, also schon auf das Rohmaterial einwirken kann«, erklärt stolz der gelernte Metzger. »Für die tägliche Produktion lassen etwa 500 Rinder ihr Leben. Das sind also, aufs Jahr gesehen, knapp 100 000 Stück Vieh, die hier verarbeitet werden. Wir haben bisher 750 Millionen Hamburger hergestellt. Wenn man die nebeneinander legt, geht's zweimal rund um die Erde.«

In der gewaltigen Fabrikhalle in Günzburg zerkleinern mächtige Fleischwölfe Blöcke von fettem Gefrierfleisch. Chromblitzende, keimfrei gebeizte Mischer führen Rohfleisch aus frischer Schlachtproduktion zu. Auf Fließbändern wimmelt es von rosig-blutigen »Spaghettibahnen«, die den vollautomatischen Formmaschinen zulaufen. Zu Fleischplätzchen gefertigt, wandern Tausende der Patties in Kühltunnels und verlassen diese minus 80 Grad kalte Froststrecke nach 100 Metern, weißlich gefärbt im Stickstoffnebel. Auf dem Fließband klappern sie metallisch. In den eisigen Lagerhallen warten Millionen von ihnen auf Kunden.

Die modernste Hamburger-Technologie verdankt L & O seiner US-amerikanischen »Mutter« Otto & Sons. Einer der »Entwicklungshelfer« war der deutschstämmige Ferdinand Luers. Er schwärmt von den Fortschritten in der Hamburger-Produktion: »Wenn Sie sich das Produkt heute angucken ... Sie sehen hier etwa kleine Furchen, die die schnellere Bratzeit fördern; andere Sachen, die das Gefrieren betreffen, um etwa die Wasserbildung zu verringern, viele, viele Sachen, die täglich neu aufkommen. Die Herstellungstechniken sind völlig anders geworden. Metalldetektoren zum Beispiel: Das ist jetzt ein Muß, daß jedes Land mit Metalldetektoren arbeitet von dem Augenblick an, wo sie mit der Produktion beginnen. Nun, das alles geht erst zehn Jahre zurück – das war ein großer Faktor, daß die Leute sich nicht beschweren, wenn diese Patties serviert wurden, daß aus welchem Grund auch immer ein Stück Metall in einem McDonald's-Hamburger gefunden wurde. Das gibt's nicht mehr. Jedes Stück geht

Patty-Produktion

durch einen Metalldetektor. Das sind nur ein paar Beispiele dafür, wie wir ununterbrochen besser werden.«

Mit diesem Know-how ausgestattet hat L & O Zigmillionen investiert. Übrigens auch in Spanien und Brasilien leisten L & O und Otto & Sons Hilfe zur Verbreitung der Hamburger-Kultur für McDonald's.

Fett-Patties

Edmund Brandt ist ein Kenner der US-Fleischindustrie. Bei der Herstellung der Patties könne man nicht einfach nur mageres Schulter- oder Nackenfleisch verwenden, erklärt er. Dann würde der Hamburger auseinanderfallen. Er ist jedoch schön fest, wenn man ihn ißt. »Es ist aber kein Bindemittel drin. Das kommt nur durch die osmotische Behandlung der Fleischstückchen, durch Salz und Flüssigproteine oder wasserlösliche Proteine.«

Ist das Fleisch zu frisch, so Brandt, dann sei es für die Patty-Produktion zu wäßrig. Ist es zu alt, dann hat es an Farbe verloren. »Die nehmen dann Eiswürfel in Stückchen, werfen die in den Fleischwolf, und dadurch wird das Fleisch wieder rötlicher.« Es erhielte so wieder eine »wunderschöne Färbung«.

Rein äußerlich sehen die Hamburger recht mager aus. »Es ist aber immer um die 25 Prozent Fett drin. Durch das Schneiden und Wirbeln in den Fleischwölfen lösen sich ganz leicht Flüssigproteine von den kleinen Fleischstücken; das Eis macht sie rötlicher und kühlt das Fleisch auch ganz schnell runter.« Der Effekt: Die fetthaltigen Patties fallen nicht auseinander.

Rinderfett ist von bundesdeutschen Metzgern in der Vergangenheit kaum verwertet, sondern zu Schleuderpreisen beispielsweise für die Seifenherstellung verkauft worden. Jetzt ist es zu einem unverzichtbaren Bestandteil der Hamburger-Herstellung geworden.

Die Firma Standard Meat ist eine der bedeutendsten Lieferanten von vorgefertigten Fleischprodukten für Schnellimbßketten der Vereinigten Staaten. In der texanischen »Cowtown« Fort Worth, dem traditionellen Zentrum der Rindfleischproduktion, befindet sich eine ihrer großen Fleischfabriken. Mister Wolf ist der für die Produktionskontrolle zuständige Manager des Unternehmens: »Als die Fleischindustrie wuchs, bleib eine Menge von Abfallprodukten. Alle Reste mußten sinnvoll verwertet werden, und Hamburger und Würste waren die Verwertungsmöglichkeiten für diesen Verschnitt. Und wir müssen eben diese Abfallprodukte alle effizient verwerten, um mit den Zeiten Schritt zu halten – und das Wachstum der Fast-Food-Ketten und des Fast-Food-Marktes hat uns geholfen, all diese Restprodukte auch zu verwenden, wie auch die zunehmend verbesserte Technologie überall in der Welt. Wir verlieren überhaupt nichts. Alles wird wieder verwendet. Aller Verschnitt wird mit zu Hackfleisch für Hamburger und für Pizzabelege gemacht – wir verlieren überhaupt nichts bei unseren Produkten.« Im Gegenteil: Standard Meat hat heute aus eigenem Steakverschnitt nicht einmal mehr genug Abfall und kauft deshalb für seine Hackfleischprodukte und Pizzabelege minderwertige Fleischreste anderer Schlachtfabriken hinzu.

»Bei Qualität, da sind wir pingelig«, verkündet McDonald's in einem Werbespot, »da wird nur 100 Prozent reines Rindfleisch für alle unsere Hamburger verwendet, nur das Beste vom Besten, damit Sie kräftig zulangen können.«

Traumtomaten

»Es scheint, daß UC-82 die zähe VF145-B7879 verdrängt, nachdem die sensible UC-134 sich nicht im Einsatz bewährt hatte. Doch die nicht ganz ausgereifte MH-1 verbleibt im Spielfeld.« Dies ist keine Science-fiction-Reportage aus dem Krieg der Sterne – nur einfach der Report über die neuesten Trends im Tomatengeschäft. Heute verliert die Frucht ihr Gesicht, verschwindet als eingedicktes Püreekonzentrat in Kanistern, Dosen und Tuben oder wird als Trockenstoff gelagert. Zum Konsum wird das Pulver dann wieder mit Flüssigkeit versetzt.

Ketchup, der jüngere Bruder des Tomatenmarks, wurde mit den US-Befreiern in der Nachkriegsära populär und bald zur Pflichtübung für alle Imbißmahlzeiten im Stehen oder Sitzen vor dem Plastiktischchen. Der »Kätschap« wurde zum Inbegriff kulinarischer Unkultur. Eine rote Tunke der Gleichmacherei, beliebig einsetzbar und variabel. Die bundesrepublikanische Tagesration wird auf 20 Tonnen geschätzt. Sie nimmt zu mit der Ausbreitung der Hamburger-Epidemie.

Das rote, fadschmeckende Tomatenscheibchen gehört zudem oft dem Design des Bulettenarrangements an, will Frische vortäuschen und Vitamine simulieren. Im Architekturkorsett des Whoppers von Burger King zum Beispiel als nicht zu unterschätzender Image-Klecks ist das Tomatenrot eingeklemmt zwischen den weichen Brötchendeckeln, dem blaugelbgrünen Salat und dem braunen Hackscheibchen.

»Unsere Kritiker behaupten, in unseren Adern fließt Ketchup und kein Blut.« Und selbst, wenn es so wäre, dann wäre Michael Gerling, der Einkaufsleiter von McDonald's für Europa, auch darauf noch stolz, denn »in unserem Ketchup sind zehn bis fünfzehn Prozent mehr Tomatenanteile als in herkömmlichen Qualitäten«. Fragt sich nur, woraus der Rest besteht.

Mindestens 60 Prozent der einheimischen Ernte an Frischtomaten kommt bei uns aus Treibhäusern, vielfach aus dem Anbau als Hydrokultur, bei der Temperatur, Sonnen- und Kunstlicht, Feuchtigkeitszufuhr und Düngung per Computer gesteuert werden. Das Kunstprodukt ist farblich reif – doch geschmacklich zurückgeblieben. »Der Verbraucher ißt Tomaten, die nach Kartoffeln schmecken«, meint Professor Pfeilsticker, Inhaber des Lehrstuhls für Lebensmittelwissenschaft und Lebensmittelchemie der Universität Bonn, »weil er keine anderen mehr bekommt. Die Entwicklung zu weniger Qualität, aber schönerem Aussehen ist ganz offensichtlich.«

Bundesdeutsche Burger-Esser haben sich mit den genormten Ketchup-Klecksen aus der italienischen Niederlassung des US-Gemüsemultis Del Monte angefreundet, denn dieser liefert die rote Spezialsauce für über 90 Prozent der bei uns verkauften Hamburger. »Unsere Spezifikation ist ausgelegt auf Gütequalität und technische Eigenschaften. Die Produkte müssen nicht nur qualitativ hochwertig, sondern müssen auch unserem operativen System entsprechend beschaffen sein. Wir nehmen Einfluß bis in die Details des Rohmaterials, schreiben genau vor, welche Sorte wie angebaut werden muß. So ist es bei den Tomaten, wo wir auch die Sorte vorschreiben, den Zeitpunkt der Ernte und natürlich die Herstellung zu Ketchup«, erzählt Michael Gerling von McDonald's.

Von Züchtern neu designed, mechanisch gesät, chemisch zwangsernährt, maschinell geerntet und verlesen wandert das Gemüse vom Feld in die Stahlkammern der »Veredelungsbetriebe« und Konservenfabriken, ohne jemals von Menschenhand berührt worden zu sein.

1961 wurde in langen Versuchsreihen der Tomatentyp VF145-B7879 entwickelt. Dieses Modell hat endlich nicht mehr die Fehler der Gottesschöpfung in das Industriezeitalter mitgeschleift, weil alle Tomaten an der Pflanze etwa gleichzeitig grün werden und so den Pflückmaschineneinsatz erst rationell werden ließen.

Die Universität von Florida gab sich mit VF145-B7879 nicht zufrieden. Sie entwickelte einen neuen Tomatentyp – die Hybride MH-1, die alles besitzen soll, was nach dem Geschmack der Industrie ist: dicke, zähe Haut, festes wäßriges Fleisch, planbaren Reifezeitpunkt. Seither werden in den USA fast nur noch Tomaten gegessen, die grün maschinell geerntet werden und kurz vor der Vermarktung mit Ethylen künstlich gereift sind. Sie schmecken leicht schimmlig, wäßrig und zäh.

Tausende von Erntearbeitern haben durch den Anbau der neuen Tomatentypen ihre Jobs verloren. Da sie viel billiger herzustellen waren, wurden lokale Farmer und Gemüsegärtner vom Markt verdrängt.

Die Forschung geht weiter: Die Tomate UC-82 ist in den Labors der University of California entwickelt worden. Sie gilt als jene Supertomate, die sich noch leichter mechanisch ernten und mit ihrer fast eckigen Form auch einfacher verpacken läßt. Das Modell UC-82 ist nur zur Verwendung für Ketchup und Tomatenmark sowie als Dosenfüllung konzipiert worden. In Lebensmittelfabriken wird sie wie andere Tomatentypen mit chemischen Beizmitteln gehäutet, bevor man sie weiterverarbeitet.

Bauernsterben

95 Prozent der menschlichen Nahrung wird direkt oder auf Umwegen über die Fleischproduktion aus nur 30 Pflanzenarten gewonnen, und nur acht davon bilden drei Viertel unserer Versorgung. Weizen, Reis und Mais decken allein 75 Prozent des menschlichen Getreideverbrauchs. Das war nicht immer so, denn die Menschen der Urzeit ernährten sich aus mehr als 1500 verschiedenen (wildwachsenden) Pflanzenarten. Auch noch im Altertum wurden mehr als 500 wichtige Gemüsearten kultiviert. Im industriellen Zeitalter verdrängte die Börse die Vielfalt der Nutzpflanzen: 200 Arten werden in Kleingärten gepflegt, 80 von Gärtnern auf Märkten verkauft und nur 20 im großräumigen Feldanbau produziert.

Die Geschichte der Landwirtschaft ist eine Geschichte der Zerstörung von natürlicher Vielfalt. Eine immer kleiner werdende Anzahl von Nahrungsprodukten verbreitet sich dafür weltweit. Mit der Industrialisierung der Landwirtschaft entwickelt sich auch die Eßkultur zur weltweiten Massen- und Monokultur.

Schon Anfang der siebziger Jahre haben Nachforschungen des US-Landwirtschaftsministeriums ergeben, daß die Lebensmittel, die der Durchschnittsbürger damals konsumierte, weniger nahrhaft als zehn Jahre zuvor waren. Nur 50 Prozent aller Familien in den Vereinigten Staaten nahmen vor 15 Jahren eine ausgewogene Kost zu sich. Ihr Anteil dürfte in der dazwischen liegenden Zeit noch geringer geworden sein. Denn die Qualität der Lebensmittel sinkt, ihre Preise steigen. Und der Konzentrationsprozeß in der US-Landwirtschaft macht Fortschritte.

Nicht zuletzt durch die Regierungspolitik ist das Agrobusiness auf vielfache Weise in der Vergangenheit gefördert worden. Drei Beispiele seien in diesem Zusammenhang genannt:

1. Im Rechnungsjahr 1974 (Juli 1973 bis Juni 1974) wurden den landwirtschaftlichen Unternehmen in den USA staatliche Subventionen in Höhe von 2,5 Milliarden Dollar gezahlt. Zwei Drittel der Farmer erhielten 500 Dollar oder weniger, während nur ein Prozent, das Agrobusiness, 21 Prozent der Beihilfen kassierte.

2. Die Regierung von Kalifornien – hier werden etwa die Hälfte des Gemüses und Obstes in den Vereinigten Staaten geerntet – hat immense Summen für Bewässerungsprojekte in sehr trockenen Gebieten ausgegeben, die man für den landwirtschaftlichen Anbau erschließen wollte. Mit den Geldern der Steuerzahler wurden so die Voraussetzungen dafür geschaffen, daß die Agrarkonzerne heute auf diesem Boden enorme Gewinne erwirtschaften können. Zudem ist der Wert des Landes erheblich gestiegen.

3. Die Forschungsvorhaben der Universitäten auf dem Gebiet der Landwirtschaft zielen fast alle darauf ab, die Anbauverfahren und Herstellungsmethoden der größeren Betriebe effektiver zu gestalten. Einrichtungen wie die schon erwähnte University of California geben jährlich Zigmillionen Dollar dafür aus, auch staatliche Mittel.

Schätzungen sprechen davon, daß alle Subventionen, die der Staat dem Agrobusiness zahlt, eine Höhe erreichen, die den Betrag, der für Sozialhilfe- und Wohlfahrtsprogramme in den USA aufgewendet wird, bei weitem übersteigt.

Eine solche an den Interessen des Big Business orientierte Politik mußte zwangsläufig immer mehr kleine und mittlere Farmer in den Ruin treiben, obwohl auch sie dem Trend der zunehmenden Mechanisierung und »Chemisierung« gefolgt sind:

- Von 1940 bis heute sind die Erträge der US-Landwirtschaft verdoppelt worden. Die Zahl der Beschäftigten nahm gleichzeitig rapide ab. Die erhöhte Produktion ist das Ergebnis einer in den letzten 50 Jahren um das Dreizehnfache gesteigerten Produktivität.
- Es ist kräftig investiert worden, vor allen Dingen in modernste, besonders teure Maschinen. Betrug der Gesamtwert aller US-Farmen 1970 noch 239 Milliarden Dollar, lag er elf Jahre später bei 828 Milliarden. Die durchschnittliche Investition in der Landwirtschaft

pro Kopf der Beschäftigten ist heute fast zehnmal so hoch wie in der verarbeitenden Industrie.

- Während die Erzeugerpreise für landwirtschaftliche Produkte aufgrund der erzielten Überschüsse stabil blieben, in sehr vielen Fällen sogar drastisch zurückgingen, stiegen die Betriebskosten der Farmer zwischen 1973 und 1978 kräftig an: Düngemittel wurden 80 Prozent teurer, Futtermittel 104 Prozent, Saatgut 150 Prozent, Kraftstoffe 125 Prozent, Strom und Gas 134 Prozent, Landmaschinen 120 Prozent, Pestizide 250 Prozent und die Kosten für Veterinärmedizin 85 Prozent. Nach 1978 gestaltete sich die Preisentwicklung nicht grundlegend anders. Konkret heißt das zum Beispiel: Will sich ein Farmer heute ein und denselben Traktor wie vor zehn Jahren kaufen, muß er dreimal soviel Mais ernten.
- Was manche trotzdem erstaunen wird, ist, daß die Verschuldung der US-Landwirtschaft Dimensionen erreicht hat, die mit der mancher Länder in der »Dritten Welt« zu vergleichen ist: 1977 hatten die Farmer in den Vereinigten Staaten Kredite in Höhe von 100 Milliarden Dollar aufgenommen. 1985 stehen sie bei den Banken bereits mit über 225 Milliarden Dollar in der Kreide. Die praktisch bankrotten Staaten Mexiko und Brasilien mit ihren 200 Millionen Einwohnern, die größten »Schuldenmacher der Welt«, haben zusammen nicht so hohe Verbindlichkeiten.

Die Zahl der Pleiten in der Landwirtschaft der Vereinigten Staaten ist ebenfalls »rekordverdächtig«. 3,6 Prozent aller Farmer mußten 1984 kapitulieren und ihre Zahlungsunfähigkeit erklären. Und 1985 wird es wahrscheinlich noch schlimmer kommen: Jeder achte Betrieb wird eingehen, prophezeit Neil Hart, Agrarwissenschaftler aus Iowa.

Im Bundesstaat Iowa hat sich die Selbstmordrate unter Farmern und Landarbeitern von 1983 auf 1984 nahezu verdoppelt. Verzweiflung breitet sich aus. Protestaktionen nehmen zu. An die 20 000 Farmer versammelten sich auf dem Gelände der University of Iowa. Traktoren rollten auf Washington, wo höhere Agrarpreise gefordert wurden. Die gewöhnlich bedächtigen Landwirte veranstalteten Sit-ins in Banken, schrien Versteigerer nieder und pflanzten vor Gerichten weiße Kreuze, die eingegangene Farmen symbolisieren sollten.

Agrobusiness

Agrobusiness schließt neben dem Besitz von Land und der monokulturellen Aufzucht von Pflanzen und Schlachttieren auch die Finanzierung, technische Verarbeitung, den Transport, die Landmaschinen, Chemikalien, genetischen Substanzen, die Futtermittelproduktion und -lieferung sowie die Produktion, industrielle Verwertung und den Vertrieb von Lebensmitteln ein. Agrobusiness vereint unterschiedliche Stadien der Herstellung unter gleicher Betriebsführung, integriert sie innerhalb eines einzigen Konzerns und ordnet sie ausschließlich seinen wirtschaftlichen Interessen unter. Die Zeiten, als landwirtschaftliche Produktion und Nahrungsmittelproduktion in einem System freier Wettbewerbswirtschaft funktionierten, sind vorbei. Einige wenige große Unternehmen geben den Ton an und dirigieren das Zusammenspiel ihrer Subunternehmen.

Tenneco, das am schnellsten wachsende Konglomerat der US-Industrie, ist unter die Bauern gegangen. Die Manager des Konzerns denken nur in logistischen Strategien von »Nahrungs-Deckungs-Systemen«, weil sie Produktion, Verarbeitung und Vertrieb in einer Hand kontrollieren wollen: »Tennecos Ziel in der Landwirtschaft ist die Integration der Kräfte vom Saatgut bis zum Supermarkt«, vermeldete das Management seinen Aktionären. Tenneco kann auf eigenen riesigen Anbauflächen säen, diese Felder mit eigenen Traktoren pflügen, die wiederum mit Kraftstoffen aus eigener Produktion betrieben werden. Der Konzern kann die Ernten mit eigenen Pestiziden spritzen. Er benutzt bei der Verarbeitung der Nahrungsmittelrohstoffe in eigenen Fabriken lebensmittelchemische Beistoffe aus eigener Herstellung. Tenneco verpackt und transportiert die Nahrungsmittel in firmeneigenen Verpackungsbetrieben und Containern – und verteilt die fertigen Produkte (unter verschiedenen Namen, die Konkurrenz simulieren) im eigenen Vertriebssystem zu den Verkäufern über das ganze Land.

Diese vertikale Integration wird von den Konzernen in beide Richtungen forciert: rückwärts im Produktionsprozeß zu den Rohstoffen und vorwärts bis an die Konsumenten heran. Aber auch branchenfremde »Multis« steigen in den größten Industriezweig der USA, die Landwirtschaft, ein, denn nur sie können mittlerweile noch die

Investitionen tätigen, um in den von anderen Unternehmen beherrschten Markt einzubrechen.

Beispiele für diese beiden Trends gibt es mehr als genug: General Foods, Cargill, Anderson & Clayton und ITT sind zu Saatguthändlern geworden, das Busunternehmen Greyhound zum Fleischverarbeiter, der Elektronikkonzern RCA zum Truthahnzüchter, das Transportunternehmen Southern Pacific zum Weinanbauer, die Tabakfirma Reynolds zum Pfirsichkonservenproduzent, der Konservenproduzent Del Monte zum Futtermittelhändler, der Flugzeughersteller Boeing zum Kartoffelgroßbauern ... Ralston Purina, Pillsbury und Heublein haben in Restaurantketten investiert, der Chemie- und Waschmittelgigant Procter & Gamble (Omo) in die Erforschung der Sojaproduktion. Coca-Cola baut Zitrusfrüchte in Florida an, während nur drei Unternehmen - United Brands, Purex und Bud Antle - die Produktion von Salat in den Vereinigten Staaten beherrschen. (Saisonweise wird er sogar zwischen bundesdeutsche Hamburger geklemmt.)

Während 1970 noch 22 Prozent der gesamten Lebensmittelversorgung der USA in der Abhängigkeit von großen Wirtschaftsunternehmensgruppen produziert wurde, stieg diese Konzentrationsrate durch marktbeherrschende Unternehmen bis Mitte der achtziger Jahre auf 75 Prozent. Dieser Prozeß der Kapitalisierung des Marktes durch Konzentration verhindert »das freie Spiel der Kräfte« der vielbeschworenen Marktwirtschaft. Landwirtschaft ist zum Agrobusiness verkommen, zu einer Art »Agrarfeudalismus des 20 Jahrhunderts«.

1972 fand eine Regierungskommission heraus, daß die Großfirmen Cargill und Ralston Purina sich aufgrund ihrer Monopolstellung den Markt mit Viehmastfutter regelrecht aufgeteilt hatten. Der Wettbewerb war außer Kraft gesetzt. So konnten die Unternehmen überhöhte Preise von den Rinderzüchtern kassieren: jährlich 200 Millionen Dollar zusätzlich.

Ähnliche Vorgänge stellten die Prüfer im Handel mit Landmaschinen fest: John Deere und International Harvester verdienten zusätzlich pro Jahr fast eine Milliarde Dollar.

Der Verband der US-Rinderzüchter hat in einer eigenen Preiskommission (MPIA) festgestellt, daß die Marktpreise für Rindfleisch jahrelang von großen Fleischfabriken und Supermarktketten in konspirativer Zusammenarbeit mit bedeutenden Börsenmaklern zu eigenen Gunsten manipuliert wurden, um damit gezielt die eigenen Ertragsspannen zu erweitern.

> »Menschen aus der gleichen Handelsbranche treffen selten aufeinander zur gemeinsamen Erheiterung und Zerstreuung, doch wenn sie einander begegnen, so endet dies meist in einer Verschwörung gegen die Gemeinschaft des Volkes oder in einem schlauen Plan, die Preise in Absprache zu erhöhen«, schrieb der Ökonom und Philosoph Adam Smith in seiner 1776 erschienenen Bibel der Marktwirtschaft »An inquiry into the nature and causes of the wealth of nations«.

Im Rahmen einer Studie der staatlichen Handelskommission wurde festgestellt, daß den Verbrauchern in den USA ein jährlicher Verlust von 15 bis 16 Milliarden Dollar entsteht, weil marktbeherrschende Unternehmen ihre Produkte zu überhöhten Preisen verkaufen.

Der Industrialisierungs- und Konzentrationsprozeß in der Landwirtschaft, das zeigt sich immer deutlicher, hat verheerende Folgen: Die Verbraucher müssen tiefer in die Tasche greifen, während die Qualität ihrer Nahrung sinkt. Die »modernen« Anbaumethoden zerstören die Natur und gleichzeitig die Existenz unzähliger Landbewohner (in den letzten 50 Jahren mußten in den USA 40 Millionen Menschen in die Städte abwandern).

Einst hatten die Farmer mit einfachen Mitteln den Wohlstand der USA ermöglicht. Damit war erst der Aufbau der Industrie möglich geworden. Später zwang die Industrie den Bauern ihre Produktionsweisen auf. Die Landwirtschaft wurde zum Absatzmarkt für Industriegüter degradiert; landwirtschaftliche Erzeugnisse wurden zu Rohstoffen für die Industrie reduziert.

Zentralistische Monopolunternehmen in der Lebensmittelbranche sind zu Nutznießern der »Grünen Revolution« geworden, die Farmer zu ihren Ausgestoßenen. Agrobusiness kennt nur eine Logik: die des eigenen Wachstums. Seine Kriterien heißen Rentabilität und Profit. Der Motor der Entwicklung ist Kapital.

Effizienz – der moderne Aberglaube

Zum Symbol des Industriezeitalters wurde im 20. Jahrhundert das Fließband. Fließbandfertigung, Fließbandabwicklung wurden zum Synonym für effizientes Handeln. Anders, als es die Legende weiß, wurde das Fließband nicht erstmals von Henry Ford Anfang des Jahrhunderts bei der Automobilproduktion in Detroit eingeführt. Fords Ingenieure hatten das rationelle Verfahren vielmehr in Chicago abgeguckt: In den größten Schlachthöfen der Welt wurden die Rinder schon seit 1870 am Fließband im Akkord verwertet.

Auch in den US-amerikanischen Hühnerfabriken waren – dank der Forschung von Wissenschaftlern im Auftrag der Industrie – Rationalisierungsmaßnahmen schon früh möglich: Als die Beschäftigten um Lohnerhöhungen kämpften, wurde im Eiltempo eine automatische Schnitt- und Portioniermaschine für Hühnerkörper entwickelt. In der nächsten Tarifrunde hatten die Unternehmen bereits Personaleinsparungen als Druckmittel auf ihrer Seite.

In den letzten Jahrzehnten ist das Prinzip der rationellen Fertigung konsequent verwirklicht worden. Die Produktion und der Vertrieb von Waren sind zu rechnerischen Größen und Funktionen geworden. Die Arbeitskraft ist nur noch ein – oftmals hoher – Kostenfaktor in der betriebswirtschaftlichen Kalkulation.

Beim US-amerikanischen Fast-Food-Zulieferanten Standard Meat zeigt sich, wie das Prinzip der rationellen Fertigung in einer hypermodernen Fleischverwertungsfabrik realisiert wird: Die Arbeitsleistung jeder einzelnen Fließbandarbeiterin wird dort vollautomatisch durch ein elektronisches Datenverarbeitungssystem an dem Ausstoß bearbeiteter Fleischmenge einzeln notiert, in Zeiteinheiten gemessen und in Relation zu optimalan Akkordwerten benotet.

Der Standard-Meat-Manager für Produktionskontrolle, Arthur Wolf, deutet auf die rotleuchtende, rasende Zahlenkette des Bildschirmterminals: »Hier sehen wir, wie die Leistung des einzelnen Angestellten überprüft wird. Und wir haben alle Erträge: alle Produkterträge werden gemessen, und die Leistung jedes einzelnen Arbeiters wird sehr sorgfältig geprüft, damit wir unsere hohe Effizienz, unseren großen Ausstoß, die gute Qualität und auch die penible Hygiene beibehalten können.«

Drei Schlagworte charakterisieren am treffendsten die Entwicklung der Nahrungsmittelherstellung: Überschußproduktion und Erntevernichtung – Konzentration – Effizienz. Der Glaube an Größe und deren Leistungsfähigkeit erweist sich als moderner Aberglaube. So erstaunlich das für uns klingt: Studien haben eindeutig nachgewiesen, daß der Familienbetrieb nach wie vor die effizienteste Nutzungsform in der Landwirtschaft darstellt, sogar bei Anwendung der gegenwärtigen Technologien, wenn sie nur leicht abgewandelt und angepaßt werden. Zahlreiche Untersuchungen des US-Landwirtschaftsministeriums und verschiedener Wissenschaftler belegen, daß die großflächige landwirtschaftliche Produktion, wie sie von den Giganten der Industrie erzwungen wird, betriebswirtschaftlich unsinnig ist. So ist beispielsweise die optimale Kosten-Nutzen-Relation bei der Herstellung von Mais (für das Rinderfutter) oder Weizen (für die Weichbrötchen unserer Hamburger) schon bei der Größenordnung der durchschnittlichen US-Familienfarm gegeben.

In der Agrarwissenschaft der Vereinigten Staaten gibt es kaum noch einen Forscher, der nicht der Ansicht ist, daß die sinnvolle Grenze der Produktion mit industriellen Verfahrensweisen in der Landwirtschaft mittlerweile erreicht ist. Zwar könnten neue, noch aufwendigere Technologien entwickelt werden, doch seien ihre Kosten im Vergleich zu ihren Erlösen höher.

Überhaupt, die nordamerikanischen Farmer produzieren wie die Bauern in der EG subventionierte Überschüsse – Ernten, die vernichtet oder exportiert werden müssen. Und der mögliche »Fortschritt« würde die Märkte nicht nur noch weiter überschwemmen, sondern teuer bezahlt werden müssen: beispielsweise mit zusätzlichen Energieaufwendungen und Chemikalien – zu Lasten der Umwelt.

Die Erträge der US-Landwirtschaft steigen jährlich um etwa 2,5 Prozent. Die Nahrungsmittelindustrie der Vereinigten Staaten mußte hingegen ihren Energieeinsatz innerhalb von vier Jahren um 65 Prozent steigern, so daß er 1974 bereits 16,5 Prozent des gesamten Energieverbrauchs betrug. Das Kosten-Nutzen-Verhältnis wird immer ungünstiger. Wollte man die US-amerikanischen Verhältnisse auf die ganze Welt übertragen, wären 80 Prozent der jetzt auf allen fünf Kontinenten verbrauchten Energie einzig und allein für die Herstellung von Lebensmitteln erforderlich.

Ähnlich absurd erscheint die »Chemisierung« der Landwirtschaft: Vor drei Jahrzehnten verbrauchten die US-Farmer etwa 25 Millionen Kilo Schädlingsbekämpfungsmittel im Jahr. Die Verluste vor der Ernte beliefen sich damals auf sieben Prozent. Heute setzen sie über 300 Millionen Kilo solcher Chemikalien ein, die sie sich zur Freude der Herstellerfirmen einige Milliarden Dollar kosten lassen, und haben 13 Prozent Verluste. Die chemische Waffe ist stumpf geworden. Schädlinge wurden gegenüber vielen Pestiziden resistent. Weltweit gibt es schon mehr als 400 Stämme verschiedener Insekten, die gegen ein oder mehrere Insektizide immun sind.

Das US-Landwirtschaftsministerium hat festgestellt, daß bei vollständigem Verzicht auf Schädlingsbekämpfungsmittel die Ernteeinbußen lediglich um zusätzliche sieben auf 20 Prozent ansteigen würden.

Das Effizienzprinzip der industriellen Produktion im Agrarbereich kehrt sich gegen sich selbst. Das wird auch hierzulande immer deutlicher. Bundesdeutsche Bauern sprühen Chemikalien tonnenweise auf ihre Felder, um den Aberbilliarden Insekten, Unkräutern und Pilzen den Garaus zu machen. Die in den jährlich eingesetzten Pestiziden enthaltenen Giftstoffe wiegen insgesamt 30 Millionen Kilo – ein halbes Kilo Gift pro Kopf der Bevölkerung. Aber trotz dieser Bedrohung für die Gesundheit der Menschen durch Rückstände in der Nahrung konnten vier Jahrzehnte chemischer Schädlingsbekämpfungsmittel in der Bundesrepublik die durchschnittlichen Ernteverluste nicht unter 25 Prozent drücken. Dabei vernichten die mehr als 1 500 verkauften Pflanzenschutzmittel keineswegs nur die Schädlinge, sondern meist auch deren natürliche Feinde, die »Nützlinge«, wie besondere Käferarten, Bienen und bestimmte Fliegen. Sie könnten im natürlichen Kreislauf die Ernteschäden verringern und die tödliche und teure Chemikalienflut auf den Feldern eindämmen – zum Nulltarif.

Mehr als 10 000 Substanzen stellen Pflanzen zur Vernichtung oder Vertreibung ihrer Gegner selbst her. »Wenn Pflanzengenetiker darauf achten würden, solche Widerstandskräfte in neue Züchtungen einzukreuzen«, erläutert Professor Klingauf vom Institut für biologische Schädlingsbekämpfung in Darmstadt, »wären viele Schädlingsprobleme gelöst.« Solange jedoch Züchter Ehrgeiz, Kosten und Energie vor allem in die Entwicklung besonders attraktiver Früchte stecken, weil Industrie und Kunde sie kaufen, bleibt die Abwehrkraft der Pflanzen unterentwickelt und wird sogar noch weiter verringert. Die Chancen sind trübe: Während die chemische Industrie allein für die Entwicklung und Erprobung eines einzigen Pestizides heute 60 bis 80 Millionen Mark ausgibt, steht den Wissenschaftlern aus Darmstadt ein Jahresetat von nur zwei Millionen Mark für die Erforschung der natürlichen Abwehrkräfte in der Landwirtschaft zur Verfügung.

Die bundesdeutschen Konzerne BASF, Bayer und Hoechst profitieren von der fortschreitenden »Chemisierung« der Agrarproduktion. Sie konnten ihren Gesamtumsatz von 1983 auf 1984 um jeweils zweistellige Prozentzahlen steigern. Auf der Weltrangliste belegen die drei gleich nach dem US-Multi Du Pont die Plätze 2 bis 4: BASF machte 1984 einen Umsatz von 43,5 Milliarden Mark; die Hoechst AG lag knapp dahinter mit 41,3 Milliarden. BASF machte dabei einen Gewinn von 2,5 Milliarden Mark, während Bayer sogar 2,9 Milliarden auf dem Weltmark verdienen konnte.

Das Baywa-Lied

Gott mit dir, du Land der Baywa,
Deutscher Dünger aus Phosphat,
Über deinen weiten Fluren liegt Chemie von fruah bis spoat,
Und so wachsen deine Rüben,
So ernährst du ah die Sau,
Herrgott, bleib dahoam im Himmi,
Mir hob'n Nitrophoskablau.

So besingt die aufmüpfige bayerische Folkloregruppe »Biermösl' Blas'n« Süddeutschlands Agrobusiness-Unternehmen Baywa. Im Bayerischen Rundfunk erhielt die Gruppe Auftrittsverbot.

Konzentration durch vertikale Integration

Der Einzug der Gentechnologie und anderer zellbiologischer Methoden in das Agrargeschäft hat die Zentralisierungstendenzen in der Nahrungsmittelproduktion beschleunigt. Um ein kleines gentechnologisches Labor mit nur zwölf wissenschaftlichen Mitarbeitern und dem notwendigen weiteren Personal einzurichten, werden etwa 15 bis 20 Millionen Mark benötigt, Summen, die sich Saatgutfirmen nur unter der finanziellen Beteiligung der »Multis« leisten können.

Pharma-, Öl- und Chemiekonzerne wie Ciba Geigy, Sandoz, Royal Dutch/Shell, Upjohn, Union Carbide und Pfizer haben entsprechende Investitionen vorgenommen. Sie legen weltweit genetische Banken an und monopolisieren nicht nur die moderne Tierzucht, sondern auch den modernen Pflanzenanbau.

Der extensive Getreideanbau in den USA, aber auch in der EG, ist erst richtig gewinnträchtig mit der Einführung genetischer Getreidezüchtungen geworden: Normalerweise ist beispielsweise Weizen eine selbstbefruchtende Pflanze, denn sie trägt männliche wie weibliche Fortpflanzungsorgane an derselben Blüte. Den Forschern gelang es jedoch, hochwertige Weizensorten einseitig zu sterilisieren; plötzlich war Weizen wider alle biologischen Lehrbücher eine fremdbefruchtete Pflanze. Solche Hybridzüchtungen, wie sie genannt werden, haben die Ernteerträge der Bauern gesteigert. Diese sind jedoch jetzt von den Lieferanten des Saatguts abhängig geworden.

Die von der Landwirtschaft produzierten Megatonnen an Getreide machen es profitabel, mit ihm Rinder im industriellen Maßstab zu mästen. Zwischen Getreidehändlern und Fleischindustrie ist ein undurchdringliches finanzielles Netz entstanden.

Der US-Konzern Cargill (Umsatz 1978: 11,6 Milliarden Dollar) kontrolliert zusammen mit den »Multis« Continental, Louis Dreyfus und Bunge 80 Prozent des Weltgetreidehandels. Cargill hat riesige »Feetlots« in Texas und Kansas, in denen ständig 200 000 Rinder gemästet werden. 1978 erwarb das Unternehmen im Privatbesitz die zweitgrößte fleischverarbeitende Firma der Vereinigten Staaten, MBPXL. Über Tochtergesellschaften versorgt Cargill die Keystone Corporation, einen der wichtigsten Fleischlieferanten von McDonald's.

An vorderster Stelle im internationalen Getreidehandel steht auch die in Hamburg ansässige Firma Alfred C. Toepfer International, ein multinationales Unternehmen mit einem Umsatz von 11,4 Milliarden Mark im Geschäftsjahr 1982/83. Das Toepfer-Imperium umfaßt neben dem Getreidehandel auch Kraftfutterwerke, landwirtschaftliche Großbetriebe und eine eigene Seeflotte. Der Konzern hat in 16 Ländern Niederlassungen und produziert in Asien Futtermittel für bundesdeutsche Schweine und Rinder.

Einige Nahrungsmittelproduzenten haben praktisch einen ganzen Markt erworben und kontrollieren ihn vollständig. Unilever und Nestlé haben so mit ihrer gemeinsamen Tochtergesellschaft Langnese-Iglo eine dominierende Stellung im Handel mit Tiefkühlprodukten. Ein erheblicher Teil der Feingemüseernte wird bei uns nach Vertragsabsprachen direkt an Langnese-Iglo geliefert. In solchen Verträgen wird der Bauer verpflichtet, eine bestimmte Fläche zu bebauen, ausschließlich das von der Firma gelieferte Saatgut zu verwenden, sich an die Weisungen der Firma bezüglich der Anwendung von Pflanzenschutzmitteln zu halten und zu einem bestimmten Zeitpunkt zu ernten – andernfalls wird nicht nur die Annahme der Ernte verweigert, auch eine Verfahrensstrafe wird fällig.

Angesichts der neuesten Errungenschaften der Technik läßt sich der zukünftige Alltag des Landwirts leicht ausmalen. Zum Lohnarbeiter mit Landbesitz degradiert, nimmt er die Anweisungen des Großkonzerns jeden Morgen aus dem Heimcomputer entgegen.

Die genetisch vorprogrammierten Samen der Vertragsfirma erfordern zum Gedeihen ein sorgfältig abgestimmtes Programm der Bewässerung, Düngemittelgabe, Insektizid-, Herbizid- und Fungizidverabreichungen; etwa auftretende unvorhergesehene Krankheiten müssen mit den entsprechenden Diagnostika erkannt und bekämpft werden. Doch nicht nur die Substanzen, auch die nötige Software kommt von derselben Firma, die später die geerntete Frucht abtransportiert und verarbeitet.

Vertikale Integration lautet die Devise: Del Monte (der Lieferant von Ketchup für McDonald's) engagiert sich in der landwirtschaftlichen, aber auch der Lebensmittelforschung, betreibt genetische Züchtungen und Zuchtplantagen, baut Früchte an, liefert Werkstoffe für Farmen, betreibt »Veredelung« in der verarbeitenden Industrie, unterhält Lager- und Transportunternehmen, Großhandels- und

Werbefirmen – und beteiligt sich schließlich auch an Betrieben der »Systemgastronomie«, wie die Manager der durchrationalisierten Abfütterungsketten ihr Gewerbe gerne selbst bezeichnen.

Ein anderes Beispiel: Grand Moulins de Paris, das größte Müllereiunternehmen Europas. »In Frankreich verfügen wir bei Mehl über einen Marktanteil von 20 Prozent, bei vorgefertigten tiefgekühlten Backwaren von 90 Prozent«, sagt Präsident Jean Luis Vilgrain. In Frankreich hat der Konzern schon die rasch expandierende Hamburger-Kette *free time* gegründet und darüber hinaus, auch dies als Mehl-Vertriebssystem, die Fast-Food-Kette *Vie de France,* die europaweit Bäckereiprodukte in von Lizenznehmern betriebenen Bistros verkaufen will und dabei vor allem auf das Außer-Haus-Frühstück der gehobenen Mittelklasse zielt. »Wir suchen neue Märkte,« erklärt Vilgrain.

Je mehr der profitablen Verarbeitungsstufen ein Konzern zwischen dem Feld und dem Konsumenten zu errichten vermag, desto besser scheint das Ziel der Industrialisierung erfüllt. In den USA werden beispielsweise schon unzerbrechliche, formgleiche, zunächst entwässerte und schließlich rehydrierte Kartoffelchips in vakuumversiegelten Dosen für Tennisbälle verkauft. Die Kosten der Produktion betragen ein Dutzendfaches der längst vergessenen Kartoffel.

Die Speisekarte der Multis

Ein überreiches Markenangebot in den Regalen der Supermärkte täuscht dem Verbraucher einen vielfältigen und freien Wettbewerb vor. Nur der Blick in die undurchsichtigen Börsennachrichten und Jahresabschlüsse der Unternehmen gibt Eingeweihten das wahre Bild von der Verflechtung und von den Abhängigkeiten der Besitzverhältnisse wieder.

So vertrieb der US-Lebensmittelkonzern Beatrice Foods Ende der siebziger Jahre fast 8 000 verschiedene Markenartikel. Beatrice hatte seit Mitte der vierziger Jahre über 400 Unternehmen der Branche aufgekauft und übernommen.

Die größte Transaktion und Fusion in der gesamten Industriegeschichte – die Ölindustrie einmal ausgenommen – vollbrachte Nestlé 1984: Der weltgrößte Lebensmittelproduzent und -händler kaufte für drei Milliarden Dollar die Carnation Company of Los Angeles, die mit ihren rund hundert Fabriken als höchst profitabel gilt. Carnation und Nestlé sind führende Lieferanten der Restaurant-Industrie.

Vier Wochen zuvor hatte Beatrice Foods für 2,8 Milliarden Dollar die Firma Essmark erworben (Fleischfabrikation und Lebensmittel), welche wiederum ein Jahr zuvor Hunt-Wesson Food aufgekauft hatte – für 1,1 Milliarden Dollar.

Nahrungsmittelunternehmen gehören zu den stabilsten und profitabelsten in der US-Wirtschaft; ihre Gewinne wachsen seit Jahren. Beatrice (jetzt der größte Lebensmittelkonzern der USA) und Nestlé kauften mit ihrem Milliardenhandel ganze Pakete von Markennamen ein. Und nicht nur Nahrung: Beatrice gehören durch den Erwerb von Essmark nun neben Hunt's Ketchup und einer der führenden US-Marken an chemischem Dünger auch Playtex-Unterwäsche, Max-Factor-Kosmetik und die Avis-Autovermietung – außerdem das führende Informationssystem (Computer) des Lebensmittelbereichs, welches von nun an den Börsenmaklern von Beatrice bei ihrem Jahresumsatz von acht Milliarden Dollar im Nahrungsmittelhandel als Schlüssel zu den Märkten zur Verfügung stehen wird.

Der Schweizer Gigant Nestlé machte 1984 weltweit mit 392 Fabriken und 140 000 Beschäftigten in 58 Ländern der Erde einen Umsatz von 37,5 Milliarden Mark und überholte damit die gesamten Staatsausgaben mehrerer afrikanischer Staaten zusammengenommen. Nestlé-Boß Helmut Maucher, ein guter Freund von Bundeskanzler Helmut Kohl, ist auch Gebieter über Fast-Food-Ketten in Brasilien und Europa. 1984, als sich Nestlé bei dem Milliardenmetzger Hertener Fleischwarengruppe Schweisfurth (Herta-Wurst) einkaufte, welcher auch die Restaurantketten *Casserole* und *von Eicken* betreibt, verkündete Maucher: »Ich wollte das Know-how im Fleisch haben, weil wir damit in die Mitte der Essensplatte kommen.«

Mit etwa 100 000 verschiedenen Produkten und Tausenden von Markennamen verkauft Nestlé Kaffee (Nestlé, Hag, Darboven, Dallmayr) und Molkereiprodukte (Allgäuer Alpenmilch), Kosmetika (L'Oreal) und Kontaktlinsen (Alcon), Maggi-Suppen und Sarotti-Schokolade, Wurst und Tierfutter, Mineralwasser (Blaue Quellen) und Säuglingsnahrung, Libby's Ketchup, Bob's Hamburger und Franquette-Fast-Food.

»Ich habe immer gesagt, daß wir keine Scheuklappen anlegen sollten ... wenn sich eine vernünftige Gelegenheit zur Ergänzung bietet – warum sollten wir nicht zugreifen?« kommentierte der Nestlé-Chef, nachdem er auf einen Schlag den Ankauf mehrerer Konkurrenzanbieter auf dem Kaffeemarkt befohlen hatte. In Nestlés Riesenreich vereinen sich die scheinbaren Gegensätze der freien Marktwirtschaft: 1969 wurde die eigene Tiefkühlkette Findus-Jopa mit der vom Erzrivalen Unilever beherrschten Firma Langnese-Iglo zusammengelegt. Seither regiert in Europa der Einheitsfrost – mit gleichem Firmengeist und -signet unter verschiedenen Namen in verschiedenen Ländern.

In der Bundesrepublik hat der große Strukturwandel im Lebensmittelhandel nach US-Vorbild mit Aldi den entscheidenden Stoß bekommen. Was die Brüder Karl und Theo Albrecht mit ihren Billigläden anfingen und heute als Europas größte Lebensmittelhändler an Tausenden von Standorten fortsetzen, bezahlten Abertausende von Tante-Emma-Läden mit ihrem Leben.

Im Konzentrationsprozeß innerhalb des bundesdeutschen Lebensmittelhandels war Aldi der Pionier, und in seinen Fußstapfen folgten alle Großen. Heute hat jedes Handelsunternehmen eine eigene Discount-Schiene mit Markenzeichen, und die Filialsysteme sind vollständig durchrationalisiert und hocheffizient. Die Kleinunternehmer sind als Filialisten in eigenen Dachkonglomeraten verstrickt und abhängig geworden (EDEKA, Rewe und so weiter).

Welchen Konzentrationsgrad die lebensmittelherstellende Branche in den Vereinigten Staaten erreicht hat und welche Profitraten die Riesen im Geschäft erzielen, mögen folgende Zahlen veranschaulichen:

Nur 0,25 Prozent aller US-Firmen im Nahrungsmittelsektor kassieren 75 Prozent der Gewinne in dieser Industrie. Eben diese Konzerne bestreiten 90 Prozent der Werbezeit für Lebensmittel im US-Fernsehen.

Zwischen 1970 und 1977, mit zunehmender Konzentration im Markt, stiegen die Gewinne der Verarbeiter von landwirtschaftlichen Produkten in USA beträchtlich: Campbell Soup (liefert 90 Prozent aller Fertigsuppen) steigerte seinen Profit um 70, Heinz um 156 und Del Monte sogar um 254 Prozent.

Wegen dieser Gewinnaussichten kaufen sich, wie gesagt, zunehmend Großunternehmen aus branchenfremden Bereichen in die Nahrungsmittelindustrie ein. So erwarb der Tabakkonzern Reynolds (Camel) den Ketchup- und Gemüsemulti Del Monte. Die Konkurrenz Philip Morris (Marlboro) kaufte einen der weltgrößten Limonadenhersteller (Seven Up).

Neben direkten Beteiligungen ist eine Verflechtung der Industrie auf der Ebene der Aufsichtsräte üblich. Die Direktoren und Präsidenten der diversen Konzerne haben Stimmrecht in den Kontroll- und Entscheidungsgremien anderer Unternehmen der Oligopole. Dabei üben die Großbanken, Versicherungen und Holdinggesellschaften eine große Kontrolle aus. So besitzt zum Beispiel Morgan Guaranty Trust große Aktienpakete von 32 Unternehmen des Agrobusiness und lenkt zugleich mit in konkurrierenden großen Markenkonzernen wie Coca-Cola und Pepsi, McDonald's und Pizza Hut oder den Tabakkonzernen Reynolds und Philip Morris.

Kinder des Agrobusiness

Ohne den konzentrierten und durchrationalisierten Prozeß bei der Produktion landwirtschaftlicher Rohstoffe und deren industrieller Verarbeitung wäre Fast-Food nicht denkbar. Die industrialisierte Eßkultur ist die logische Folge der Entwicklungen bei der Lebensmittelherstellung.

1967 hatte der Nahrungsmittelkonzern Pillsbury die Schnellimbißkette Burger King dem Gründer Jim McLamore abgekauft. Die frischgebackene Tochter zählte zur Mitte der sechziger Jahre 274 Burger-Stores und war im Schatten von McDonald's auf Expansionskurs.

Pillsbury ist eines der führenden Unternehmen der US-Nahrungsmittelbranche mit Getreidemühlen und Vertriebsfirmen, Herstellern von Kühlwaren, Gefrierkost und Trockenfutter, industriell vorgearbeiteter Kost und Fertigwaren, Konservenfabriken und Getränkeproduzenten und neben anderen Unternehmen des Agrobusiness einigen Restaurantketten. In der Bundesrepublik gehören zum Pillsbury-Konzern (neben Burger King) die Firmen Jokisch und Erasco, die 45 Prozent des Marktes für vorgefertigte Dosenkost hierzulande beherrschen. Burger King ist zum Lieblingskind des Agrobusiness-Konzerns geworden.

Mitte der achtziger Jahre bezieht die Mutterfirma fast schon die Hälfte ihrer Einkünfte aus den Restaurantketten. »Pillsbury, denen Burger King gehört, und Wendy's, das eine Aktiengesellschaft ist, gehören auch zu mindestens 50 Prozent, also zu einem sehr hohen Anteil, großen Banken, Versicherungen und Finanzinstituten, weil diese großen Institutionen in Richtung großer Unternehmen neigen: sie wollen große Holdings schaffen!« Das meint Michael Culp, als Vorstandsmitglied und Anlageberater bei der Wall-Street-Firma Prudential Bache auf die Restaurantindustrie spezialisiert und daher einer der bestinformierten US-Amerikaner im Fast-Food-Geschäft.

Die großen Kapitalunternehmen der Vereinigten Staaten haben mit einer Hand in die Nahrungsmittelproduktion investiert und zugleich mit der anderen im Fast-Food-Business kräftig zugepackt. So gehört die Imbißkette *Burger Chef* dem Agrobusiness-Riesen General Foods, während der Welt größter Hühnerverwerter *Kentucky Fried Chicken* ein Tochterunternehmen des US-Getränke-und Lebensmittelkonzerns Heublein ist und die größte US-Pizza-Kette *Pizza Hut* ebenso wie die mächtig expandierende Schnellimbißkette *Taco Bell* dem zweitgrößten Getränkehersteller der Welt, Pepsi-Cola, gehört. Zug um Zug erobern sich Großinvestoren das industrialisierte Essen, verstärken mit gewaltiger Finanzkraft die Trends zu Konzentration und weltweiter Monokultur.

Die Hamburger-Nahrung und ihre artverwandten Ableger stellen lediglich eine adäquate Vertriebsform der Großproduktion von Lebensmitteln dar. »Das Essen muß den technischen Voraussetzungen entsprechen«, meint folgerichtig Michael Gerling, der Direktor für Einkauf und Qualitätskontrolle des Branchenführers McDonald's in Europa.

Die gewöhnliche Hamburger-Mahlzeit bei McDonald's in der Bundesrepublik ist ein multinationales Produkt, dessen Geburt wie ein Manöver der NATO anmutet: Das Weißbrot wird in Pfungstadt aus US-Weizen hergestellt (Borden/Weber). Die Fleischrinder werden in Süddeutschland gemästet, geschlachtet und zu Hackfleisch-Patties verarbeitet (L & O / Südvieh-Südfleisch / Baywa / Raiffeisen / Otto & Sons). Der Käse stammt aus Holland. Gurken, Senf und Mayonnaise liefert die bayerische Traditionsfirma Develley (»... they used to make sauce for crazy Ludwig«, weiß McDonald's Vize Starmann). Der Salat wird im Winter aus Kalifornien importiert, im Sommer aus Spanien (Vita-Gemüse). Die Zwiebeln kommen aus den USA über den Reutlinger Importeur Vita-Gemüse. Die Pommes frites werden in den Niederlanden eingekauft (McCain, Simplot, beides Firmen aus Nordamerika). Der Ketchup stammt von einer US-Firma in Italien (Del Monte). Das Rohmaterial für Becher kommt aus Kanada. Das Einwickelpapier aus Skandinavien wird in der Bundesrepublik bedruckt und in Frankreich geschnitten. Doch schon bald könnte der multinationale Hamburger seine Versorgungslinien für Rohstoffe auch hinter dem »Eisernen Vorhang« ausbauen: McDonald's läßt derzeit in Polen den Kartoffelanbau für seine Fritten erproben.

Aus Erdäpfeln wurden Bintjes

Die Kartoffel ist südamerikanischer Abstammung. Sie diente schon in vorgeschichtlicher Zeit der indianischen Bevölkerung der Bergtäler als Nahrung. Im 16. Jahrhundert zogen europäische Eroberer,

Werbung für die ideale Industriekartoffel

als Entdecker getarnt, plündernd landeinwärts. Mit den goldenen Kunstschätzen der Indios brachten sie auch die Kartoffel heim nach Europa.

Im Abendland war das geraubte Gold willkommen, die Kartoffel dagegen wurde zunächst verschmäht. Preußenkönig Friedrich Wilhelm I. (1713–1740) mußte während einer Hungersnot die Bauern unter Aufsicht von Soldaten zum Anbau der Pflanze zwingen. Bei Weigerung drohte den Landwirten, daß man ihnen Ohren und Nase abschneiden werde. Am Hofe des französischen Königs Ludwigs XVI. wurden die Erdäpfel gesellschaftsfähig, kamen in Mode und wurden dann sogar zum bedeutendsten Nahrungsmittel Europas.

Die Industrialisierung bemächtigte sich schließlich auch der Kartoffelproduktion und ihrer Verarbeitung und regelte fortan das Schicksal der Frucht. Durch Kreuzungen wurde ein Selektionsprozeß eingeleitet, der schließlich in Holland die ideale Industriekartoffel schuf: Bintje.

Schon 1957 hatte die kanadische Firma McCain mit der Produktion tiefgefrorener Kartoffelstreifen begonnen. Die Pommes-frites-Produktion wurde der Kartoffel zum alleinigen Kriterium und Schicksal. McCain ist heute der größte Erdäpfelverarbeiter der Welt; in seinen 19 Fabriken in Holland, Amerika und Australien werden jährlich über eine Million Tonnen verarbeitet. McCain verwertet fast nur noch eine einzige Kartoffelsorte, den Grundtyp Bintje, weil sie besonders groß ist und schnell wächst, höhere Erträge pro Bodenfläche bringt als jeder andere Typ, weil sie einen hohen Anteil an Trockenstoffen hat und dabei auch noch sehr »neutral« schmeckt: das Ergebnis systematischer Forschung im Dienste der Industrie.

Die expandierende Kettengastronomie steigerte die Nachfrage nach diesen vorgegarten und tiefgekühlten Pommes frites und brachte den Markt zum Bersten. Von 1978 bis 1982 wuchs das Frittenvolumen um 250 Prozent. Unternehmen wie McCain und Simplot (USA) investierten in holländische Bintje-Fritten. Die Niederlande wurden zum größten Kartoffelexporteur der Welt.

Für die Frittenproduktion wird Bintje unter Heißdampf geschält, unter Wasserdruck geschnitten, elektronisch kontrolliert, heiß blanchiert und in Öl für wenige Minuten auf 170 Grad erhitzt, um so vorfrittiert schließlich eingefroren zu werden. Die bundesdeutschen Fast-Food-Ketten, allen voran McDonald's, werden von Kühltransporten der Firmen McCain und Simplot mit patentierten Kartoffelstäbchen direkt aus den Niederlanden beliefert. 100 000 Tonnen Pommes importieren die »Systemgastronome« jährlich aus unserem Nachbarland.

Buns

> »Es gibt kein richtiges Brot in den Staaten, und ich esse gern Brot. Die Amerikaner sind immer noch Nomaden und verstehen nichts vom Essen, sie können richtiges Brot nicht brauchen, es läßt sich nicht ungeschnitten verkaufen, und es müssen Schnitten sein, die man schnell, im Weggehen oder Stehen essen kann. Es sind tatsächlich Nomaden.« (Bertolt Brecht in seinem »Arbeitsjournal« 1941)

»Buns« heißen die wabbeligen, süßlich schmeckenden Deckel, mit denen der Hamburger mit zehn Fingern zusammengedrückt wird, um ihn so – ohne daß er auseinanderfällt und, wenn möglich, ohne Kleckern – zum Mund zu führen und zu vermampfen. Buns, neudeutsch: Softbrötchen, sind Weißbrot aus Weizenmehl.

Weizen ist geradezu ideal: Er bringt mehr Volumen. Verglichen mit dunkleren Getreidesorten ergibt er die doppelte Brotgröße. Verarbeitet zu Softbrötchen hat er eine wesentlich längere Lagerkapazität. Seine Haltbarkeit macht wiederum den günstigen Einkauf größerer Vorräte möglich. All diese Faktoren verbergen sich hinter dem, was uns als »Geschmack» verkauft wird.

In der Bundesrepublik fabriziert die Firma Weber in der Nähe von Darmstadt Softbrötchen für Hamburger. Jährlich sind es 137 Millionen, allein für die 207 Läden von McDonald's (1984).

Die Großbäckerei Wilhelm Weber, ein ehemaliges Familienunternehmen, ist Teil des Bordon-Konzerns, der in der Nahrungsmittelindustrie der USA Jahresumsätze von etwa fünf Milliarden Dollar macht und dem außerdem 69 Unternehmen außerhalb der Vereinigten Staaten gehören.

In gewaltigen Mengen, von Computern vollautomatisch gesteuert, wird bei Weber Weizenmehl mit Wasser, Zucker und nach bundesdeutschem Lebensmittelgesetz erlaubten Backzusätzen und Aromastoffen zu Teig verrührt. Hier ist man stolz auf die ausgetüftelte Technologie, auf das Know-how der modernen Backkunst aus den Vereinigten Staaten. Die Formel für die Mischung der Hamburger-Buns wird sorgfältig im Safe verwahrt.

Softbrötchenfabrik Weber in Pfungstadt (Hessen)

Aus zwei über zwanzig Meter langen Öfen strömen Tausende von braungelben Softbrötchen und wandern über Hunderte von Metern auf den bis unter die Decke der Fabrikhalle mehrstöckig geführten Fließbändern der Endkontrolle zu. Sie werden vom Fließband weg von Inspektoren stichprobenweise mit einer besonderen Schublehre in ihrer Form und mit einer Farbskala in ihrem Teint kontrolliert, gewogen und auf Elastizität geprüft. Absolute Uniformität ist Pflicht – wer aus der Reihe tanzt, landet im Abfall. Schließlich gleiten die Buns in Massen den Verpackungsautomaten zu, wo sie, in Reihen in Plastik verschweißt und automatisch auf Paletten gestapelt, der Abholung durch Laster harren.

»Die Rezeptur ist vorgegeben von McDonald's und wird quasi von uns überwacht, über den ganzen Produktionsbereich«, erläutert Rudolf Klein, der kontrollierende Verbindungsmann des Hamburger-Imperiums in der Großbäckerei. »Die Eingabe der Rezeption erfolgt automatisch über Computer, so daß eine falsche Rezeptur nie möglich ist. Wir haben einen vorgegebenen Standard von McDonald's. Dieser beinhaltet genau die gewünschte Farbe von McDonald's, die Schnittfläche, die Form und so weiter und das Toasten sowie die Höhe, und die Normen von McDonald's müssen eben hundertprozentig eingehalten werden. Wir haben auf beiden Linien eine Stundenproduktion von 66 000 Stück. Wir erwarten 1985 einen Umsatz von 170 Millionen Brötchen ... Die Mitarbeiter sind nur 47 Stück, die für McDonald's arbeiten, haben aber im weitesten Sinne nur noch die Aufgabe, die Produktion zu überwachen. Die Brötchen werden von menschlicher Hand nicht mehr berührt, bis sie das McDonald's-Restaurant erreicht haben. Die Produktionsanlagen kosten 24 Millionen Mark, und die Tagesproduktion wird am Abend verladen und morgens im McDonald's-Restaurant angeliefert, so daß wir täglich frische Brötchen zur Verarbeitung im McDonald's-Restaurant haben.«

Deutsche Pioniere

Einer der Pioniere von industriell gefertigter Nahrung war der Chemiker Justus von Liebig, der im vergangenen Jahrhundert herausfand, wie man den Geschmack einer ganzen Kuh in einem zuckerwürfelgroßen Stück salzig-klebriger Hartmasse unterbringen konnte. Ein anderer Wegbereiter der Fertigkost war der Berliner Koch Grünberg, der Erfinder der Erbswurst, einer in einen Darm gefüllten Trokkenmasse aus Erbsmehl, Speck, Zwiebeln und Salz. Die preußischen Militärs erkannten sofort den unermeßlichen Wert des Grünbergschen Produkts; das Kriegsministerium kaufte ihm die Idee ab. Und so zogen deutsche Soldaten im Krieg gegen Frankreich 1870/71 mit einer neuen Geheimwaffe in die Schlacht: der Erbswurst zur Steigerung der Kampfkraft.

Die Militärs haben immer ein starkes Interesse daran gehabt, die Soldaten mit haltbarem, vorgefertigtem Essen zu versorgen. Im Krieg spielten Fragen der Konservierung, der Logistik und der rationellen Verwertung großer Mengen von Nahrungsmitteln eine wichtige Rolle.

Im Zweiten Weltkrieg erprobte das Massachusetts Institute of Technology im Auftrag der US Army die Konservierung durch Strahlen. Dr. B. E. Proktor wollte 1943 für die Armee ausgerechnet Hamburger sterilisieren. Die Versuche gingen daneben: Das Fett schmeckte wie nasser Hund. Das Fleisch war bitter. Die Buletten schienen ungenießbar.

Damals erlebten die Vereinigten Staaten jedoch den Beginn des Hühnerfleisch-Booms. Zuvor hatte man in den USA vor allem Schweinefleisch gegessen. Jetzt machte es die industrielle Massentierhaltung und Zucht möglich, in großen Mengen billige »Chicken« auf den Markt zu werfen.

Die Zeit des Rindfleisches und damit der Hamburger-Ketten wurde erst in den fünfziger Jahren eingeläutet. Die Einführung neuartiger Mastmethoden in »Feedlots« führte zu einer Senkung der Produktionskosten. »Beef« wurde erschwinglich und gewann so an Popularität; McDonald's und Burger King mit ihren Rindfleisch-Hamburgern waren geboren.

Der Wandel der Eßsitten und Ernährungsgewohnheiten ist weniger eine Frage des sich ändernden Geschmacks, vielmehr sind die technischen Möglichkeiten im Verbund mit ökonomischem Kalkül der entscheidende Faktor gewesen. Das belegt auch die Geschäftspolitik der Fast-Food-Ketten, die die Ausgaben für Rohstoffeinsatz und Personal knallhart kalkulieren. Ihr Kostenanteil für Materialeinsatz betrug in den Jahren 1976 bis 1980 39 Prozent, 1984 nur noch

37 Prozent. In diesem Zeitraum von acht Jahren stiegen ihre Lohnkosten nur um ein Prozent.

Als Anfang der achtziger Jahre die Preise für Rindfleisch in die Höhe gingen, reagierten die großen Hamburger-Anbieter prompt und nahmen Schweinefleisch- und Geflügelprodukte (McRib, Chicken Sandwich) ins Angebot. Dabei hat sich Chicken McNuggets von McDonald's wohl als das erfolgreichste Nahrungsprodukt aller Zeiten erwiesen. Innerhalb kürzester Zeit wurde mit ihm ein Umsatz von einer Milliarde Dollar erzielt. Wer hätte das gedacht bei fadem, zermahlenem Hühnerfleisch, das gepreßt, paniert und schockgefroren die Friteuse erwartet?

In der so erfolgreichen Werbekampagne von McDonald's nahm der einstige Gourmet-Koch »Chef René« eine zentrale Rolle ein. Als Aushängeschild des Bulettenkonzerns suggerierte er den Kunden Qualität, wo reine Kostenerwägungen ausschlaggebend waren.

»Hier in Amerika, vor vier oder viereinhalb Jahren, hat McDonald's gar keine Hühnchen gebraucht«, erzählt »Chef René«. »Und in den vier Jahren ist McDonald's der zweitgrößte Hühnerverwerter der Welt geworden. Die Massen, die wir hier gebrauchen, sind unvorstellbar, unglaublich. Und wir gebrauchen ungefähr nur ein Drittel vom Hühnchen, nur die Brust und die Schenkel. Ich kann sagen, daß wir fast eine Million Hühnchen die Woche benötigen.«

Auf die Frage, was denn mit dem Rest passiere, antwortet »Chef René«, daß die nicht gebrauchten Hühnerteile größtenteils nach Asien exportiert werden, wo sie »Delikatessen für die Leute« seien.

Food-Design

Die Massenproduktion von Fast-Food bedarf nicht nur schärfster Kalkulationen, sondern auch eines bestimmten Designs, eines genauen Zuschnitts. »Top convenience quality« – wörtlich übersetzt: höchst nützliche Qualität – heißt das Schlagwort.

Was das für den zweitgrößten Hamburger-Konzern Burger King heißt, der weltweit täglich sechs Millionen Kunden bedient, erklärt Vizepräsident John Barnes: »Wir beobachten die Rohstoffbörsen. Die Kosten der einzelnen Waren sind sehr wichtig für uns. Wir arbeiten mit all unseren Lieferanten sehr eng zusammen in einer sogenannten Portionskontrolle. Alle Lebensmittelprodukte, die in ein Burger-King-Restaurant kommen, sind vorher ausgemessen; in vielen Fällen auch schon vorgekocht, so daß wir in unseren Küchen grundsätzlich eigentlich nur noch das Produkt zusammenfügen und erhitzen, damit es schnell und heiß serviert werden kann ... Zum Beispiel das Hamburger-Brötchen: Es wird in einem halben Dutzend sehr, sehr großer Bäckereien in den Vereinigten Staaten hergestellt. Das Rezept muß das gleiche sein. Das Mehl muß genau das gleiche sein. Das Brötchen muß genau die gleiche Form haben und genau das gleiche Gewicht, damit, wenn wir das Brötchen dann toasten, die Hitze auch korrekt in das Sandwich hineintransportiert wird ... Um das zu erreichen, muß das Produkt korrekt in industrieller Fertigung zubereitet werden. Wir sind grundsätzlich ein großer Hersteller von Essen – in großem Stil.«

»Es ist soviel Grazie in der sanft geschwungenen Silhouette eines Hamburger-Brötchens«, schwärmte McDonald's-Gründer Ray Kroc einmal. Und fügte hinzu: »Es erfordert schon eines ganz besonderen Geisteszustandes, um das zu erkennen.«

Die moderne Systemgastronomie verwendet bis zu 75 Prozent vorgefertigte Speisen, von denen sie »top convenience quality« zu optimalen Preisen verlangt. Entsprechende Anforderungen werden an die Zulieferer gestellt. In den USA gehört der Fleischverarbeiter Standard Meat – eine Tochter von Consolidated Foods (Jahresumsatz: sieben Milliarden Dollar) – zu den Erfolgreichen in diesem Business. »Wir müssen in der Lage sein, den Wettbewerb mit anderen Industrien aufzunehmen. Und bei diesem Wettbewerb müssen wir die notwendigen Werkzeuge haben«, so Standard-Meat-Manager Arthur Wolf. Das sei nicht leicht, meint er. »Der Entwicklung der Technologie kann man heute kaum noch folgen: Wo sind die Markttrends bei den Konsumenten, wo sind die Entwicklungen in der Effizienz, in der Kosteneffizienz? Wir benutzen unsere Computer in so vielen Bereichen, wie wir können. Nicht nur, um unsere Produktion zu planen, sondern auch, um den Materialeinkauf damit abzuwickeln, um unsere Rezepte damit zu formulieren, mit den kostengünstigsten Materialien, die auf dem Markt sind – verschiedene Produkte gehen mit den Marktpreisen rauf und runter, und wir müssen manchmal Ersatzrohstoffe verwenden, um das kostengünstigste Fleischprodukt herstellen zu können.«

Es gibt kaum ein Produkt der Nahrrungsmittelindustrie, das ganz ohne technologische Adaptation, Ersatzstoffe und Täuschung auskommt. Der Sinn ist, es profitabler und leichter zu lagern, zu vermarkten, zu gestalten.

Bereits um 1800 war es üblich, durch Beigaben von Chemikalien Lebensmittel zu manipulieren. Bäcker beispielsweise mischten dem Teig salpetersaures Wismuth bei, um das Brot heller und schwerer zu machen. Der Beistoff galt schon nach damaliger Giftkunde als sehr gefährlich.

In den USA arbeitet ein Heer von Wissenschaftlern – über 21000 Nahrungsmittelchemiker, Mikrobiologen und Gärungswissenschaftler – ständig an der Neuschaffung und Vervollkommnung von Ersatzprodukten und Geschmacksstoffen. Denn ihre Verwendung in der Lebensmittelverarbeitung bietet den Produzenten einen entscheidenden Marktvorteil, da Chemikalien nicht in gleicher Weise wie agrarische Rohstoffe Preisschwankungen unterliegen und somit eine gezielte Preispolitik mittelfristig möglich machen.

Die Labors haben eine Geheimwaffe entwickelt: Die Nahrungsmittel-Kosmetik will ein Trugbild erzeugen, bei dem uns die Augen übergehen sollen. In unserem Magen aber landen Farbstoffe, Konservierungsmittel, künstliche Süßstoffe, Überzugsmittel, Emulgatoren, Antioxidantien, Stabilisatoren, Geliermittel, Geschmacksverstärker ... – der Hamburger wirkt da noch wie ein echtes Naturprodukt.

»Food Design«, also so etwas wie »Lebensmittelgestaltung«, heißt tatsächlich die Wissenschaft, die die Optik und den Geschmack der Lebensmittel mit den ökonomischen Effizienzprinzipien in Einklang zu bringen hat.

Margarine ist der Wegbereiter einer derartigen Nahrungsmittelproduktion gewesen – das erste Lebensmittel, das kein bearbeitetes Agrarprodukt, sondern eine künstliche Zusammensetzung isolierter Bestandteile anderer Produkte darstellt. Heute muß man sich fragen, welches Tier- und Menschenfutter keine synthetischen Geschmacksstoffe enthält.

Zu ihren bedeutendsten Herstellern in der Bundesrepublik gehört die Firma Haarmann & Reimer, ein Tochterunternehmen des Chemiegiganten Bayer. Der Aromastoffproduzent hat übrigens eigene Töchter in Großbritannien, Frankreich, Spanien, der Schweiz, Österreich, Italien, Kanada, den USA, Mexiko, Chile, Argentinien, Brasilien, Kolumbien, Japan, Südafrika, Australien und Singapur.

Die »Food-Designer« lassen Schinken und Speck mit Kohlendioxydgas-Beigaben in Verpackungen verschweißen, weil das Fleisch länger frisch aussieht. Früchte und Gemüse sollen durch Sprühbelag beschichtet werden, damit sie schöner und gesünder wirken. Und Treibhaustomaten werden mit rotem Fluoreszenzlicht bestrahlt, weil sich so die rote Farbe der Früchte intensiver und in kürzester Zeit herausbildet. Die in den Gaskammern gereiften Tomaten wachsen zudem noch schneller nach. Der Mangel an Vitamin A und C scheint niemanden zu stören. Obst wird durch Kobaltstrahlen versiegelt und konserviert, obwohl über mögliche Folgewirkungen vollkommene Ungewißheit herrscht.

Der Elektronikkonzern ITT ließ eine seiner Tochterfirmen, das größte Backwarenunternehmen der Vereinigten Staaten, die Continental Bakeries, ein neues Brot für »ernährungsbewußte« Kunden entwickeln und herstellen: Das Weißbrot mit dem Namen »Fresh Horizon« (Frischer Horizont) hat 40 Prozent weniger Kalorien als sein älterer Bruder, enthält dafür aber zum hohen Anteil Faserstoffe, die aus Holzmelasse gewonnen und dem Teig zugesetzt werden. Das Holzbrot wurde ein Erfolg. Dennoch verkaufte ITT seine Bäckereien kürzlich an einen der bedeutendsten Getreidehändler der USA, die Firma Ralston Purina.

Neue Horizonte hat den Verbrauchern auch ein anderes multinationales Unternehmen eröffnet. Der Ölkonzern Standard Oil of Indiana stellt aus Abfällen seiner petrochemischen Produktion Eiweiße für Salatsaucen und Dressings her.

Synthetische Geschmackssimulatoren sind, seitdem die industrialisierte Landwirtschaft charakterlose Rohstoffe liefert, zum A und O der Lebensmittelverarbeitung geworden. Die Kunst der Illusionisten feiert Urständ: Buttergeschmacksstoffe, chemische Essenzen mit dem Geschmack von mexikanischen, orientalischen oder italienischen Gewürzmischungen; künstliche chemische Essenzen, die für Saucen Fleischgeschmack simulieren (zum Beispiel 135 Teile Wasser und ein Teil chemischer Substanz ergeben »Rindfleisch-Saucen-Essenz«). Dehydrierte Naturprodukte wie Zwiebelringe und Crevetten werden zu Pudersubstanz verarbeitet und später wieder künstlich in ihren Ursprungszustand gebracht.

Seit zehn Jahren werden in US-Restaurants sogenannte »eggrolls« – gefrorene »Eiersalamis« – verwandt, eine etwa 30 Zentimeter lange, runde, eifarbige Substanz, Mitte gelb, außen weiß. Diese Rollen ergeben 75 perfekte »Eischeiben«, für die man sonst 25 normale Eier benötigt hätte. Die weiße, gummiartige Gelatinesubstanz mit ihrem schwefeligen Beigeschmack wird geschluckt und von den Kunden rasch vergessen. Ihre Gebrauchsanleitung lautet: »Sieben Minuten in heißes Wasser, und sie ist aufgetaut. Man öffnet das Ei ... ein Zerkleinerer ist dabei: Man kann es schneiden, würfeln, hacken. Wie gesagt, für Brote, Salate, zum Frühstück, wie auch immer ... Schluß mit der Kocherei, mit dem Schälen, dem ganzen Abfall!«

Ein Eiersalami-Vertreter bietet an: »Wenn Sie Interesse haben, würden wir ein Absatzprogramm entwerfen, um das Interesse zu wecken.« Und er frohlockt: »In Europa, wo zwölf Eier zwei Dollar kosten, haben wir einen Riesenerfolg! Womöglich werden wir dort mehr verkaufen als jetzt in den USA!«

»Surini«, ein japanisches Substrat, soll auch ein Verkaufsschlager werden. Es wird aus entgrätetem, gefrorenem und zermahlenem Fischfleisch gewonnen – unter kleiner Beigabe von getrockneter Schalentiersubstanz. Die Herstellerfirma, JAC Creative Foods in Los Angeles, mischt die Substanz stärkehaltiger Bindemittel mit natürlichen und künstlichen Geschmacksessenzen. Sie wird getrocknet, in natürlichen Gewebeformen gepreßt und eingefärbt, beispielsweise als Krabbenfleisch, Shrimps oder Muscheln. Diese Produkte können auch als eine Art Rührteig angeliefert werden, der sich im Mikrowellenherd blitzschnell zu verschiedenen Meeresfrüchten formen und erhitzen läßt.

Diese Pseudo-Delikatessen bereichern das Angebot von Fast-Food-Ketten, die sich auf Fischspezialitäten spezialisiert haben. Ihr Vorteil liegt, neben der einfachen Lagerung und schnellen Zubereitung, vor allem im Preis: Krabbenfleisch kostet mehr als das Dreifache des Surrogates. Artverwandte »Seafood-Produkte« wurden 1984 auch in der Schnellgastronomie der Bundesrepublik eingeführt.

Qualität bedeutet in diesem Zusammenhang einzig und allein: Verwertbarkeit im Maschinenpark der Fast-Food-Industrie, nicht Nährwert, Schadstoffarmut und eine umweltgerechte Herstellung der Lebensmittel. Und die Werbung widerlegt das alte Sprichwort: »Der Appetit kommt beim Essen.« Nein, er kommt beim Sehen, denn das äußere Erscheinungsbild des Produkts macht uns den Mund wäßrig.

Die Service-Revolution

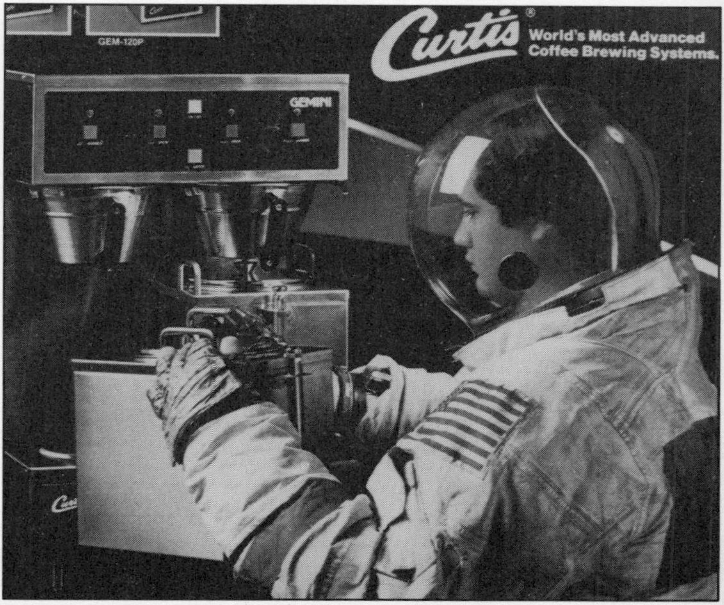

»Amerikaner nehmen sich fürs Essen keine Zeit mehr, denn Essen ist nichts angenehmes, zivilisiertes mehr, sondern etwas, was man nebenbei macht; ihre Beziehung zum Essen ist neurotisch, krank ... Wer sich seinen Mund den ganzen Tag mit Eßwaren vollstopft, macht das nicht, weil er glücklich ist, sondern weil er unglücklich, unbefriedigt ist ...«

(John Hess, US-amerikanischer Kochbuchautor)

Die Industrialisierung ist auch in den Dienstleistungssektor eingebrochen. Wie bei der Sachgüterproduktion gelten nun auch in »freundlichen Gewerben« Funktionsteilung, Rationalisierung einzelner Vorgänge und Spezialisierung auf wenige Leistungen. Im gastronomischen Bereich ist die Fast-Food-Küche das anschauliche Beispiel: Hier werden nur dann zwei bis drei Millionen Mark Jahresumsatz auf wenigen Dutzend Quadratmetern erzielt, wenn jeder Schritt systematisiert ist und wenn die Technik stimmt.

Vom perfekten Zusammenspiel der »produktiven Kräfte« Mensch, Maschine, Material hängt alles ab. Der konstitutive Charakter dieses Systems baut auf den Elementen der Beschränkung des Programms auf wenige Produkte in verschiedenen Varianten, der Verwendung von vorgefertigten Rohstoffen, dem Verkauf aller Leistungen an einer zentralen Bedienungstheke, der Einwegpackung, dem Finger-Food und der Arbeit mit ungelernten Kräften. Je mehr System drin steckt, desto besser gelingt die Optimierung. Wichtig aus der Sicht der Händler ist ein direkter, kurzer und kreuzungsfreier Materialzufluß, um Arbeitsverluste gering zu halten.

Alles gleicht der klassischen Fließbandproduktion in Fabriken, alles gehorcht den gleichen Gesetzen. Nur ist McDonald's-Schöpfer Ray Kroc noch einen Schritt weiter gegangen: Sein Fließband steht still – die Kunden, die Konsumenten sind die beweglichen Teile.

Unter Fast-Food lassen sich all die gastronomischen Produkte zusammenfassen, bei denen zwischen Bestellung und Erhalt der verzehrfertigen Mahlzeit nicht mehr als drei, maximal jedoch zehn Minuten vergehen. Im Schnellrestaurant umfaßt die Produktionslinie den Garprozeß, die Konfektionierung und Verpackung. Je kürzer der Weg, desto besser. Dabei funktioniert die Fast-Food-Küche nach dem Simultanprinzip, das heißt, die Produktion paßt sich ganz den Schwankungen des Absatzes an.

Der Absatz der schnellen Außer-Haus-Verpflegung erlebte in den fünfziger Jahren einen sprunghaften Anstieg. Die Doppelbeschäftigung in den Familien hatte begonnen, Hausfrauen fehlten daheim am Herd. Zudem bot eine warme Zwischenmahlzeit eine willkommene Abwechslung vom »Pausenbrot«. Entscheidend aber dürfte wohl gewesen sein, daß die nahrungsverarbeitende Industrie eine industrielle Vorfertigung der Speisen möglich machte, daß sie die Technologie der schnellen Endmontage und damit die Fertigung vor Ort erlaubte.

In den sechziger Jahren konnte man an den neuen Tankstellen Autofahrer antreffen, die eingeschüchtert und verzweifelt ihr Vehikel umkreisten und nach Tankverschlüssen ihres Wagens suchten, die mit Zapfsäulen kämpften und unsicher mit schmutzigen Tankschläuchen hantierten und sich schließlich ölverschmiert zwischen Reifen-Sonderangeboten und Reparaturwerkzeug den Weg zur Kasse der neuartigen Selbstbedienungstankstelle bahnen mußten. In den siebziger Jahren hatten die Kunden schließlich den »Self Service« im Supermarkt und an der Tankstelle gelernt, waren vorbereitet für die »Service-Revolution«. Von nun an halfen sie auch, in den Imbißcontainern der taufrischen Schnellrestaurantketten, die Personalkosten zu senken. Die Schwierigkeit bestand nur darin, die Esser davon zu überzeugen, daß das Schleppen eines Tabletts mit Cola, Pommes, Apfeltaschen und Hamburgern keine Fron sei – daß es nicht allein eine Kostenersparnis für den Unternehmer sei, sondern eine »gute Idee« für die Pfiffigen und Preisbewußten. Das ist den Managern inzwischen gut gelungen.

Fast-Food ist eine Erfindung von Geschäftsleuten – nicht von Gastronomen, denn Taschenrechner und Kalkulationen sind dabei wichtiger als der Gaumen. Leiter von Schnellrestaurants heißen daher mit gutem Grund »Manager«, nicht Gastwirte.

Die Manager lassen in Serie fertigen. Sie achten unerbittlich auf die betriebswirtschaftlichen Kennziffern. Da Vorräte Geld kosten, wird die Auswahl begrenzt auf jene Speisen, die oft verkauft werden und einen schnellen Umschlag des eingesetzten Kapitals versprechen. Das Sortiment wird nur dann erweitert, wenn sich das »rechnet«. Fast-Food-Manager sprechen – da sind sie ganz ehrlich – nicht von Küche, sondern von »Produktion«. Die Zahl der Beschäftigten richtet sich jeweils nach der Zahl der verkauften Pommes und Buletten. Beide Zahlen schwanken also synchron und kostengünstig im Tagesablauf.

Fast-Food ist ein System und eine kulinarische Weltanschauung. Das System hat seine Regeln, seine Beherrschung will gelernt sein. Für bundesdeutsche Gastronomen war Fast-Food etwas Neues, das zu Beginn der siebziger Jahre noch verlacht und von Gastro-Philosophen der Feinschmeckerbranche angewidert verhöhnt wurde. Unbeirrt gingen die Entwicklungsexperten aus den USA daran, die Bewahrer vorsintflutlicher Organisationsformen in den hiesigen Restaurants das Gruseln zu lehren.

Ein Pionier war Walter Rettenwender, damals Geschäftsführer der ersten bundesdeutschen McDonald's-Filiale in München und heute siegreicher Präsident von McDonald's System of Germany: »McDonald's Deutschland war ja nach Kanada das erste größere Land, wo McDonald's international tätig wurde ... Deutschland, auch durch die deutsche Art, ein Geschäft aufzubauen, durch die relativ kleine geographische Lage, war ein Entwicklungsland auf diesem Gebiet ... Aber bei McDonald's ist das so, daß Deutschland eigentlich vom System lernen kann. McDonald's ist ein System und vervielfältigt sich und ist aber in der Basis sehr einfach. Einen heißen Hamburger schnell und freundlich zu servieren ist sehr einfach; aber das Ganze im System zu bringen ist schwierig. Und da glaube ich, kann Deutschland was davon lernen.«

Kochen mit System. Essen mit System. Die Uniformität, die Gleichheit sichert den Kunden vor Überraschungen: unangenehmen, aber auch angenehmen. Der Zufall ist ausgeschaltet.

Der Markt ist hart umkämpft – auch die Konkurrenz ist schnell im Biß. Dafür, daß die Produkte unterscheidbar bleiben, sorgt nur noch die Werbeabteilung, von Zeit zu Zeit, wenn die Technik stimmt, auch die Innovation.

Das System-Korsett

Der Vizepräsident von Burger King, John Barnes, erläutert in der Testküche der unternehmenseigenen Forschungsabteilung: »Heute habe ich hier vor mir einen neuen Hamburger liegen. Sein Name: Bacon Double Cheeseburger (in der Bundesrepublik als »Schinkenspeck-Doppel-Cheeseburger« vermarket) ... Bei der Entwicklung dieses Produkts brauchten wir einen speziell maschinell hergestellten Schinkenspeck, damit man den in einer Burger-King-Küche auch leicht handhaben kann. Das heißt, es durfte kein gebratener oder gegrillter Speck sein, denn in Burger-King-Restaurants haben wir keine Grills, sondern nur einen offenen Bratrost. Also haben wir mit mehreren der größten Speckhersteller in den Vereinigten Staaten gearbeitet und haben einen vorgebratenen Speck entwickelt... Sinn und Zweck ist ein Produkt-Design auf unsere bestehende Ausrüstung hin ... Das Produkt muß also in einer sehr einfachen Weise zusammengesetzt sein; wir müssen unsere Produktionsvorgänge sehr simpel belassen ... Es muß haben, was wir als 'Preis-Wert' bezeichnen, das heißt, es muß den Zweck mit angemessenem Kostenaufwand erfüllen... Die Hauptsache ist, daß es in unser Hamburger-Geschäft paßt.«

»Man muß immer schon vorwegnehmen, was die Kunden wollen – und die müssen dann tolerieren, daß das Essen etwas aushält, wenn wir es Fast-Food-Bedingungen angepaßt haben,« fährt John Barnes fort, der unermüdlich damit beschäftigt ist, für Burger King neue Produkte zu entwickeln. Besagter doppelter Käsespeckburger war für ihn eine »Revolution«. »Er ist handlicher, man kann besser mit ihm umgehen«, strahlt John Barnes.

Ein bißchen schwieriger war es schon mit dem Frühstückskonzept, zu dem man, auf den McDonald's-Vorsprung in einem wachsenden, aber noch relativ jungfräulichen Geschäft für die Fast-Food-Industrie reagierend, mit hektischen Anstrengungen gezwungen war: Wenn die schon gebratene Eier und Rührei zum Frühstück servieren, was geben wir uns dann für ein »Frühstück-Profil«?

»Wir sind hier im Finger-Food-Geschäft; man muß alles beim Autofahren essen können«, erläutert Barnes. Doch Eier als Finger-Food – wie macht man das? Das erste Produkt-Design war leider schon bei internen Tests ein Flop: Die »Käse-Eier-Rolle«, bestehend aus kartoffelumhüllten Eiern, die rollenförmig paniert in Fett ausgebacken werden, kam nicht an. »Morgens akzeptiert der Kunde so etwas noch nicht«, erzählt Barnes, verständnislos achselzuckend.

Doch dann die Erleuchtung: das schicke Croissant, allerdings ein hochkompliziertes Produkt. Zur Herstellung des Blätterteigs nämlich benötigt der etwas umständliche altmodische Hersteller eine Menge Zeit und auch Personal. In Handarbeit muß der Teig gerollt werden, gekühlt, wieder gerollt, eine Zeitlang ruhen und nochmals gerollt werden ... »Ein fast unüberwindbares Problem«, so Barnes. Doch nach langen Mühen gelang es den Innovatoren schließlich, eine Maschine zu entwickeln, die den Preis pro Croissant von über 30 auf nun nur noch zwölf Cents herunterholte. »Jetzt passen sie in unser System«, freut sich Barnes. Und das Besondere an den Croissants: »Sie sind so wunderbar geschmacksneutral, und man kann sie mit den Eiern belegen. Oder auch mit Leberwurst, Salami oder Thunfischsalat.« So werden die grauen, schrumplig gefrorenen Croissants nun, in große Plastikbehälter eingeschweißt, in den Restaurants als vorgegarte Mini-Stückchen angeliefert und müssen dort – ex und hopp – nur in die Mikrowelle ... Ähnlichkeiten mit dem französischen Gebäck sind beabsichtigt.

Wichtig ist das »System-Korsett« (Fachjargon), in welches sich alle Elemente pressen lassen müssen. Neues wird von einem Team entwickelt – meist bestehend aus Wirtschaftlern, Ingenieuren, Chemikern und Nahrungsmitteltechnologen. Dabei müssen Nahrungsmittelkomponenten und Produktionsfaktoren so abgestimmt werden, daß das vorgefertigte Produkt tiefgekühlt gut haltbar und transportierbar sowie mit den in den Verkaufsstellen üblichen Geräten unter Verwertung ungelernter und angelernter Arbeitskräfte einfach und schnell konsumfähig zu verarbeiten ist. Geschirr und Besteck dürfen beim Verzehr nicht erforderlich sein und weder Spül- noch Müllfragen die reibungslose Abwicklung behindern. Technisch und betriebswirtschaftlich perfekt geplant, gesteuert und kontrollierbar gemacht, bekommt das Produkt dann noch ein Styling verpaßt, damit der Kunde es schluckt und es zum Seller wird.

Die Erfolgsstory von *Chicken McNuggets* kennt mehrere Geburtslegenden – solche für Mitarbeiter von McDonald's und eine andere für Journalisten. In der Zentrale des Bulettenimperiums erzählt man sich die Geschichte der genialen Erfindung so: McDonald's Präsident Fred Turner habe 1980 den Chef der Firma Keystone Food (einer der bedeutendsten Lieferanten von McDonald's), Herbert Lotman, angerufen und gesagt: »Ich hab' eine Idee. Ich will Hühnerstücke zum Anfassen – aber ohne Knochen. Etwa daumengroß. Könnt ihr sowas machen?« Die Idee sei dagewesen, ein Team von sechs Experten paritätisch eingesetzt – drei von McDonald's und drei von Keystone Food –, und nach sechsmonatiger Klausurarbeit seien die daumengroßen Preßhühnerbällchen reif für den Test gewesen.

Jounalisten erzählt man in Chicago dagegen, daß jener superfeine Chefkoch, der für die Werbeabteilung gerne posiert, der alleinige Erfinder gewesen sei. Der charmante Luxemburger Emigrant René Arend präsentierte »seine« Entwicklung auch auf Europa-Tournee. »Ich habe einen Tag gebraucht, um die Chicken McNuggets zu machen in der Küche. Aber es hat zwei Jahre gedauert, um die Entwicklung, die Fabrikentwicklung zu leisten, damit sie immer dieselben sind«, erzählt er. »Zuerst waren da keine Maschinen hier in Amerika, und wir brauchten Maschinen aus Europa. Aber dann sind später amerikanische Ingenieure mit einer Maschine aufgekommen, die das auch macht. So hat es fast zwei Jahre gedauert, bevor die fertig waren. Nun, in der Zwischenzeit habe ich an Saucen gearbeitet. Meine Spezialität in der Küche sind Saucen, und ich habe an Saucen gearbeitet. Natürlich habe ich nicht nur an drei Saucen und am Honig gearbeitet, die wir heute mit den Chicken McNuggets anbieten. Ich habe Hunderte von Saucen gemacht. Aber unsere Marketing-Leute sind zurückgekommen und haben gesagt: 'Das sind die drei Saucen, die am meisten begehrt sind hier in Amerika. Und wir müssen uns darauf festsetzen.' Und dann haben wir nun auf die drei Saucen losgearbeitet. Die Rezepte sind meine Rezepte, die dann auf Formeln gebracht worden sind ... Und die sind heute noch so, wie ich die gemacht habe, und ich bin heute noch sehr stolz.«

Vor Jahren, als McDonald's-Schöpfer Ray Kroc ihn anheuerte, meinte der heutige »McChef« Arend noch: »Ich bin kein Hamburger-Mann – ich bin ein Koch. Das ist ein Riesenunterschied!« Als »Küchenchef der Nation« und industrieller Vorschmecker staunt der ehemalige Gourmet-Koch mittlerweile jedoch in seiner Testküche über die Wunder der Eßtechnologie, die der lästigen Mangelhaftigkeit unperfekter Naturprodukte ein Ende setzt. Er erläutert dies am Beispiel des Joghurt-Honig-Dressings, das er in seiner jetzt endlich

McDonald's engagierte »Chef René« Arend, einst Koch der Gourmets, heute Fast-Food-Vorschmecker.

fehlerfreien und bisher unerreichten Makellosigkeit zwischen Daumen und Zeigefinger hält: in einem blassen, weißen Plastiknäpfchen, das eher an eine Behälter für Injektionslösungen als an einen für Lebensmittel erinnert. Das Dressing sollte, erzählt der bekehrte Arend, ganz besonders auf die Zielgruppe der Natur- und Biobewußten ausgerichtet sein. Und überhaupt: »Die Amerikaner essen ja nur noch alles mit Dressing, da muß überall irgendeine Sauce drauf.«

Von seinem ersten Kompositionsversuch war »McChef« begeistert. Doch schon tauchten Massenproduktionsprobleme auf: Wenn man das Gemisch aus Joghurt und Honig und ein paar Gewürzen nämlich eine Weile stehen ließ, dann setzte sich unten der Honig ab. So etwas Häßliches mögen aber die US-Amerikaner nicht. »Also habe ich«, sagt René, Lerneifer im Gesicht, »die verschiedensten Mittel und Stoffe und Zusätze probiert.« Und dann habe es geklappt: mit Honigpulver, Joghurtpulver, einem »Gummi«, der beides bindet. Bei der Milch habe man statt Butterfett hinterher Palmöl zugesetzt, weil das noch einmal »festigt und schmiert«. Last not least: »Haltestoffe«, womit »McChef« wohl Konservierungsmittel meint.

Ganz und gar kann man dem Luxemburger in Chicago die Begeisterung nicht abkaufen. »Als Koch bin ich gewöhnt, mit einem Kochtopf zu arbeiten, und manchmal in der Fabrikation ist das nicht möglich«, räumt er ein. Der Überzug der McNuggets mußte neu komponiert werden. Er sei handgemacht »etwas knuspriger« gewesen, »aber sonst war kein Unterschied da, und wenn man in sowas drin ist, dann muß man schon Kompromisse eingehen«.

Eines ist dem Chefkoch einmal ziemlich negativ aufgestoßen in seiner neuen Umgebung: »Zum Beispiel wie wir die McNuggets entwickelt haben, da mußten dann sechs Hausgehilfinnen hier in der Testküche einen ganzen Tag lang Nuggets braten, um zu gucken, wieviel die Maschine aushält und ob es auch immer wirklich genau viereinhalb Minuten lang dauert. Na und die Nuggets, die hat dann keiner mehr gegessen schließlich. Das Wegschmeißen, das hat mir am Anfang wehgetan, vor allem, weil ich im Krieg geboren bin.«

Heiße Theken

Vor dem Abfütterungsladen *Sam's Quick* stehen Tische und Sonnenschirme. Durch die getönten Scheiben des ungewöhnlich engen Eingangs schimmert die dämmrige Store-Beleuchtung. Man geht durch die Glastür und wechselt von einer Welt in eine andere. Eben noch heller Sonnenschein, Hitze, Lärm – jetzt gedämpfte Stimmen, gedämpftes Licht. Das Kassenpersonal ist zwei Schritte vom Tresen zurückgetreten, wie Kanoniere, die auf den Feuerbefehl warten. Die Leuchtdiodenanzeige der Computerkassen blinkt in einem weichen Hellorange »Guten Tag – Guten Tag – Guten Tag« (in Bayern tatsächlich »Grüß Gott – Grüß Gott«). Die Atmosphäre ist unwirklich. Schon tritt einer der weiblichen Hamburger-Kanoniere mit einem entschlossenen Schritt an den Tresen, um die Bestellung entgegenzunehmen. Das stereotype »Guten Tag« wird durch Ziffern abgelöst, die harte DM anzeigen.

Der gesamte Kassenbereich ist dem Kunden architektonisch entgegengezogen, stellt praktisch eine visuelle Rutschbahn dar, deren End- und Fluchtpunkte die netten Mädchen hinter der Kasse, die Leuchttafeln mit den Produkten und das maschinenhafte »Guten Tag« der Kassen sind. Kommt man herein, so nimmt man erstmal nichts anderes mehr wahr als eben diesen Tresen, an dem es die Hamburger zu kaufen gibt. Und als Krönung über Eingang und Kasse, und nur dort, verströmen Neonlampen ihr Licht. Der Hamburger wird auf einer perfekt gestalteten Bühne aufgefahren.

Die Kunst, Fertigfutter zu präsentieren und der hastenden Kundschaft blitzschnell zu verkaufen, sie gar zum beschleunigten Konsum zu drängen, ist ein Ergebnis perfekter Planung und Kalkulation. In der Deutschland-Zentrale von McDonald's werden die Inneneinrichtungen des »etwas anderen Restaurants« bundesweit per Computer ermittelt. Ein Manager: »Okay, das ist hier unsere Küchenkonstruktionsabteilung. Wir planen hier standardisierte Geräte in ein bestehendes Gebäude ein und das, was mal später die Küche werden soll. Hier werden die Geräte natürlich so eingeplant, daß sie in dem Arbeitsablauf, den wir in der Küche planen, ganz effizient sind, daß wenig Schritte gemacht werden müssen und daß dort auch der größte Ansturm produktgerecht abgewickelt werden kann. Wir haben dabei eine Weiterentwicklung, daß wir auch hier einen Computer haben, in den wir schon standardmäßig diese Küchengeräte eingegeben haben. Dort haben wir dann den Grundriß eingegeben, und dann spielt der Computer alle Möglichkeiten durch, um die Küchengeräte so effizient wie möglich in die vorgegebenen Konfigurationen einzubauen.«

Die totale Kontrolle

Die neuen Wirte, die »Operation Manager« der großen Bulettenketten mit dem Markenzeichenaufdruck auf dem gestärkten weißen Hemd, können jederzeit mittels Computer die Geschäftsergebnisse analysieren. Ihr Fetisch ist der Mikrochip, der Zahlen über Zahlende zählt.

Im Fast-Food-Store regiert der Rotstift nach der kalten Logik der Industriefertigung. Bewertet man die Aufwendungen mit Geldeinheiten, so erhält man Kosten: für Personal, für Bereitstellung und Nutzung technischer Einrichtungen, für Instandhaltung, für Energie

und vorgefertigte Nahrungsmittel (Pommes frites, Tiefkühlware, Kühlware, Naßkonserven, servierfertige Dessertspeisen und so weiter). Kosten müssen reduziert werden: bei Transporten, Lagerräumen, Abfällen, Reinigung, Warenverlusten, vor allem aber durch Personaleinsparung. Die Verarbeitungszone wird drastisch vereinfacht und verkleinert. Durch Einwegverpackung entfällt der investitions- und arbeitsaufwendige Geschirrkreislauf. Je mehr »veredelte« Nahrungsmittel als Ware von der Massenindustrie geliefert werden, desto gewinnbringender kann ein Verkaufsbetrieb arbeiten. Vorgefertigte Nahrungsmittel sind aber teurer als Rohwaren. Deshalb müssen die betrieblichen Einsparungen durch den Einsatz der vorgefertigten Produkte größer sein als die Mehrkosten beim Einkauf. Je besser »vorgearbeitet« wird, desto billiger ist die Zubereitung, die Endmontage. Je »veredelter« ein Produkt in die Küche kommt, desto eher können auch Hilfskräfte die »Restarbeiten« übernehmen.

Die Kasse, nicht mehr die Kochmütze, die Bedienung und nicht der weißgedeckte Tisch sind der Altar – »Big Brother« zählt jeden Bissen mit ... Ohne totale Kontrolle keine Erhöhung der Effizienz: Sam's Quick, Tochtergesellschaft einer belgischen Supermarktkette, setzt ein eigens entwickeltes Abrechnungssystem DTS-Fast-Food-System 570 ein. Andere Ketten haben ähnliche Computer. »Entscheidend ist, daß wir kurzfristig in der Lage sind, aktuelle Zahlen zu haben, daß wir über Operativdaten für flexible und optimale Warendisposition, für die Wirtschaftlichkeitsrechnung und die Kalkulation verfügen. Wichtig ist daneben die Fähigkeit des Daten-Kassensystems, uns ein Instrumentarium zur Personalsteuerung und -kontrolle – eine Schlüsselfunktion des Restaurant-Managements – bereitzustellen«, so Henner Pohl, Geschäftsführer bei Sam's Quick. DTS 570 hat auch Spezialtasten zur Erfassung der Personalessen; der entsprechende Betrag kann auf der Lohnliste automatisch abgezogen werden.

Burger King hat alle Kassen seiner Hamburger-Läden an einen zentralen Computer angeschlossen, der jederzeit über den weltweiten Umsatz, die Art der Verkäufe und so weiter Auskunft geben kann.

Die Großen im Geschäft lassen immerfort neue Generationen von Küchenautomaten entwerfen und testen – Geräte, die nur eine Aufgabe haben sollen: Rohstoffe und Personal einzusparen. Im

Unterschied zu McDonald's hat Burger King das Toasten der Buns und das Frittieren der Kartoffelstäbchen bereits automatisiert. Sie besitzen eine Maschine, die die gefrosteten Fleischplätzchen durch ein Grillgerät transportiert, wobei menschliche Handgriffe – wie das Wenden auf der Grillplatte nach Zeitsignal-Befehl – bei McDonald's noch Brauch – nicht mehr nötig sind. Die Fritteusen haben eingebaute Computer und integrierte Filteranlagen für das Öl. Der Computer steuert den Backprozeß gefrorener Pommes frites, unabhängig von Füllmenge und Anfangstemperatur. Automatische Lift-Anlagen entlasten das Bedienungspersonal, holen die fertigen Fritten aus dem Öl, und ein Summer ruft das Personal. Die Filteranlage reinigt das gebrauchte Fett und macht es wiederverwendbar. Es läßt sich länger nutzen, und so werden die Kosten um 40 Prozent gesenkt.

Die Automatik ersetzt direkt das Personal; sie schafft für mehrere. »Die Manager werden ja nur daran gemessen, wie erfolgreich sie dabei sind, niedrige Personalkosten zu haben«, weiß ein Referent der Gewerkschaft Nahrung, Genuß, Gaststätten, der über das »Ausbeuterprinzip« in der Kettengastronomie klagt: »Eines ihrer wichtigsten Kriterien im Vergleich zu anderen ist, wie gering ihr Personalkostenanteil am Gesamtaufwand ist. Gegenüber der vergleichbaren Gastronomie ist das etwa nur die Hälfte dessen, was ein sonstiger Betrieb an Personalkosten hat. Die liegen zwischen 20 und 25 Prozent. Die übrige Gastronomie hat dagegen Personalkostenanteile, die von 40 Prozent aufwärts sind; also ein richtig schöner Wettbewerbsvorteil.« Und wohl der entscheidende.

Verschiedene Betriebe der Fast-Food-Branche haben Ausschanksysteme für Kalt- und Heißgetränke einrichten lassen, die Dosierung und Tempo am Tresen sichern. Nicht nur die Cola-Sirup-Menge mit Eiswürfel und Siphon, auch die Kapazität und der Fleiß der Arbeitskräfte werden gleichzeitig mit gemessen. Das Personal schaltet selbst das elektronische Überwachungssystem ein, indem eine persönliche Code-Karte aus Plastik, in den Schlitz der Ausschankanlage eingeführt, erst den Schankmechanismus auslöst. Damit wird automatisch jede entnommene Portion in der Zentraleinheit registriert und gespeichert. Durch einen Drucker werden diese entsprechenden Zahlen für den Manager im Büro sichtbar, der so die Leistung der Mitarbeiter kontrollieren kann.

Das Ausschanksystem *Cascade* zum Beispiel garantiert mit seiner EDV-Kontrolle absolute und ständige Überwachung des Personals, »schließt« – nach den Worten des Herstellers Hartwall – »Verluste aus und macht die Schankstellen erst zu Profitzentren, die sie immer hätten sein sollen ... Das Cascade-System unterstützt den Betriebsleiter, indem es ihm auf Abruf die Details der ausgeführten Geschäftsvorgänge mit den Verkaufsresultaten mitteilt, was eine diskrete, aber stetige und wirksame Überwachung erlaubt«.

»Du gehörst zu einem Sieger-Team«

»Willkommen im Team!« Nach der Begrüßung durch den Manager wird der frischgekürte Mitarbeiter erst einmal in den »Crew-Raum« geführt. Die Freundlichkeit des Einstellungsgespräches ist einer kühlen Sachlichkeit gewichen. Die Leute sind sowieso alle im Streß.

Der Aufenthaltsraum für das Personal ist ziemlich eng, gekachelt und mit demgleichen ungemütlichen Inventar ausgerüstet wie der Gastraum. Hier sollen sich möglichst wenig Leute möglichst kurze Zeit aufhalten. In diesen oft düsteren Kammern beginnt die Ver-

wandlung des Menschen in einen Mitarbeiter des Fast-Food-Systems. Auf einer Stange hinter einem Vorhang hängen die Uniformen; man sucht sich eine möglichst gut erhaltene heraus. Der synthetische Stoff kribbelt beim Anfassen und strahlt eine ungute Wärme aus. Kurz nach dem Anziehen der Kleidung perlt der Schweiß, stauen sich Hitze und Küchenduft. Der Neue fühlt sich wie aus der Fritteuse gehoben. Die Wegschmeiß-Käppis sind aus Papier. Mit Uniform und Hütchen auf dem Kopf ist die Demütigung vollbracht; der Frischling ist der äußerlichen Individualität beraubt. In diesem Outfit, das nicht einmal seinen Händen Schutz, sprich: Taschen, bietet, ist der Mensch auf eine bestimmte Weise nackt – und bereit, ausgebildet zu werden.

Der Manager schließt einen weißen Resopalschrank auf. Eine Mattscheibe kommt zum Vorschein, darunter eine Reihe Videokassetten. »Pommes«, »Shake«, »Grill«, »Kasse« steht auf den Rücken. Das sind die Namen der einzelnen Stationen in der Burger-Küche. Gezeigt werden suggestive Lehrfilme zum jeweiligen Arbeitsbereich. Handbewegungen flimmern so oft über den Schirm, daß der Neue sie nie wieder vergißt. Steht er kurz darauf an der Pommes-Station, dann laufen in seinem Gehirn sofort die entsprechenden Bilder ab, seine Hände wollen die genormten Bewegungen exakt nachvollziehen. Könnte man in die Köpfe der Griller, Frittierer und Garnierer hineinsehen, so erblickte man die kleinen hellen Bildschirme, auf denen Minute für Minute, Stunde für Stunde derselbe Videofilm abläuft. QSC (Qualität, Service, Sauberkeit) seien die Eckpfeiler des Geschäfts, erfährt der Lehrling. Jeder Mitarbeiter trage zur Erreichung dieser Standards bei: »Qualität, Service, Sauberkeit – ein Standard, der in jedem unserer Restaurants befolgt wird. In dieser Gemeinschaft sind Sie in Ihrem Restaurant mitverantwortlich am Erfolg unseres Imperiums.« (McDonald's-Lehrfilm) Und die Produkte beispielsweise seien mit TLC zu behandeln. Hinter der sachlichen Abkürzung verbirgt sich »tender loving care« – zart-liebevolle Fürsorge für die Big-Mäc-Semmel. Außerdem sei man Teil der erstaunlichsten Erfolgsstory des »American Business«: »Du gehörst zu einem Sieger-Team, Mann! Dem Nr. 1 Team!«

»Für einen jungen Menschen ist es sehr gesund, bei McDonald's zu arbeiten. McDonald's macht aus ihm einen effizienten Menschen. Wenn der Hamburger nicht ordentlich aussieht, fliegt der Typ raus.

Dieses System ist eine still dahinarbeitende Maschinerie, der unsere Armee nacheifern sollte«, bescheinigt den Bulettenmanagern US-General Creighton Abrams.

Nach der Einführung kommt die Einarbeitung, das sogenannte »Partnersystem«. Der Weg führt durch den engen Gang aus dem Aufenthaltsraum in die grelle, hektische Küche. Der Partner soll ein erfahrener Mitarbeiter sein und den Neuen von Station zu Station begleiten, eine Art Mentor. Er paßt auf, daß der Grünschnabel den Lehrfilm im Kopf in Armbewegungen umsetzt. Solange, bis der Film den Menschen von alleine steuert.

Die Stechuhr tickt, der Job beginnt. Ab Betreten der Frikadellenschmiede regiert ein straffgeführtes Management. Der Mann an der Heizplatte wird zur willenlosen Geisel des Elektrogrills; bei Summton kopflos aufs Ketchupklecksen konditioniert, muß er die durchprogrammierten Handgriffe beherrschen: Auflegen der flachen Fleischklopse exakt fünf Zentimeter vom Grillrand entfernt, zwei Zentimeter von der Grillfront. Rein-rum-raus, rein-rum-raus. Der Computer summt, wenn gewendet werden muß. Das geht wie am Fließband. Am Garniertisch stehen Garnierer und garnieren die Brötchen. »Fffffht«, sappscht die Sauce, »fffht, fffht, fffht«. Dann reihum mit dem Salat. »Salat-Salat-Salat.« Dann der Käse. Das können die billig bezahlten, kurzgehaltenen Teilzeitarbeiter im Schlaf: Der Ketchup-Spender hat zwei Hebel, einen roten für den Klacks auf den *Burger Royal,* der früher ehrlicher einfach *Viertelpfünder* hieß, einen weißen für den Normal-Hamburger.

Wer nicht nur schlechtbezahltes Ersatzteil im System bleiben will, der bekommt dann die nächste Lektion in Burger-Kunde. Neben den leicht austauschbaren Teilzeitkräften, die im Burger-Store etwa zwei Drittel des Personals bilden, werden auch Ganztagsmitarbeiter hauptberuflich angestellt. Für sie sind »Crew-Ausbildungsprogramme« geschaffen worden. Einmal wöchentlich werden die Vollzeitler nochmals vor die Videoanlage gesetzt und auf einzelne Stationen eingeschworen. In der zweiten Phase werden die Burger-Köche aus mehreren Stores zusammengezogen und zentral geschult. Am Ende steht eine praktische und theoretische Prüfung, und der Proband erhält einen »McDonald's-Facharbeiterbrief« und einen Titel wie »McDonald's-Fachgriller«. Die Zettel sind auf dem Arbeitsmarkt nichts wert: die aufdringlich feierlichen Urkunden mit den »Golden

Arches«, den goldenen McDonald's-Bogen, und den Autogrammen vom Boß darunter muten einem Außenstehenden wie der Versuch an, einen Straßenkehrer mit Diplom zu versehen.

Nur Musterschüler eines Ladens haben die Chance, weiterzukommen. Jeweils einer in einem Store wird zum »Trainee« erklärt – zum Manager-Lehrling. Der Manager-Trainee soll nicht nur Knöpfe drükken, sondern über die einzelnen Sektionen des Burger-Restaurants ein bißchen mehr wissen. Die Fragen lauten etwa: »In welcher Richtung müssen die Pommes frites gesalzen werden?« (Antwort: »von vorn nach hinten«); »Welche Temperatur hat der Grill bei Hamburger-Patties?« (Antwort: »180 Grad«); »Nennen Sie die Bestandteile eines Fisch Mäcs von oben nach unten« (Antwort: »gedämpftes Oberteil, Tartarsauce, Fischportion, Salz, halbe Scheibe Käse, gedämpftes Unterteil«). Der nachzubetende Lehrstoff ist firmenspezifisch und davon abhängig, welche Geräte in der Burger-Küche stehen, welche Verpackungsmaterialien benutzt werden und wie das Futter vorfabriziert wurde. Der Hamburger-Lehrling hat sein letztes bißchen Spielraum verwirkt; der Lakai des Managers darf sich keine Fehler mehr leisten. Er hat nur noch die Wahl, sich weiter nach oben zu dienen oder von der Leiter zu fallen – in die anonyme Masse der Burger-Köche.

Time is money

»Wir haben hier zwei verschiedene Formen, die Zeit zu messen«, erklärt ein Manager, umringt von flinken, schwitzenden Uniformierten, die den Klops-Akkord verrichten. »Das sind einmal Timer und einmal Computer. Der Unterschied ist der, daß der Timer auf sechs Minuten eingestellt ist, und nach sechs Minuten ein Signal ertönt und die Apfeltaschen fertig sind. Der Fisch ist ein empfindliches Produkt. Da haben wir einen Computer. Und zwar sehen Sie hier einen Fühler, und der mißt die Temperatur und ist in der Lage, bei Temperaturveränderungen die Backzeit zu verkürzen oder zu verlängern. Ja, also man kann im Grunde an der Arbeit hier wenig falsch machen, der Computer sagt immer genau, wann das Produkt fertig ist und wann's raus muß ... Nehmen wir an, die Kontrolle bestellt zwölf Hamburger, dann drückt er zwölf Hamburger. Brote in den Toaster, sagt dann: 'Brot zu!' Das ist das Signal für den Garnierer, für den Griller zwölf Fleischstücke, zwölf Patties aufzulegen. Er drückt dann das Signal. Dann gibt es eine gelbe und zwei rote Lampen. Wenn die gelbe Lampe aufleuchtet, werden die Patties angedrückt, das Fleisch angedrückt, das ist nach zwanzig Sekunden. Nach weiteren vierzig Sekunden, insgesamt sechzig Sekunden, wird's gewendet ... 55 Sekunden braucht das Brot. Das Brot ist in der Zwischenzeit fertig und rübergegangen an den Grill; dann sind auch die zwölf Fleischstücke fertig für die Big Mäcs, kommen aufs Brot. Dann kommen die Deckel drauf, und die werden rübergegeben zum Verpacken. Und das nennen wir Koordination.«

»Ich habe bei McDonald's angefangen,« erzählt ein junger Griller aus dem Ruhrgebiet. »Es ging los: Die ersten Arbeitstage sahen ungefähr so aus, daß es wohl reichlich stressig war, daß pausenlos überall irgendwelche Grille piepsten. Dann war das Brot fertig, dann waren die Patties, also die Fleischfladen fertig, und überall mußte man zur gleichen Zeit sein; dann piepste der Fisch, dann piepsten die Apfeltaschen – das, was man als Käufer kaum merkt. Aber hinten in der Küche war die Hölle los, weil man eben auch mit so wenig Leuten in der Küche arbeitete, daß man kaum die Möglichkeit hatte, alles auf einmal zu machen. Nach einigen Tagen ging's dann sehr gut, weil, dann hatte man auch ein bißchen Routine drin, hatte auch einen Überblick ... obwohl man sich abends, wenn man den Grill sauber gemacht hat, die Hände verbrannt hat, obwohl man klitschnaß geschwitzt war, obwohl man fettige Haare hatte ...«

Das transpirierende Frikadellen-Team soll kämpfen. An der Hamburger-Front ist der Sieg nach Punkten das Ziel: einer gegen alle im Wettkampf um die Gunst der Buletten-Generale.

Rolf Kreiner, McDonald's-Marketing-Chef, sieht in gezielten Strategien, von US-amerikanischen Betriebspsychologen in langjähriger Auftragsarbeit für das Personalmanagement entwickelt, den notwendigen und sichersten Weg zum Erfolg: »Es gibt eine Bewertung – diese Leute werden bewertet, von verschiedenen Leuten aus verschiedenen Situationen heraus, und die höchste Punktzahl zählt dann im Endeffekt ... Wir sind sehr detailbesessen, und man kann auch aus kleinen Sachen eine Philosophie machen.«

Dazu steht ein Motivierungsprogramm zur Verfügung, das genauso ausgeklügelt ist wie die Küchengeräte. Ein rigides Prämiensystem sorgt für Leistungssteigerung bei den Mitarbeitern. Jeder Schritt, der mehr Umsatz bringt, wird den schlecht gelohnten Arbeitern honoriert, motiviert sie zum Akkord. Antreiberei, als Wettbewerb der Mannschaft getarnt, finden die Manager besonders lustig. Die momentane Rekordhalterin ist imstande, eine Mahlzeit, bestehend aus Hamburger, Pommes und einem Shake, in weniger als 20 Sekunden in der Küche zu bestellen, zu servieren und zu kassieren.

Sogenannte »Crew Incentives« sind fester Bestandteil des Schliffes, der den Burger-Bratern verpaßt wird. Sie gehören zur »Philosophie« der »Arbeit mit Spaß«, dem »Kraft durch Freude« der Hamburger-Industrie. »Je kleiner eine Kategoriengruppe ist, desto eher kann man erwarten, daß der Wettbewerb untereinander schärfer wird«, heißt es in einer McDonald's-internen Anweisung für die Durchführung von Mitarbeiter-Wettbewerben. Ein Wettkampf soll die Tristesse des Semmeln-Schwenkens vergessen machen und zugleich den Umsatz erhöhen. Das US-amerikanische Märchen vom Tellerwäscher, der es zum Millionär gebracht hat, wirkt eben immer noch, besonders bei Leuten, denen schon einiges im Leben mißlungen ist.

In der Schule wird so etwas Zeugnis genannt. Die Noten verteilt bei McDonald's kein Lehrer, sondern der Manager. Wer lauter Einser und Zweier macht, darf nach vier Monaten mit fünf Prozent mehr Lohn rechnen. Bis zu 15 Prozent der Mitarbeiter schaffen das. Wer vom Chef vorwiegend schlecht zensiert wird, bleibt, wie in der Schule, sitzen: auf seinem alten Lohn.

Alljährlich im Frühjahr veranstaltet der Konzern in den USA eine Art Weltmeisterschaft mit Ausscheidungswettkämpfen für den besten Burger-Griller. Eine Trophäe und etwas Geld winken dem Schnellsten von allen, den »All American Hamburger-Maker«, der seinen Titel dann ein Jahr lang in dem Fettambiente der Bratküche stolz tragen darf.

Eben auf jene großen Gefühle der kleinen Leute hatte es der Mann auf dem Olymp, der Vater des Imperiums, Ray Kroc, abgesehen, als er prophezeite: »Ein gut geführtes Restaurant-Personal ist wie ein siegreiches Baseball-Team. Aus dem Talent eines jeden Mitarbeiters wird alles rausgeholt, und aus jeder gewonnenen Zehntelsekunde macht man Gewinn, weil damit die Chance zur Beschleunigung des Arbeitstempos steigt.«

Konkurrent Burger King hat sogar in seiner Schulungsstelle, der *Burger King University* in Florida, mit Hilfe von High-Tech-Computern die Arbeit des Personals simulieren lassen und so Modelle gefunden und erprobt, wie man die Menschen am rationellsten einsetzt, Lohnkosten senkt, Produktivität und Geschwindigkeit erhöht, damit die Profitabilität wächst.

»Die Arbeiter sind im Prinzip menschliche Roboter – austauschbare Bestandteile eines Apparates, der austauschbares Essen produziert«, meint dazu Professor Herzberg, ein Management-Lehrer der Universität Utah.

Auch durch die Verwendung von Computern im Management des Stores selbst wird die Arbeit beschleunigt, werden Arbeitsplätze eingespart, und der allgemeine Betriebsaufwand wird rationeller gestaltet. Die allgemeinen Kosten sind mit Hilfe der EDV-Systeme durchschnittlich um 22, die Betriebskosten um 18,7 und die Verwaltungskosten um 16,6 Prozent reduziert worden.

Betriebsberater schätzen, daß die Beschäftigten in US-Unternehmen im Jahr etwa 120 Milliarden Dollar an »Lohndiebstahl« durch Zuspätkommen, Nichtstun, Überziehen der Pausen und so weiter begehen. Angeblich vertut jeder Beschäftigte pro Woche vier Stunden und 18 Minuten bezahlter Arbeit nicht im Sinne der Unternehmer. Deshalb sorgen die Fast-Food-Ketten für ein straffes Regiment: Fast die Hälfte der Imbißläden verfügt über elektronische Kontrollsysteme, die stündlich dem Management einen Bericht über die Arbeitseffizienz (Personalkosten zum Umsatz) der Menschen am Verkaufstresen liefern. Viele der neuesten Geräte dieser Art halten die persönliche Gehaltsabrechnung eines jeden Mitarbeiters jederzeit abrufbereit und ausdruckbar. Damit kann der Manager innerhalb von Minuten die Teilzeit-Angestellten ausbezahlen und nach Hause schicken.

Eine fein ausgetüftelte Einsatzplanung trägt im Fast-Food-Restaurant ganz wesentlich dazu bei, daß die Personalkosten ein Viertel des Nettoumsatzes nicht überschreiten. Wichtiges Mittel beim Abstimmen von Umsatzerwartungen und Personaleinsatz ist dabei diese Stundenkontrolle, die durch den Einsatz von Datenverarbeitungssystemen im Management möglich wurde. Durch vergleichende Geschäftsverlaufkurven wird genau planbar, wie viel beziehungsweise wie wenig Personal wann in der Küche, in den Gast-

räumen, an der Theke und Kasse, bei der Materialdisposition und zur Kontrolle des bedienenden Personals maximal benötigt wird. Der Computer kann dem Geschäftsführer damit die Entscheidung erleichtern, wann er welchen Mitarbeiter nach Hause schicken kann.

»Wir haben das menschliche Element aus unserem Produktionsprozeß verbannt«, bekannte versessen Manager Al Golan gegenüber einer Schweizer Zeitschrift.

Ein Mitarbeiter, der aus Angst anonym bleiben möchte, obwohl er längst die Arbeit im Gewerbe quittiert hat, erlebte das auch so: »Ich war kein Mensch mehr. Totale Maschine ... Es wurde im Kassenbereich sogar mit einer Stoppuhr kontrolliert. Wir durften höchstens drei Minuten jeden Kunden bedienen; wenn es über drei Minuten dauerte, kriegten wir nen Anpfiff. Wir mußten unsere Zahl an Kunden geschafft haben. Wir haben das alles vorgeschrieben gekriegt.«

Blechkellner

Bislang hatten die Fast-Food-Ketten niemals Probleme mit dem Nachschub an Bewerbern für Karriere und Job. In Zeiten hoher Arbeitslosigkeit bleibt der Zustrom an »warmen Teenager-Körpern« (so die Fachzeitschrift »Nations Restaurant News«) problemlos gesichert. Doch sollte das Personal wirklich einmal teurer werden oder größere Probleme als ein Silikon-Mikrochip verursachen, dann bekommen Roboter die Chance an Grill, Toaster und Theke.

Der US-amerikanische Fast-Food-Experte Michael Culp versucht sich in einer Vision: »Nun, wenn man sich das mal als Extrem vorstellt, dann könnten Sie in ein Restaurant hineingehen, und es wäre überhaupt niemand hinter der Theke, man würde seine Bestellung in einen Computer reinlochen, oder man spricht mit Worten, und der Computer nimmt die Bestellung an, und irgendeine Maschine hinten würde das Essen kochen und auf ein Transportband stellen, und dann würde es rauskommen, und man läßt sein Geld in einem elektronischen Kassierautomaten, und dann geht man. Und man wäre der einzige Mensch in dem Restaurant ... Ich denke, die Restaurants entwickeln sich immer mehr in die Richtung einer raffinierten Technologie und einer verringerten Abhängigkeit von Arbeitskräften und dem menschlichen Faktor des Geschäfts.«

Sein Servicemodell der nächsten Zukunft hat McDonald's in seinem 8000. Store kürzlich vorgestellt: Ein neuartiger, von Mikroprozessoren gesteuerter Grill beschleunigt das Braten der Frostplätzchen. Ein Laserprojektor zeichnet auf Bildschirmen das aktuelle Angebot an Normfutter. Angestellte sind mit Kopfhörer und Lippenmikrofon per Sendeanlage jederzeit und überall vom Management ansprechbar, auch noch beim Gang zur Toilette. Die umsatzträchtigen kleinen Kunden schließlich werden von einem Roboter, der sprechen und singen kann, ins »McDonaldland« gelockt.

Auch der Makel der SB-Ungastlichkeit mag in Zukunft elektronisch überwunden werden. Heute noch als Werbegag getestet, wird bald der androide Kellner dem Kunden bei der Mahlzeit Gesellschaft leisten. In einem Schnellrestaurant im New Yorker Stadtteil Manhattan wird zum Jahresende 1985 ein Roboter als Kellner Dienst tun. Der Maschinenober, der die typische Uniform der Hamburger-Kette tragen soll, wird sechs Arme haben; doch noch ist nicht entschieden, ob seine Gesichtszüge männlich oder weiblich sein werden.

Der Blechservierer kann Bestellungen ausführen, kassieren, sogar Wechselgeld herausgeben, den Boden fegen, Tischplatten abwischen und singen: zur Adventszeit Weihnachtslieder, am Unabhängigkeitstag die Nationalhymne und an gewöhnlichen Tagen die Erkennungsmelodie der Fast-Food-Kette.

Im Geburtsland des Fast-Food ist es derweil schon soweit: Ein kalifornischer Schnellimbiß stellte den ersten »elektronischen Kellner« der Welt vor und machte den Laden zum Anziehungspunkt für Jung und Alt. Die chromglänzende Arbeitskraft ist mikrochip-gesteuert und in Japan geboren. Der Herr Ober hört auf den Namen »Tanbo R-1« und sieht aus wie eine Mischung aus sprechendem

Mondgefährt und selbstlaufendem Art-Deco-Büffet. Die bullige Serviermaschine arbeitet treu per Knopfdruck und willfährig rund um die Uhr.

Nachdem der Kunde am Tresen bei einer lebendigen Kassenkraft bestellt, bezahlt und an einem der schmucklosen Plastiktischchen Platz genommen hat, trägt der Roboter-Kellner die Speisen samt Tablett zum Tisch, wo er wie angewurzelt stehenbleibt und mit mechanischer Computerstimme nach Namen und Wohlergehen fragt. Das elektronische Ungeheuer ist polyglott: Sein Versuch anzubandeln kann auf Englisch, Deutsch, Spanisch, Französisch oder Japanisch abgerufen werden. »Tanbo« kann auch fotografieren und fordert dazu den hungrigen Gast mit einem akustischen Grinsen auf: »Cheeeeeese!« Auf Wunsch spielt der Blechkellner auch eckige Breakdance-Hits als Tafelmusik und kann dazu sogar auf der Stelle tanzen, wie eine Wäscheschleuder mit Gehirnerschütterung. Seine programmgespeisten Mikrochips befähigen ihn zu simplen Smalltalks. Mechanisch-verklemmt versucht er den Kunden mit genormten Komplimenten und harmlosen Witzchen bei Stimmung zu halten. Fragt man ihn etwas Ungewohntes, so antwortet der Imbißgolem hilflos: »Sorry.« Wenn neue Gäste das Lokal betreten, wird »Tanbo« unvermittelt desinteressiert und untreu, verabschiedet sich knapp und rollt ab zum Tresen – bereit, neues Schnellfutter zu laden.

An einer Weiterentwicklung der Schnellfutter-Technologie arbeiten die Strategen der Food-Industrie auch im »Küchenbereich«: Stumme Verkäufer sollen fast vollautomatisch Massen von Klops-Süchtigen mit Ham- und Cheeseburgern in Freizeit- und Jugendzentren, Schwimmbädern und Krankenhäusern, Tankstellen und Kinos eindecken. Der Grillautomat »Heiße Hexe« von Langnese-Iglo, der Tochterfirma der weltgrößten Lebensmittelmultis Nestlé und Unilever, erobert seit dem Sommer 1984 das Fast-Food-Terrain auf Knopfdruck und automatisch.

Die »Heiße Hexe« soll überall, wo schon Langnese-Eiskrem verkauft wird, seinen Platz finden. Im Tiefkühlspeicher des Gerätes frosten fertig garnierte und luftdicht verpackte Burger, die bei Nachfrage des Kunden aus dem Kühlfach in das darüber liegende elektronisch gesteuerte Mikrowellengerät gehievt werden. Nach 110 Sekunden ist aus einem Eisbrocken das fix und fertige Faustgericht gezaubert. Der Burger-Fan braucht selbst nur noch das Papier aufzureißen und die Hexerei zu verschlingen.

König Kunde soll einen schnellen Abgang machen

Ein Rädchen im Getriebe der Kassemacher, ein Zahlenfaktor im Koordinationsablauf bleibt auch der, um dessen Wohl es angeblich geht: König Kunde. Mit ihm wird gerechnet und umgegangen. Kein Kunde soll zum Beispiel bei McDonald's an der Theke länger als drei Minuten anstehen. Er soll in 60 Sekunden abgefertigt sein und im Idealfall spätestens sieben Minuten nach Betreten des Lokals, nach Bedienung, Bezahlen und Konsum die Klinke wieder im Griff halten. »Wir wollen, daß sie ihr Essen kaufen, essen und gehen«, sagt der Werbegeneral von McDonald's, Richard Starmann, in seinem Chicagoer Hauptquartier über jugendliche Kunden.

Das Personal hat für raschen Abgang zu sorgen. Den sensibleren unter den Hilfsarbeitern schlägt diese Gastfreundschaft auf den Magen. Helmut Hoffmann aus München: »Am Anfang habe ich saubergemacht. Da muß man immer rumstreichen wie so ne Katze, und das empfand ich als sehr unangenehm. Das ist einfach widerlich, dieses Umherschleichen. Man ist praktisch rumgeschlichen und hat geschaut, daß man denen das Tablett wegnimmt, wenn sie gerade fertig sind.«

Tatsächlich verbringt ein nahrungsuchender Kunde im »Faschiertentreff«, wie die Wiener ihre Hamburger-Bratereien nennen, nur zwischen sieben und zehn Minuten insgesamt, und zwischen seinem ersten und seinem letzten Bissen verstreichen im Durchschnitt zwischen zweieinhalb und vier Minuten. 1000 Kunden pro Stunde kann auf diese Weise ein neu eröffnetes Burger-King-Kulinarium in München abspeisen.

Natürlich soll König Kunde nach der Schnellabfütterung, seiner Service-Pflichten bewußt, auch die Entsorgung regeln. Der Gast soll veranlaßt werden, seinen Abfall selbst an einer vorbestimmten Stelle abzugeben. Nur so kann Abräumpersonal eingespart und der Eßplatz sofort für den nächsten Gast einladend gemacht werden. Die Fast-Food-Architekten von Wendy's, Wimpy und Co. motivieren mit spielerischen Tricks deshalb die jüngere Kundengeneration: Die bunte Attrappe eines hungrigen Löwenrachens regt kleine Kinder zum Füttern mit den zahlreichen Plastikabfällen der Mahlzeit an. So werden sie von klein auf mit den Errungenschaften der Service-Revolution vertraut gemacht.

Die Buletten-Knechte

»Arbeit ist das Fleisch im Hamburger des Lebens.«

(McDonald's-Gründer Ray Kroc)

»Wir sind stolz darauf, Fleiß, persönlichen Einsatz und Arbeitsfreude mit sozialem Aufstieg und Erfolg honorieren zu können. Ohne Unterschied und ohne Bevorzugung«, heißt es vielversprechend in einer ganzseitigen Anzeige von McDonald's im Nachrichtenmagazin »Spiegel«. Der Hamburger-Konzern verspreche jedem, der anfängt, der Weg nach oben sei frei, klagt Karl-Friedrich Riecks, einer, der es bis zum Manager-Assistenten brachte und dann aufgab, weil ihm der Wille zum Kampf »einer gegen alle« fehlte. »Und wenn man das Ganze mal pauschal betrachtet, dann würde ich sagen, das stimmt auch. Nur erfüllen sich für viele diese Wünsche nicht, weil auf der einen Seite nach oben alles besetzt ist und zum anderen auch nicht jeder die Ellenbogen hat und die ... na, ich will Skrupellosigkeit nicht unbedingt sagen ... Wir haben in dem Store, in dem ich arbeite, eine Kassenkraft, die war wirklich hervorragend ... Die hat mehrmals Wettbewerbe gewonnen, weil sie innerhalb einer Stunde den höchsten Umsatz hatte. Diese Kassenkraft hat irgendwann einmal einen Hamburger verschenkt, und das wurde gesehen ... Ja, und die war draußen. Ohne Rücksicht auf Verluste.«

Ein lahmer Jobber belächelt die Karrieristen: »Das Verführerische ist halt, extrem gut zu arbeiten, weil man meint, dann nach oben zu kommen. Tatsächlich kann das aber nur einer vom ganzen Laden.«

Kaum einer der Teilzeitgriller träumt von der großen Karriere und dem großen Geld: Bei McDonald's in Kaiserslautern haben sie 1980 bei einer Arbeitszeit von 80 Stunden im Monat 5,45 Mark die Stunde erhalten, dazu eine Prämie von neun Prozent bei Wohlverhalten. Das Geld fürs Essen im Lokal wurde ihnen direkt vom Lohn abgezogen.

Eine Beschäftigte in einer anderen Filiale: »Ich hab' angefangen mit 6,50. Als ich so'n halbes Jahr dort schon gearbeitet hab', da gibt's dann eine Lohnübersicht, nach der wird man hochgestuft um 50 Pfennig, wenn man alle Punkte erreichen kann. Das heißt, da muß man bestimmte Sachen erfüllen: Man muß in vielen Bereichen einsetzbar sein, also in der Küche, an der Kasse, dann draußen Tabletts abräumen, und weiterhin muß man halt pünktlich sein.« Gepflegtes

Aussehen gehöre ebenso dazu. »Wenn man die volle Punktzahl erreicht, kriegt man 50 Pfennig mehr. Also bin ich nicht aufgestiegen. Ich hab' den Geldanreiz, den es dafür gab, nicht wahrgenommen, weil ich genau wußte, daß man, wenn man weiter aufsteigt, einem noch größeren Druck ausgesetzt ist.« Krank werden dürfe man da nicht, berichtet sie weiter: »Ich hatte Fieber und konnte nicht nach Hause gehen, weil zu wenig Leute da waren. Ich mußte also dableiben.«

»Wir halten uns strikt an die vereinbarten Tarifverträge«, sagt ein Sprecher des Unternehmens. Bundesweit gebe es bei McDonald's 14 verschiedene Tarifgebiete. Überall würden die Vereinbarungen über die Mindestlöhne erfüllt und je nach Region übertariflich bezahlt.

Nach Angaben der Gewerkschaft Nahrung, Genuß, Gaststätten (NGG) vom Juli 1983 liegt der durchschnittliche Brutto-Stundenlohn bei etwa 7,00 Mark. 58 Prozent der rund 12 000 Mitarbeiter bei McDonald's seien Teilzeitkräfte, die maximal 400 Mark im Monat verdienen. Und »der überwiegende Teil der zeitlich kurzfristig beschäftigten Arbeitnehmer wird nur dann bestellt und bezahlt, wenn gute Umsätze zu erwarten sind (telefonische Abrufkarteien)«, so die Gewerkschaft.

Originalton Werbung: »Ein Arbeitsplatz bei McDonald's – das bedeutet Sicherheit und flexible Arbeitszeitgestaltung.« In den Augen der Ex-McDonald's-Grillerin Kathrin Stamke ein Hohn, da ja über die Hälfte nur teilzeitbeschäftigt und unter den Vollzeitkräften die meisten Ausländer seien, die nach ihren Erfahrungen nach Strich und Faden ausgenutzt würden: »Die müssen Überstunden machen. Es werden aber nur 40 Stunden in der Woche bezahlt, das heißt, die Überstunden dürfen dann abgefeiert werden. Das gibt's aber auch nicht – die dürfen nämlich nicht abgefeiert werden, fallen dann einfach unter den Tisch. Und die malochen da wie die Verrückten – machen zum Teil zwei bis drei Überstunden pro Tag, und das mit schöner Regelmäßigkeit, und sehen nie einen Pfennig dafür.«

Ein Inder wurde 1981 in Frankfurt bei McDonald's für 7,85 Mark brutto beschäftigt. Er wurde aufgefordert, die Toilette zu reinigen, was er verweigerte. Der Manager legte daraufhin dem der deutschen Sprache nicht Mächtigen eine angebliche »Abmahnung« – Verwarnung des Arbeitgebers für die Personalakte – zur Unterschrift vor, die er auch unterzeichnete im guten Glauben, es handele sich tatsächlich um eine Abmahnung. Später stellte sich heraus, daß der Inder seine eigene Kündigung unterschrieben hatte. Bei einem Vergleich vor dem Arbeitsgericht wurden ihm schließlich nur 850 Mark Abfindung zugesprochen.

Die Arbeitsbedingungen sind extrem hart, nicht nur für Ausländer. Frau Rosploch, ehemalige Angestellte in einer McDonald's-Filiale: »Da habe ich mich wie ein Computer gefühlt. Einmal mußte ich trotz 40 Fieber arbeiten und bin dann nach ein paar Stunden zusammengebrochen.« Und der einstige Buletten-Griller Hofmann: »Wenn viel los war, war's einfach Schwerstarbeit, vor allem wegen der Hitze. Und nach ein paar Wochen ist das auch immer nur einfach das gleiche: Man wirft mit einer Affengeschwindigkeit die Hamburger da drauf. Es ist halt ein gut durchorganisierter Schnellimbiß, in dem die Arbeit schlecht bezahlt ist – das ist von vorneherein klar.« Und eine dritte Beschäftigte erlebte folgendes: »Ich hab' mich bei McDonald's mal verbrannt, am Big-Mäc-Toaster, der ist 190 Grad heiß. Da wollt' ich ein Brot rausholen, das da drin hängengeblieben war, und ich hab' da 'ne Riesen-Brandblase bekommen, und mir ist schlecht geworden.« Sie habe zur Apotheke gehen wollen, »das ging aber nicht, weil zu wenig Leute da waren«. Auf Drängen des Vaters sei sie anschließend ins Krankenhaus gegangen. Da habe sich dann herausgestellt, »daß es 'ne Verbrennung zweiten Grades war«.

Wie hieß es noch in der McDonald's-Anzeige im »Spiegel«? »Bei McDonald's arbeiten viele tausend zufriedene Mitarbeiter.«

Gut durchorganisiert und schlecht in der Bezahlung sind aber auch die anderen Hamburger-Ketten. Angelika Bongartz arbeitete 1981 sechs Monate in einem *Sam's Quick* in Bonn: »Ich war sauer über den Arbeitslohn, die Arbeitszeit, die Unausgeglichenheit der Leute. Die arbeiten da zum Teil 15 Stunden und sagen auch klar, Freizeit und Privatleben ist fast nicht drin.«

Immer lächeln

Auf der Prachtstraße Champs Elysées, wo die US-amerikanischen Schnellgaststätten mehr und mehr die traditionellen Pariser Straßencafés und Bistros verdrängt haben und wo der größte Schnellimbiß der Welt – ein Burger King mit einem Saal von 800 Quadratmetern –

»Du gehörst zu einem Siegerteam, Mann!« (McDonald's-Lehrfilm) – »The Winning Edge – Wir scharfen Siegertypen« (Burger King University) – »Hinter poppiger Fassade herrschen die Gesetze des Dschungels« (Gewerkschaftschef Döding)

nur »anständig« gekleidete Kunden empfängt, fallen täglich vor jeder der Frikadellen- und Pommes-Bratereien zwei Kubikmeter Unrat auf das Pflaster. Der Pariser Oberbürgermeister Chirac erließ deshalb eine Verordnung, in der die Fast-Food-Wirte dazu angehalten werden, ihre Hamburger, Fritten und Getränke nur noch in Verpackungen zu verkaufen, welche den Namen des jeweiligen Etablissements tragen, damit der Verursacher jederzeit strafrechtlich verfolgt werden kann.

Einer von denen, die den Pappmüll aufsammeln mußten, war der Afrikaner Ly Mamadou: »Ich bin aus Senegal und lebe in Frankreich seit 1976. Ich kam hierher, um eine Arbeit zu finden. Durch Zufall bekam ich eine Stelle bei Burger King ... Ich hatte keinen Arbeitsvertrag. Ich war vollzeitbeschäftigt und arbeitete 45 Stunden in der Woche. Meine Aufgabe war das Einsammeln der Pappbecher auf den Champs Elysées. Das machte ich ungefähr zwei Jahre. Danach kam ich ins Restaurant als Saalputzer. Anfang 1983 fing es mit den Problemen an, als der neue Direktor kam ... Die Überstunden wurden nicht bezahlt, mir nicht und meinen Kollegen auch nicht. Es gab einfach zuviel Ärger: Wenn ein Angestellter fünf Minuten zu spät kam, wurde er nach Hause geschickt und verlor natürlich den ganzen Tagesverdienst. Wenn ein Angestellter mit einem Manager in einem unangemessenem Ton sprach, gab es einen Vermerk auf der Karte, und er wurde nach Hause geschickt.«

Dem dunkelhäutigen Ausländer Ly Mamadou ging es noch schlechter als den anderen Buletten-Knechten: »Oft sind die Angestellten Gastarbeiter, die als minderwertig betrachtet werden. Wenn wir essen wollen, müssen wir zuerst zur Stechuhr gehen und dann mit den Kunden in der Schlange warten ... Die Schwarzen, die bei Burger King arbeiten, müssen in der Tat die unangenehmsten Sachen machen. Gegen 7.00 Uhr in der Früh müssen die Schwarzen die Lastwagen ausladen, die die ganzen Waren liefern. Die Maschinen zum Grillen und so weiter werden auch nur von Schwarzen gereinigt. Alle schmutzigen und schweren Arbeiten werden von Schwarzen gemacht.«

In der Pariser Fast-Food-Kette *Manhattan Burger* erlebte Zohreh Siayoshi, die sich mit der Arbeit ihr Kunststudium finanzieren wollte, ähnliches: »Die Arbeit begann um 5.30 Uhr und konnte bis 1.00 Uhr früh dauern, manchmal auch länger ... Offiziell bekamen wir 17

Francs für die normalen Stunden. Die Überstunden wurden aber auch nach demselben Tarif bezahlt, was eigentlich nicht korrekt ist.«

Das Faustgericht, die schnelle Mahlzeit für den Menschen ohne Zeit zum Essen, wird unter dem Diktat der Stoppuhr produziert – weltweit. »Es ging alles nach Timer: also es schellte hier, es schellte da, man wußte manchmal gar nicht, wo das Getute herkam ... dann in der einen Ecke, in der anderen Ecke, und wir mußten uns an diese Zeiten halten, sonst wäre die ganze Produktion im Eimer gewesen«, erklärt die ehemalige »Crew-Chefin« einer McDonald's-Filiale aus dem Ruhrgebiet, die selbst für den reibungslosen Dienst der Belegschaft in der Frikadellenschmiede zu sorgen hatte: »Total wie 'ne Maschine. Ich war kein Mensch mehr ... totale Maschine ... Es wurde alles kontrolliert, ob wir die Zeiten einhielten von den Timern ... Wir durften höchstens drei Minuten lang jeden Kunden bedienen; also wenn es über drei Minuten wurden, haben wir 'nen Anpfiff gekriegt. Wir mußten unsere Zahl an Kunden schaffen. Wir haben das alles vorgeschrieben gekriegt.« Selbst die Freundlichkeit: »Und wir mußten dabei immer noch lächeln. Wenn einer mal nicht gelächelt hat und ein anderer hatte das spitzgekriegt, der mußte dann zum Chef gehen und den anderen anscheißen ...«

Streß entsteht nicht nur durch die konkrete Arbeit, durch Akkord und entnervende Umgebung, sondern vor allem auch durch die für die Fast-Food-Branche symptomatischen Zweifel, ob man überhaupt gerecht entlohnt wird und einen gesicherten Job hat. Wo ein Heer von Arbeitslosen garantiert, daß immer wieder neue Kräfte alte ersetzen können, da kann man schon einiges ausprobieren, um den zweitgrößten Kostenfaktor, die Löhne, so niedrig wie möglich zu halten. So berichtet beispielsweise die konservative Wirtschaftszeitschrift »Wall Street Journal« unter der Überschrift »Burger Blues« von einem McDonald's-Store in einem Vorort von New York City, wo jugendliche Teilzeitkräfte routinemäßig schon eine Stunde vor Arbeitsbeginn unbezahlt in einem Hinterzimmer auf Abruf warten mußten, sowie von der Filiale einer Fast-Food-Kette in Florida, die Hausfrauen und Jugendliche regelmäßig um Löhne betrogen hatte, so daß schließlich die Geschäftsführung auf gerichtliche Anordnung hin 1290 Arbeitskräfte mit über 100 000 Dollar entschädigen mußte. Doch Fälle wie diese werden nur selten öffentlich.

Ronald Reagans McDonald's-Gesetz

Die Fast-Food-Industrie hängt in den USA vom staatlich festgelegten Mindestlohn ab – der mit seinen 3,35 Dollar trotz steigender Preise seit 1981 nicht mehr erhöht worden ist, dafür aber laut einer Untersuchung aus Washington in rund einem Viertel der Fälle unterlaufen wird. Und immer wieder gibt es Bestrebungen für einen gesetzlich festgelegten noch niedrigeren Lohn.

Einem »Unter-Minimum-Lohn-Gesetz«, das für Jugendliche unter 21 Jahren für die Sommermonate (tatsächlich aber weit mehr als ein halbes Jahr lang) die Stundenlöhne auf 2,50 Dollar herunterschrauben sollte, hatte McDonald's-Gründer Ray Kroc angeblich schon einmal mit einer Geldspende an Präsident Richard Nixon nachhelfen wollen. 1981 legte sich vor allem der konservative Senator Orin Hatch dafür ins Zeug. Hatch soll, so erzählt der Gewerkschafter Keith Kallaher, beim entsprechenden Hearing kräftig auf die großen Hamburger-Ketten geflucht haben, weil sie, als es darum ging, Farbe zu bekennen, wer bei diesen gesetzlichen Bestrebungen seine Interessen durchsetzen wollte, wegen der heftigen öffentlichen Kritik ihre Teilnahme zurückgezogen hätten.

Vorübergehend vom Parkett, brachte niemand geringeres als Präsident Ronald Reagan das Gesetz (das in Gewerkschaftskreisen und in der Presse »McDonald's-Bill« genannt wird) wieder ins Gespräch. Bei ihm hieß das Ganze dann aber plötzlich »Youth Employment Opportunity Wage« – ein Lohn also, der den Jugendlichen Beschäftigungsmöglichkeiten verschaffen sollte.

»Ein Job für 2,50 Dollar in der Stunde ist besser als kein Job für 3,35 Dollar«, meinte dazu US-Arbeitsminister Donovan. Anders der demokratische Kongreßabgeordnete Hawkins: »Diese Initiative wird viel weniger die Arbeitslosenquote der Jugendlichen senken, als daß dabei wiederum eine größere Arbeitslosigkeit bei den Erwachsenen entsteht.«

In den USA findet seit einigen Jahren eine eindrucksvolle Umschichtung des Arbeitsmarktes statt, die auch in der Bundesrepublik allmählich immer offensichtlicher wird. Die Rationalisierung hat zu einer Abnahme der Beschäftigung im Produktionssektor geführt. Die Gesellschaft entwickelt sich immer mehr zur Dienstleistungsgesellschaft, die gleichzeitig auf ein wachsendes Heer von Arbeitslosen zurückgreifen kann.

»Vor 20 Jahren gab es noch 522 000 Stahlarbeiter. Heute sind es nur noch 340 000, und mehr Leute als in der gesamten Stahlindustrie arbeiten allein in der McDonald's-Kette.« (Gary Hart, einer der demokratischen Präsidentschaftskandidaten für die Wahl 1984)

Voll in diesem Trend liegt die Fast-Food-Industrie. Sie ist mittlerweile zur zweitgrößten Branche in den USA geworden. Acht Millionen Menschen sind in diesem Bereich beschäftigt, davon 66 Prozent Frauen und 24 Prozent Jugendliche. In einer Analyse über zukünftige Beschäftigungsmöglichkeiten haben Fast-Food-Jobs die höchsten Zuwachsraten. »Vor 20 Jahren gab es noch 522 000 Stahlarbeiter. Heute sind es nur noch 340 000, und mehr Leute als in der gesamten Stahlindustrie arbeiten allein in der McDonald's-Kette«, so umschrieb einer der demokratischen Präsidentschaftskandidaten von 1984, Gary Hart, diesen massiven Strukturwandel.

Doch die neuen Arbeitsplätze bieten keinerlei Sicherheit. Wie keine andere Industrie nutzt die Fast-Food-Branche die Möglichkeiten der Teilzeitbeschäftigung und niedrigen Bezahlung, meist gänzlich ohne Sozialleistungen und nach dem Prinzip »hire and fire«, heuern und feuern.

Von diesen unattraktiven Jobs sind viele abhängig, die sonst arbeitslos wären: In Anderson im US-Bundesstaat Indiana beispielsweise bewarben sich, als ein Fischlokal eröffnet werden sollte, 500 Leute für nur 25 Arbeitsplätze mit Minimallöhnen. In McDonald's-Lokalen in Ohio und Michigan kommen 30 Arbeitssuchende auf jede freie Stelle, zwischen Hamburgern und Milk-Shakes zu schuften. Denn daß diese Art von Arbeit die Hölle sein kann, ist auch den Restaurant-Besitzern und Arbeitgebern klar. Im US-amerikanischen Fachblatt »Institutions« macht man sich, mit Fotos von gehetzten Küchenarbeiterinnen, Sorgen darüber, daß Streß »das wichtigste Problem« für die Fast-Food-Industrie sei, das »Generationen von Arbeitern restlos kaputt gemacht hat«. Offen wird eingestanden, daß »nur wenige Beschäftigungsarten des 20. Jahrhunderts einem Individuum derart viel abfordern« wie den schnellen Küchenangestellten im Fast-Food-Geschäft. Die Sorge gilt freilich weniger den Arbeitern als der Tatsache, daß diese Belastung zu einer hohen Arbeitskräftefluktuation führe und »die Food-Service-Industrie Millionen kostet«. Arbeit muß billig bleiben – das ist die Hauptsache.

»Wir haben keine Gewerkschaft ...«

Den schwer organisierbaren, weil eben meist nicht dauerhaft beschäftigten Arbeitern hinter den Theken der Fast-Food-Läden stehen Großkonzerne mit einer schier unerschöpflichen Macht gegenüber, denen nahezu jedes Mittel recht zu sein scheint, um sich Gewerkschaften vom Hals zu halten. Der Kampf der kleinen *Fast Food Workers Union* in den USA um humane Arbeitsbedingungen mutet da an wie der zwischen David und Goliath. Die Gewerkschafter wissen ein Lied davon zu singen, mit welchen Mitteln aus dem Arsenal der psychologischen Kriegführung sie abserviert werden sollen.

Gewerkschaften haben es in den Vereinigten Staaten ohnehin nicht leicht, den Abschluß von Tarifverträgen zu erreichen. Zunächst müssen mindestens 30 Prozent der Beschäftigten eines Betriebes »Gewerkschaftskarten« unterschreiben. Die werden dann bei einer Behörde, dem »National Labor Relations Board«, eingereicht, die nach Überprüfung der Karten Wahlen innerhalb von zwei bis vier Monaten durchführen muß. Erst bei diesen Wahlen entscheiden sich die Beschäftigten, ob sie gewerkschaftlich repräsentiert werden wollen und durch wen (den Unternehmern wohlgesonnene »gelbe« Listen können natürlich auch antreten).

Keith Kallaher von der Fast-Food-Gewerkschaft berichtet über das, was vor solchen Wahlen bei McDonald's in Detroit passierte: »Zwei Wochen vor der Wahl kamen sie und fingen an, die Leute rauszuschmeißen. Sie machten dabei auch illegale Sachen. Zum Beispiel haben die Manager systematisch jeden einzelnen interviewt. McDonald's hat seine Truppen aus dem Konzern-Hauptquartier hier eingeflogen. Jeden einzelnen Arbeiter haben die dann ausgefragt. Ungefähr zwölf Leute kamen mit diesen 'Golden Arches' (Firmenemblem) auf ihren Anzügen, in tollen Hotels untergebracht, und ihre Frauen durften auch mitkommen.« Das Ganze hätten sie die große »McDonald's Rap Session« genannt. Da wurden dann die Mitarbeiter gefragt: »Ja,bist du denn nicht glücklich bei uns? Haben wir dich denn nicht gut behandelt? Was hast du denn für Probleme?«

Das sei im Grunde Zuckerbrot und Peitsche gewesen, meint Kallaher: »Klar sagen die: 'Ihr habt das Recht, eine Gewerkschaft zu gründen. Aber wir haben auch das Recht, euch zu feuern!' Sie sagen natürlich nicht: 'Wir schmeißen dich raus, weil du in der Gewerkschaft bist.' Sie fragen: 'Wollt ihr denn, daß wir schließen müssen? Wir können uns bei unseren niedrigen Gewinnen eine Gewerkschaft nicht leisten!' Oder sie entlassen dich wegen angeblich schlechter Arbeitsmoral. Und lauter solche Sachen, die eigentlich alle illegal sind. Aber: Du brauchst eben Zeugen – und weil das alles Einzelinterviews waren, gibt es die natürlich nicht.«

Zwei der engagiertesten Gewerkschaftsmitglieder flogen nach Kallahers Erzählungen ganz einfach raus. Es sei zwar zu einem arbeitsrechtlichen Verfahren gekommen. »Aber sowas dauert rund zwei Jahre, und am Schluß macht man dann einen Deal: McDonald's bestreitet jede Schuld, bezahlt aber im Nachhinein alle Löhne an die Entlassenen – womit sie indirekt ja doch zugeben, daß sie schuldig sind. Auf jeden Fall bricht der McDonald's-Konzern lieber das Gesetz und zahlt auch ein paar Dollar, als daß er zuschaut, wie seine Stores organisiert werden.«

Dazu Dick Starmann, Werbemanager von McDonald's: »Wir haben keine Gewerkschaften, weil unsere Angestellten sich entschieden haben, keine Gewerkschaft zu haben. Auch in Detroit wollten sie mit einer überwältigenden Mehrheit keine Gewerkschaft. Ich kenne die Geschichte gut, ich kenne die Ecke da, also, die Leute, die das mitgemacht haben. An der Wahl hindern können wir sie schon gesetzlich nicht. Natürlich wollen wir es lieber, daß sie keine Gewerkschaft wählen. Wir sehen da keinen Bedarf – das ist unsere Philosophie ... Wenn ich im Gewerkschaftsgeschäft stecken würde, dann würde ich auch gern McDonald's organisieren. Wissen Sie warum? Weil die erstens viel Beschäftigte haben, zweitens ist die Fluktuation der Arbeitskräfte sehr hoch, und deshalb kriegen sie am laufenden Band neue Gewerkschaftsbeiträge. Für eine Gewerkschaft ist das toll!«

Damit sich die Arbeiter nicht von der Gewerkschaft überzeugen lassen, werden die Hamburger-Konzerne plötzlich zu »ganz großen Freunden« ihrer Belegschaft. »Die waren wirklich schlau«, erzählt Keith Kallaher. »Die haben eine Menge Geld ausgegeben. Ich kann mich noch an eine Sache erinnern, ungefähr vier Tage vor der Wahl ... – das war einer der Gründe, warum wir diese Wahl angefochten haben – da hatten sie eine Riesen-Disco-Fete. Sie haben diesen Discjockey in Detroit angeheuert, der ist wahnsinnig beliebt hier bei JPR, einer der größten Radiostationen. Und dann sind die meisten Arbeiter Schwarze, und die hören viel diese Radiostationen. Dieser Typ war immer mittags der Discjockey, und der hieß 'Marvellous Marve'.« Alle hätten ihn gekannt, sagt Kallaher. Und dann seien alle mit Bussen woanders hingebracht worden, wo es ein Menü mit sechs Gängen gegeben habe. »Und sie hatten auch eine Versteigerung, bei der aber jeder Geld gewonnen hat, keiner weniger als zehn Dollar. Ein paar Leute haben auch 100, 150 Dollar gekriegt. Und dann haben sie noch diesen Film gezeigt, so einen typischen McDonald's-Werbefilm: sind wir nicht toll, wir, die wir einer glücklichen Familie angehören ... und am Schluß stehen sie dann alle da, Hand in Hand. Die haben die Leute mit dem Film und dem Discjockey und so derartig in Stimmung gebracht, daß sie alle aufstanden und applaudierten ...«

Mit Zuckerbrot und Peitsche zu arbeiten, das würden die Leute in der *Hamburger University* von McDonald's und dem *Whopper College* von Burger King lernen, so Gewerkschafter Kallaher. »Da unterrichten sie ihre Mitarbeiter richtiggehend darin, die Arbeiter total fertigzumachen, wenn sie zum Beispiel mehr Geld haben oder mehr Stunden arbeiten wollen. Da lernt der Manager dann, sich hinter den Arbeiter zu stellen und zu sagen: 'Was machst du denn da? Bist du eigentlich blöd?' Und er scheucht den und treibt ihn an. 'Das ist zuviel Tomate! Schon wieder zuviel! Ich hab's dir doch gerade gesagt! Hör endlich damit auf!' Und zum Schluß sagen sie: 'Ich merke, du bist heute in einer schlechten Verfassung, mach' doch lieber Schluß, hau ab!', nur, um die Stunden zu kürzen. Systematisch.«

Gegen die Fast Food Workers Union ziehen die Burger-Bosse alle Register. Kallaher: »Wir wollten mal nach St. Louis gehen und dort Arbeiter organisieren. Irgendwie haben sie das mitgekriegt, erst mal so als Gerücht. Uns hat das wieder ein Bekannter erzählt, aus dessen Familie jemand als Manager für McDonald's arbeitete. Was McDonald's gemacht hat: Sie haben die ganzen Direktoren zusammengetrommelt und denen eine Diaschau gezeigt mit Fotos von unseren Gewerkschaftsmitarbeitern. 'Wenn Sie diese Person in Ihrem Laden sehen ...' Und dabei haben sie dann ein Bild von zwei von uns auf die Leinwand geworfen! Ein richtiges Spionagenetz haben die. Und Wendy macht genau das gleiche. Die Fast-Food-Industrie hat eine Mordsangst vor uns.«

Auch Burger King wurde, als die Gewerkschaftswahl bei ihrem Lizenznehmer Greyhound in Detroit anstand, mit ausgekochten Mitteln aktiv. Das berichten nicht nur die Gewerkschaftsmitglieder, stolz prahlt darüber auch ein Mitarbeiter am *Whopper College* von Burger King in Miami: Zwischen seinen Kursen habe er just zur Zeit dieser Auseindersetzungen in Detroit gearbeitet. Nach seiner Erzählung veranstaltete Burger King zwar keine unverhoffte Disco-Party für die Mitarbeiter, lud sie aber statt dessen zu einer Aufführung des neuesten »Star-War«-Films ein, noch bevor der offiziell angelaufen war. »Das machten wir für alle Burger-King-Restaurants in Detroit, und nur ganz zufällig waren auch die beiden anderen Stores dabei, in denen gerade die Gewerkschaft aktiv war.« Augenzwinkernd fügt der Burger-Dozent hinzu: »Später haben wir dann angefangen, mit Gesprächen an unseren Angestellten zu arbeiten.«

Lasonia Lumpkin, eine junge schwarze Burger-King-Angestellte in besagtem Greyhound-Laden, weiß noch, daß plötzlich, als die Gewerkschaft den Fuß in der Tür hatte, die Freundlichkeiten auffällig zunahmen. Keith Kallaher erinnert sich an Sitzungen besonderer Art: »Da gab's dann Gebäck und Kaffee und für alle was zum Essen. Alle wurden in den Raum geholt. Und dann setzten sie sich hin, und ihnen wurde eingeredet, warum sie keiner Gewerkschaft beitreten sollten, vor allem mit der Begründung: 'Mensch, ihr könnt doch alle mal das werden, was ich geworden bin!' Und dann sagten sie: 'Oh, ihr wollt sicher keine Gewerkschaften, denn da müßt ihr Beiträge bezahlen ...' Und dann haben sie auch einfach Leute entlassen. Sie haben bei vielen die Arbeitsstundenzahl gekürzt bei Burger King, bei denen, die sich wirklich in der Gewerkschaft engagiert haben. Manchmal haben sie sie aber auch befördert, um ihnen damit das Maul zu stopfen.«

Man kann es aber auch so sehen wie der Burger-King-Vizepräsident: »Weil wir uns frei von Gewerkschaften halten, haben wir noch nie einen Arbeiter wegen Streiks entlassen müssen.«

Regieanweisungen für Einstellungsgespräche

»Mit keinem anderen Unternehmen«, klagt Wilfrid Link, Geschäftsführer der Gewerkschaft Nahrung, Genuß, Gaststätten (NGG) in Essen, über das US-amerikanische Hackfleisch-Imperium, »haben wir solche Schwierigkeiten.« Link: »Die wehren sich mit Händen und Füßen gegen jeden Versuch, in einem McDonald's-Laden einen Betriebsrat wählen zu lassen.« In Duisburg gibt es den einzigen Betriebsrat unter den rund 200 deutschen McDonald's-Filialen – freilich einen ohne Gewerkschaftsmitglieder. »Die wurden«, so Duisburgs NGG-Geschäftsführer Hans Ehmann, »nicht gewählt, weil die Belegschaft unter Druck gesetzt worden ist.«

Anfang 1985 passierte es dann in Gelsenkirchen: Nachdem sich die Beschwerden der dortigen Mitarbeiter von McDonald's beim zuständigen NGG-Sekretär Werner Graupner häuften – »Ruhezeiten wurden nicht eingehalten, während des Hauptandrangs wurde zu wenig Personal eingesetzt, und es gab auch Unregelmäßigkeiten bei der Zahlung von Urlaubsgeld und Zuschlägen« –, riet dieser zur Wahl eines Betriebsrates.

Kaum war dieser Wunsch brieflich geäußert worden, überschlugen sich die Ereignisse: Personaldirektor Müller von der Münchner Konzernzentrale eilte herbei, um den alten Lizenznehmer durch einen neuen zu ersetzen. Mit diesem Wechsel des Lizenznehmers waren 22 »Umbesetzungen« und verkürzte Öffnungszeiten verbunden. Dies wurde den 52 Mitarbeitern auf einer Betriebsversammlung am 24. Januar 1985 mitgeteilt. Zehn Belegschaftsmitglieder benutzten die Gelegenheit zur Wahl eines Wahlvorstandes für die Betriebsratswahl. Am nächsten Tag flatterte ihnen die fristlose Kündigung auf den Tisch. »Sie haben«, begründet Müller den Rausschmiß, »das Meeting in schärfster Form gestört, und ihre Äußerungen verstoßen gegen die Treuepflicht gegenüber dem Arbeitgeber.«

Die Behinderung von Betriebsratswahlen bei McDonald's hat Methode: Im Februar 1985 verschwand in der Stuttgarter Filiale der Wahlaushang über die Wahlvorschriften und die Kandidaten auf wundersame Weise. Und Wählerlisten mit Angaben über die Wahlberechtigten, die in der Wahlordnung zwingend vorgeschrieben werden, konnten schließlich nur über gerichtliche Zwangsmaßnahmen ertrotzt werden. Doch damit nicht genug: Alle Mitglieder des Wahlvorstandes erhielten zuerst eine fristgemäße und dann eine fristlose Kündigung. Und damit auch alle merkten, daß es McDonald's ernst meint, wurden die übrigen Beschäftigten in Einzelgesprächen in die Mangel genommen.

Die Belegschaft der Stuttgarter Filiale ist ausnahmsweise gut gewerkschaftlich organisiert: 80 Prozent der 78 Beschäftigten sind Gewerkschaftsmitglieder – gute Voraussetzungen für einen langen Atem beim Kampf über die gerichtlichen Instanzen. Hans-Dieter Pauloweit, Geschäftsführer der NGG-Stuttgart: »Wenn sich McDonald's nicht ans Gesetz hält, werden wir alle Rechtsmittel bis zum Strafantrag ausschöpfen.«

Ortswechsel. Anfang 1985 wandten sich Mitarbeiter der Oldenburger Filiale von McDonald's an das zuständige NGG-Büro. Helmut Klöpping, der Sekretär: »Die meisten Beschwerden bezogen sich wieder mal auf die unverschämt niedrigen Löhne, die hier bei einem Brutto-Stundenlohn von 7,05 DM beginnen und die sich nur unwesentlich steigern. Es gab jedoch auch eine Reihe anderer tariflicher Leistungen, die bei McDonald's vollkommen unbekannt waren.«

Der erste Versuch, einen Betriebsrat zu wählen, blieb erfolglos, denn, so Klöpping, »der Geschäftsführer der hiesigen Filiale hat sich schlichtweg geweigert, uns einen Termin für eine Betriebsversammlung zu benennen«.

Nach einigem hin und her kam es dann doch noch zu einer Betriebsversammlung, bei der Anke M., Mitglied der NGG, in den Wahlvorstand gewählt wurde. Bei der Aufstellung der Kandidaten-

DANKE SCHÖN

Für Ihre Tatkraft und Unerschrockenheit,
mit der Sie bei der Eröffnung unseres
Restaurants dem Gästeansturm standgehalten
haben, möchten wir Ihnen,

diese Dankeschön-Urkunde
von McDonald's überreichen.

McDonald's

»Dankeschön!« sagte McDonald's einem seiner erfolgreichen Mitarbeiter. Doch nachdem dieser einen Betriebsrat mitbegründet hatte, stieg er nicht mehr auf, sondern ab – er wurde in der McDonald's-Hierarchie zurückgestuft. Trotzdem gab er nicht auf und seine Gewerkschaft auch nicht. Vor Gericht wurde seine Wiedereinstellung erstritten. Jetzt mußte der Konzern schon zu anderen Methoden greifen, um den Unliebsamen loszuwerden: Sein Ausscheiden aus der »großen Familie« ließ man sich einen Mercedes und ein Schweigegeld von 10 000 Mark kosten.

liste kam es zu einer Reihe von Gesetzesverstößen. Während die Gewerkschaft ihre Vorschlagsliste noch termingerecht eingereicht hatte, tat dies McDonald's erst zwei Tage nach Ablauf der Abgabefrist mit einer eigenen Liste. Zur allgemeinen Verblüffung fand sich auch Anke M. auf dieser Liste wieder, nachdem sie vorher auf der Vorschlagsliste der NGG kandidiert hatte. Gewerkschaftssekretär Klöpping: »Die Kollegin hat mir auf Anfrage glaubhaft versichert, daß sie vom stellvertretenden Geschäftsführer der Filiale unter Druck gesetzt worden ist und daß ihr Listenwechsel keiner freien Willenserklärung entsprach.«

Die Betriebsratswahl ist erst einmal aufgeschoben, da auch das Arbeitsgericht den Vorgang nicht klären konnte. Trotz dieser unerfreulichen Entwicklung ist man bei der Gewerkschaft zuversichtlich, den Rechtsstreit mit McDonald's erfolgreich abschließen zu können: »Über kurz oder lang müssen sie die aufgeschobene Betriebsratswahl nachholen. Da wir die einzig zulässige Liste haben«, so der Sprecher der Gewerkschaft, »kommen die an keinem NGG-Betriebsrat mehr vorbei.«

> Zitat aus einer internen Dienstanweisung für das Einstellungsgespräch (1979): »Wenn sich der Bewerber (nach einer gezielten Fall-Frage) über seine Beiträge zu Gewerkschaften äußern sollte, wissen Sie, daß Sie ihn nicht einstellen sollen.«

In der Dokumentation »Kritisch betrachtet: McDonald's« zeigt die NGG auf, wie die Buletten-Kette nach US-amerikanischem Muster Sozialdumping betreibt: In Personalfragebögen beziehungsweise Arbeitsverträgen wird der Arbeitnehmer zu Mehr-, Nacht-, Sonn-, Schicht- und Feiertagsarbeit verpflichtet, ohne daß gesagt wird, welchen Anspruch er erhält. Beim Urlaubsanspruch, dem Urlaubsgeld, Arbeitsvertragsbruch und den Kündigungsfristen verstößt – laut NGG-Dokumentation – McDonald's teilweise gegen geltende Tarifverträge des Gastgewerbes. Die »Arbeitsanweisung Lohn für Management« – streng vertraulich – liest sich wie ein Billigkatalog zur Umschiffung der bundesdeutschen Gesetzgebung. Minutiös werden alle Steuer- und Sozialgesetze zitiert, welche die Möglichkeit eröffnen, ohne die sonst fälligen Abgaben zu wirtschaften. Der überwiegende Teil der zeitlich kurzfristig beschäftigten Arbeitnehmer wird nur dann bestellt und bezahlt, wenn gute Umsätze zu erwarten sind. Abgezogen werden den Arbeitnehmern auch Pausen, die mittels Stechuhr ermittelt werden. Als weiteres Lohngestaltungsmittel dient die McDonald's-»Leistungsübersicht und Lohnübersicht«. Hierbei wird über jeden Mitarbeiter alle zwei Monate eine »Leistungsbeurteilung« durch den Manager erstellt.

Die NGG zieht das Fazit: »Die Anwendung gastgewerblicher Tarifverträge ist nur bedingt möglich, da die McDonald's-spezifischen Tätigkeiten in den traditionellen Tarifverträgen nicht vorgesehen sind. In diesem 'Bermuda-Dreieck' des Tarifvertragrechts versucht McDonald's bisher mit viel Geschick, Kapital für sich herauszuschlagen. Verhandlungen über einen Haustarifvertrag ist McDonald's bisher ausgewichen.«

Damit liegt der Fast-Food-Konzern im Trend der Wendepolitik der Bundesregierung, die mühsam erkämpfte Positionen der Gewerkschaften über Bord werfen möchte, um den Arbeitsmarkt »flexibler zu gestalten«.

Manfred Hessel-Stahl, Referatsleiter der NGG für das Hotel- und Gaststättengewerbe auf Bundesebene, sieht die Gefahren: »Spätestens seit 1979 ist uns klar, daß die Firma McDonald's mit Methode gegen uns vorgeht. Uns ist ein Rundschreiben des damaligen regionalen Personalleiters, Herrn Spurka, bekannt – in dem er eine klare Regieanweisung für Einstellungsgespräche gegeben hat.« Wenn sich herausstelle, daß sich der Bewerber organisiert hat, so gäbe es selbstverständlich keine Einstellung, heißt es in dem Papier.

Das bestätigt ein Manager: »... bei Personaleinstellungen war es für uns vorgeschrieben, irgendwie herauszufinden, ob diese Leute gewerkschaftlich organisiert sind. Und jeder weiß, wie sauer der Amerikaner auf die Gewerkschaften reagiert. Ja, und konnte man irgendwie auch nur erahnen, daß irgendein Bewerber gewerkschaftlich organisiert ist, war die Bewerbung von vorneherein hinfällig.«

Ob eine derartige Diskriminierung von Gewerkschaftsmitgliedern nun gegen das Grundgesetz verstößt oder nicht – Walter Rettenwender, McDonald's-Chef in der Bundesrepublik, macht sich andere Gedanken: »Die Beziehungen von Mensch zu Mensch und von Mensch zu System lassen sich über den bereits geregelten Rahmen, durch Tarifverträge und Gesetze nicht regeln«, philosophiert er.

»Dem der Entwicklung unseres Systems zugrundeliegenden Menschenbild ist die Frontstellung zwischen Kapital und Arbeit fremd«, meint der Boß des Unternehmens, das Mitglied im bayerischen Arbeitgeberverband ist.

Die Interessenvertretung der Arbeitskräfte durch Gewerkschaften gilt den Fast-Food-Führern als fremde Einmischung in die Familienangelegenheiten des Konzerns. Sie konstruieren dagegen ein Weltbild mit nebulösen Leistungs- und Gemeinschaftsmythen: »Ein Problem ist diese Selbstdarstellung als 'Betriebsfamilie' und der angeblichen Möglichkeit, sich in ihr zu entwickeln«, meint NGG-Mann Hessel-Stahl. »Freunde kann man sich aussuchen. Eine Familie kann man sich nicht aussuchen, und so ist es hier auch. Die Bedingungen, unter denen hier 'familiäre Zustände' hergestellt werden sollen, sind eigentlich genau das Gegenteil. Es wird den Arbeitnehmern unter im Grunde genommen frühkapitalistischen Bedingungen mehr Leistung ohne adäquate Gegenleistung abverlangt. Die Arbeitnehmer verwechseln das Lebensgefühl mit ihren Ansprüchen als Arbeitnehmer. Es wird ganz bewußt verschleiert, was objektiv im Betrieb gilt, was Rechtsgrundlage eines jeden Arbeitsverhältnisses ist. Ein Arbeitsverhältnis ist ja kein Liebesverhältnis oder Eheverhältnis. Ein Arbeitsverhältnis ist nach unserer Auffassung eine klare Rechtsgrundlage, die sich aus Tarifverträgen und der Betriebsverfassung ergibt.«

»Die haben einen Riesenaufstand gemacht«

Joachim Krischka, Redakteur der Jugendzeitschrift »Elan«, wollte die Arbeitswelt von McDonald's als »kleiner Wallraff« erkunden, und zwar in einem Store in Essen-Altenessen. Bei einem »Personal-Meeting« erfuhr er dort, »daß sie vorher vier Frauen bei McDonald's rausgeschmissen hatten, weil sie einen Betriebsrat gründen wollten«. Der Personalchef von McDonald's-Deutschland wäre extra angereist und habe erzählt, »daß McDonald's, also dieser McDonald's-Laden in Altenessen keine Gewerkschaft braucht«. Krischka spürte die Angst bei den Kollegen.

Als er nach einiger Zeit wieder anrief und nachfragte, wann der nächste Arbeitstermin sei, hieß es, er müsse sofort in den Laden kommen, um etwas zu unterschreiben. Er spürte, daß »was los war«, und bereitete eine Zusammenkunft mit Zeugen vor: »Ich hab' dem Manager dann erklärt, daß ich nicht kommen könnte, weil ich noch eine andere Aufgabe hätte. Er sagte dann, es bestände auch die Möglichkeit, daß sie kommen können.«

Zwei Kollegen von Krischka spielten Onkel und Tante, Treffpunkt war die Wohnung eines Freundes in Dortmund. Ein Mitarbeiter von McDonald's kam, »ich sollte ein Dokument, einen Zettel unterschreiben«, auf dem stand: »Wir, die Unterzeichner dieses Schreibens, möchten damit dokumentieren, daß wir keine Gewerkschaftsmitglieder sind. Außerdem möchten wir klarstellen, daß wir in unserem Geschäft bis zu dem Zeitpunkt, als die Gewerkschaft an uns herangetreten ist, mit dem Ziel, einen Betriebsrat nach NGG-Muster zu wählen, ein gutes Verhältnis untereinander, insbesondere mit unserem Manager geschlossen haben.«

Krischka lehnte ab, wollte das Schreiben erst seinen Eltern vorlegen. »Nein, nein! Auf keinen Fall erst mit nach Hause nehmen«, reagierte der McDonald's-Angestellte heftig, »ich darf den Brief auf keinen Fall aus der Hand geben.« Er mußte also unverrichteter Dinge abziehen. »Einen Augenblick später kam der Chef von McDonald's an, mit seinem schwarzen, großen Wagen ist er angerauscht gekommen«, berichtet Krischka weiter, »meine Kollegen – also mein Onkel und meine Tante – haben dann gesagt, der ist nicht mehr hier, der ist schon nach Hause gefahren.« Er sei dann »sehr wütend und sehr stinkig abgehauen«.

Krischka und seine Kollegen planten daraufhin für den Arbeitsbeginn Aktionen. Flugblätter wurden vorbereitet, Fotografen bestellt. »Ich bin dann in den Laden gegangen, hab' ganz normal angefangen zu arbeiten, und nach einer halben Stunde hat der Manager gesagt: Ich soll doch mal oben ins Personalbüro kommen.« Dort bekam er wieder das Schreiben vorgelegt, so Krischka, »nach ungefähr 20 Minuten kam der Manager noch mal rein und hat gesagt – Herr Krischka, Sie unterschreiben das jetzt, sonst passiert was.« Krischka aber unterschrieb nicht, ging in den Store und verteilte die mitgebrachten Flugblätter: »Die Manager haben dann sofort die Türen abgeschlossen, haben keinen mehr rein- und rausgelassen, haben die Polizei geholt, haben einen riesigen Aufstand gemacht.«

Ein Mitarbeiter von McDonald's (oben rechts) versucht, den »Griller für einen Monat« Krischka zur Unterschrift zu bewegen: Er soll erklären, daß er eine Gewerkschaft bei McDonald's für überflüssig hält. Krischka lehnt ab. Kurze Zeit später kommt der McDonald's-Mitarbeiter (unten rechts) mit seinem Chef (zweiter von rechts) wieder. Vor dem Haus beratschlagt das Manager-Team das weitere Vorgehen.

Die bei der Aktion im Lokal geschossenen Fotos – dafür haben die Rechtsanwälte von McDonald's gesorgt – dürfen bei Androhung einer Strafe von einer halben Million Mark nicht veröffentlicht werden. »Das zeigt auch, daß man gegen so einen gigantischen, riesigen Konzern nichts machen kann als kleiner Angestellter«, meint rückblickend der »Griller für einen Monat« Krischka.

Ganz anders – allerdings auch nicht durch einen »kleinen Wallraff« provoziert – ging die Steak- und Hamburger-Kette *Jim Block* im Hamburger Raum vor. Für Manfred Hessel-Stahl von der Gewerkschaft NGG ist dieses Unternehmen mit 13 Filialen ein Beispiel dafür, daß nicht nur die Großen im Fast-Food-Business alles tun, um die Bildung eines Betriebsrats zu verhindern.

Bei Jim Block wurde kurzerhand ein sogenannter Mitarbeiterrat gegründet, bestehend aus je einem Vertreter einer Filiale sowie der Frau des Geschäftsführers als Ratsvorsitzende. »Ich glaube«, sagt Hessel-Stahl, »hier wird also der Ideologie der Familie noch die Krone aufgesetzt, indem sozusagen die Familienbande des Arbeitgebers noch unmittelbar auf die Arbeitnehmer übertragen wird.«

Auch in Frankreich steht die Gewerkschaft des Hotel- und Gaststättengewerbes (CFDT) vor Problemen. Der Angestellte bei Burger King auf den Champs-Elysées in Paris, Ly Mamadou: »Ich wurde dann Personalvertreter bei Burger King. Die CFDT teilte es dem Arbeitgeber schriftlich mit. Die Reaktion des Arbeitgebers war sehr hart. Ich wurde ständig heimlich beobachtet. Wenn ich zur Toilette ging, folgte mir jemand. Ich durfte kein Blatt Papier, keinen Zettel in den Händen haben. Ich wurde immer beobachtet.« Schließlich erhielt Ly Mamadou die Kündigung.

Monsieur Delavaud wurde 1980 von der Gewerkschaft CFDT zum Arbeitsrichter gewählt: »Unsere Gewerkschaft beschloß, Aktionen zu initiieren, die gleichzeitig symbolisch und spektakulär sein sollten, um die Mißstände im Gaststätten- und Fast-Food-Gewerbe zu stoppen. Es ging bei der letzten Aktion um den konkreten Fall des Genossen Ly Mamadou ... An einem Samstagvormittag gingen wir zu diesem Burger King. Wir waren ungefähr 60 Leute. Wir gingen hinein. Keiner hinderte uns daran. Wir haben alle nach einem Glas Wasser gefragt.«

Laut französischer Gesetze hat jeder das Recht, in einem Restaurant ein Glas Wasser umsonst zu bekommen und zu trinken. Burger King verweigerte jedoch dieses Recht.

Ly Mamadou: »Wir kamen also zu Burger King, um dort ein Glas Wasser zu trinken. Wir fanden aber Wächter mit Knüppeln, Hunden ... Als sie sich weigerten, uns ein Glas Wasser zu geben, wollte Monsieur Delavaud zur Polizei gehen, um sie zu benachrichtigen, daß es in Frankreich ein Restaurant gibt, in welchem das Glas Wasser verweigert wird. Die Wächter mit den Hunden ließen aber Monsieur Delavaud nicht vorbeigehen. Sie schlugen ihn. Monsieur Delavaud wurde dann schwindelig, und er ist umgekippt. Es gab Schlägereien. Kinder weinten.«

Gewerkschaftsaktion in Paris gegen Burger King: Ein »Wächter« mit Schäferhund versucht zu verhindern, daß die Polizei gerufen wird ...

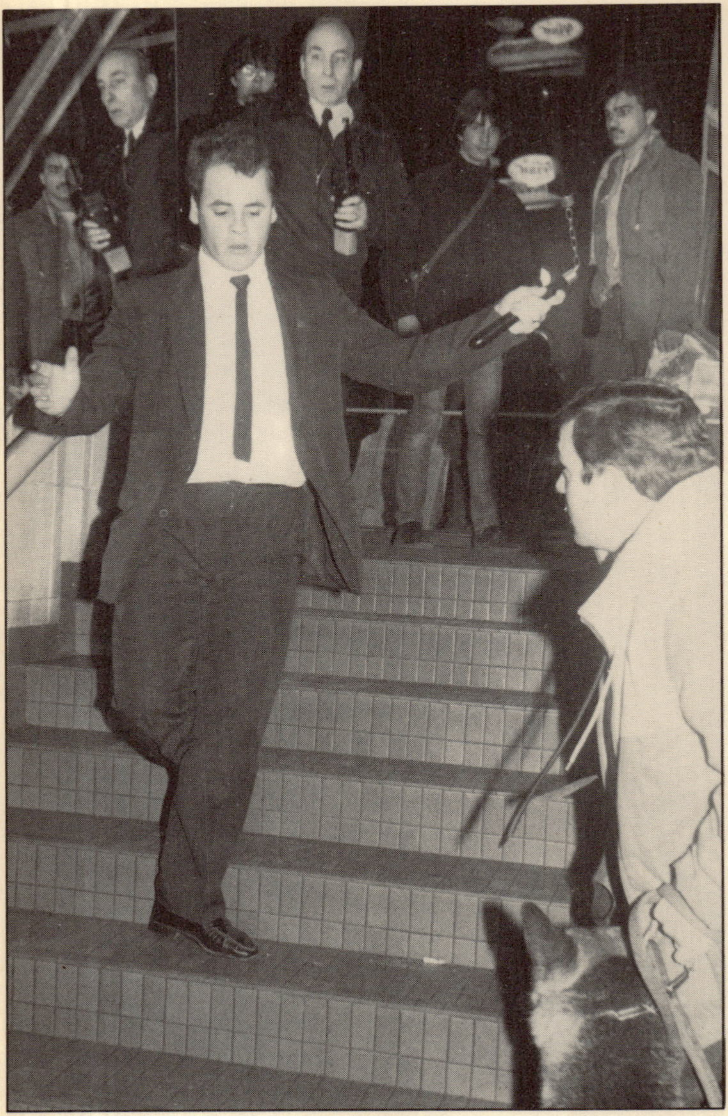

... Der Anführer des Burger-King-Trupps geht mit einer Eisenkette auf Gewerkschafter los.

Doch nach dieser Aktion bekam Ly Mamadou sein Gehalt, die Aufhebung der Kündigung und das bis dahin verweigerte Recht, ein Anschlagbrett für Gewerkschaftszwecke anzubringen. »Sie sind jetzt netter und angenehmer geworden«, so Ly Mamadou, »jetzt werden wir vom ersten bis zum 30. bezahlt. Das System der Essenspausen ist anders. Wir werden respektiert.« Allerdings: »Seit ich Gewerkschaftsmitglied bin, weigert sich das Management grundsätzlich, Schwarze einzustellen. Ich hatte einen Freund, der Arbeit suchte. Ich habe ihn dem Management vorgestellt, weil zu dieser Zeit viele Leute eingestellt wurden. Sie sagten, Schwarze gäbe es schon zu viel, sie wollen keine Schwarzen einstellen. Sie stellen lieber Hellhäutige oder Weiße ein.«

Auch Zohreh Siayoshi von *Manhattan Burger* schaltete die Gewerkschaft ein, die ihr riet, den Chef um einen vorläufigen Arbeitsvertrag zu bitten, damit sie die Möglichkeit hätte, eine Arbeitserlaubnis zu bekommen. Drei Wochen nach dem Antrag wurde Zohreh Siayoshi geschlagen und rausgeworfen: »Der Vizedirektor sagte mir, er werde mich umbringen, wenn ich nicht gehe.« Bei der Gerichtsverhandlung bekam sie jedoch mit gewerkschaftlicher Unterstützung recht. Zohreh Siayoshi kann sich wieder einstellen lassen.

Auch im Mutterland der Hamburger-Imperien verbuchen die Gewerkschaften erste Erfolge: Keith Kallaher von der Fast Food Workers Union ist wohl einer der Weltrekordler im Mittagessen. Täglich geht er mehrere Male zum Lunch in einige der unzähligen Stores in Chicago. Bei dem freundlichen Mädchen an der Theke bestellt er nur den einfachen Hamburger und eine Cola. Während sie den Auftrag zusammenstellt, flüstert er ihr schnell zu: »Haben Sie schon von den Betriebsratswahlen bei Burger King in Detroit gehört? Daß es dort einen Arbeitsvertrag gibt? Daß sich dort die Arbeiter organisiert haben? Was halten Sie davon?« Sie anwortet rasch und mit dem deutlichen Bemühen, sich ihre Verwirrung nicht anmerken zu lassen: »Wollen Sie einen kleinen oder einen großen?« Kallaher lädt sie zu einer Gewerkschaftssitzung für die nächste Woche ein und verläßt den Laden, doch nur, um den nächsten zu betreten …

Den Fast Food Workers ist es in einer Burger-King-Filiale in Detroit als erstem Hamburger-Lokal in den USA gelungen, einen Vertrag der Belegschaft mit dem Lizenznehmer auszuhandeln, der wenigstens der Willkür bei der Bezahlung und der Arbeitsstundenzuteilung sowie den Wild-West-Umgangsformen ein Ende setzt. Möglich war das freilich nur, weil dieses spezielle Burger-King-Lokal von dem Busunternehmen Greyhound als Lizenznehmer geführt wird, dessen Mitarbeiter so gut wie alle gewerkschaftlich organisiert sind. Die Transportarbeiter hatten ihre Burger-King-Kollegen kräftig unterstützt.

»Alles ist wirklich viel besser geworden«, sagt Lasonia Lumpkin. Zum Beispiel bei den Löhnen: »Vor der Gewerkschaft war das grundsätzlich die Sache des Managers ... Wenn er dir keine Lohnerhöhung geben wollte, dann brauchte er das nicht. Es war so, daß sie ihre Lieblinge hatten, weißt du ... auch wenn sie die gleiche Arbeit taten. Aber mit der Gewerkschaft ist das anders. Wir kriegen jetzt jedes Jahr automatisch eine Erhöhung«, erzählt sie. Auch bei der Verteilung der Arbeitsstunden, wo die Willkür oft dazu führte, daß manche nicht auf den Monatslohn kamen, mit dem sie rechnen mußten, um Miete und Haushalt bezahlen zu können, gab es Verbesserungen. Hier wurde ein System eingeführt, das die Verteilung zusätzlicher Arbeitsstunden regelt. Und dann wurden ausführliche Bestimmungen für »Würde und Respekt« vereinbart, um das Arbeitsklima zu verbessern, in dem Frauen oft sexuell belästigt und Schwarze wegen ihrer Hautfarbe diskriminiert werden.

»Sie behandeln uns jetzt besser«, sagt Lasonia Lumpkin, die selbst in dem Gremium saß, das den Gewerkschaftsvertrag erkämpfen mußte.

Hamburgerologie

Ray Kroc, Schöpfer der Hamburgerologie:
»Ich glaube an Gott, an die Familie und an McDonald's. Im Geschäft in umgekehrter Reihenfolge.«

»Das erste, was du zu verkaufen lernen mußt, bist du selbst!« Das bleute McDonald's-Gründer Ray Kroc seinen Mitarbeitern ein. Die Folgen der »Persönlichkeitsbildung« spürt eine Managerin des Konzerns am eigenen Leib: »Man hat mir das Gefühl gegeben, daß ich Durchsetzungskraft habe und genau die richtige Person bin für dieses Unternehmen.« Ray Kroc: »Ich glaube kaum, daß man irgendwo glücklichere, furchtlosere und härter arbeitende Manager finden kann als bei McDonald's.«

Der Mann, der das Hambuger-Imperium aufbaute, wußte, wie er sein Glück zu machen hatte. »Look sharp and act sharp«, lehrte Kroc seinen Managern. Wer seinen Laden nicht auf Zack hielt, der hatte keine Chance. Das gilt auch heute noch.

Big Mac is watching you! Die Hierarchie ist perfekt. Jeder wird überprüft. Ein Heer von Inspektoren kontrolliert die Stores auf Effizienz, wobei auch unerkannte Stichproben vorgenommen werden, ohne daß die Mitarbeiter es merken. Manager werden genauestens beurteilt, nach einem Punktesystem prämiert. Ganze Olympiaden von Zahlenvergleichen finden da übers Jahr statt. Mangelnde Führungsqualitäten werden schonungslos aufgedeckt.

Die Burger-Akademien

Das Fast-Food-Business muß erlernt werden. Deshalb unterhalten die Großen im Geschäft Schulungseinrichtungen wie HMU und BKU. Hinter diesen Kürzeln verstecken sich die *Hamburger University* von McDonald's und die *Burger King University.*

Für Absolventen der Burger King University beispielsweise, die sich das Unternehmen 2,5 Millionen Dollar im Jahr kosten läßt, soll das »Home of the Whopper« plötzlich zum »Home of the winner« werden: »Es gehört einiges dazu, aber die Sache ist es wert.« Die Broschüre über die Burger King University strotzt nur so vor Begriffen wie »Winning«, »The Top«, »The Best«, »Managing to win«.

»A Human Resource Development Center« nennt Wayne Saunders, Vizepräsident für Training und Entwicklung, die Burger-King-»Universität«. Die Absolventen lassen die Puppen tanzen – »how to manage managers« heißt die Devise. Eine Elitementalität wird gezüchtet, als sei hier das Harvard der Buletten-Brater.

»Wofür wir das meiste Geld ausgeben und wofür auch General Motors das meiste Geld ausgibt,« meint John Weir, der Werbechef bei Burger King, »das ist nicht Stahl, nicht Gummi oder Brötchen, sondern das sind Leute! Die sind wirklich der wichtigste Rohstoff, der ins Geschäft eingebracht wird. Das macht uns anders als McDonald's: Unsere Leute sind anders.«

Die Hamburger University von McDonald's haben inzwischen mehr als 28 000 »Studenten« besucht. Rund 3 000 Hackfleisch-Akademiker durchlaufen die Burger-Uni im Jahr. Die meisten Kurse befassen sich mit dem Management eines Stores. In Kursen für »Supervisors« und »Field Consultants« geht es darum, wie Manager und Lizenznehmer ihrerseits zu managen seien. Darüber hinaus gibt es auch sogenannte »People Development Courses«, in denen man Menschenführung lernt. Das Ganze gipfelt in Programmen, wie man »effiziente« Arbeitnehmer erkennt. Die Semester enden schließlich mit einem pseudoakademischen Grad, zum Beispiel »Associated Marketing Degree of Hamburgerology«; »Bachelor of Hamburgerology« ist schon eins darüber.

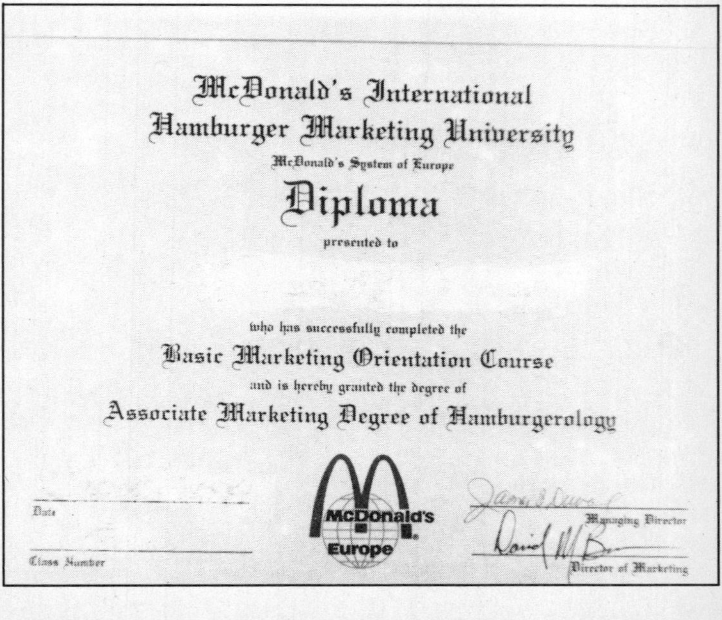
McDonald's International
Hamburger Marketing University
McDonald's System of Europe
Diploma
presented to

who has successfully completed the
Basic Marketing Orientation Course
and is hereby granted the degree of
Associate Marketing Degree of Hamburgerology

Date

Class Number

McDonald's Europe

Managing Director

Director of Marketing

Ray Kroc (rechts) bei der Verleihung der Ehrendoktorwürde. Er, der keinen Schulabschluß vorweisen konnte, schuf sich seine eigene Universität.

So wie die Fast-Food-Industrie mit ihren Softbrötchen kulturell gewachsene Ernährungsweisen verspottet, verschmäht sie auch althergebrachte Vorstellungen von Erziehung und Wissenserwerb. Ein Grund dafür mag im Firmengründer Ray Kroc selber liegen, den zeitlebens ein Minderwertigkeitskomplex gegenüber Studierten verfolgte. So hat er sich und den Seinen eine eigene Uni geschaffen, mit eigenen »Professoren«, und hat eigenen Erfolg zur Wissenschaft erklärt - der »Hamburgerologie«.

1982 gelang der McDonald's-Universität der große Durchbruch: Das Ausbildungszentrum wurde in den USA offiziell anerkannt und somit zu einem Kennwort für industrielle Schulungsprogramme. Der Rat für Erziehung in den Vereinigten Staaten hatte die Kurse überprüft und 18 davon mit 40 Stunden sogar zur Aufnahme in College-Programme für würdig befunden. Das McDonald's-Management-Institut, Teil der Hamburger University, erhielt vom Staat Illinois die Anerkennung als zweijähriges Kommunal-College. So wurde das Hamburgerologie-Zertifikat in den USA zum Nachweis der Berufsausbildung. Und in Australien, Japan, England und der Bundesrepublik beginnen sich die Ableger dieser »Schule« zu etablieren.

Mit Lizenznehmern auf Expansionskurs

Jim McLamore ist der Gründer von Burger King: »Ja, das Fast-Food-Geschäft ist ganz sicher ein amerikanisches Phänomen. Es begann in den Vereinigten Staaten. Mein Partner und ich waren Pioniere von Burger King schon 1954. Die Brüder McDonald's fingen 1948 an, aber die McDonald's Corporation wurde erst 1955 von Ray Kroc in Chicago begründet. Und ich würde sagen, daß Mister Kroc ganz klar der Pionier der McDonald's-Organisation war. Also zusammen mit Colonel Sanders von Kentucky Fried Chicken waren wir wahrscheinlich die drei Pioniere, die Fast-Food kreiert haben und zu dem gemacht haben, was es heute ist ... Restaurants vor mehr als diesen 30 Jahren warren sehr komplizierte Unternehmen, und wir waren die ersten, die wirklich ein ganz einfaches System entwickelt haben, das den Vorteil hatte, daß wir es dann anderen beibringen konnten. Gleichzeitig war Franchising in den USA gerade modern geworden. So konnten wir die unternehmerische Energie eines dritten Beteiligten benutzen, ihm beibringen, wie unser Geschäft betrieben wird, und den gegenseitigen Vorteil seiner unternehmerischen Fähigkeiten und seines Kapitals haben, die er als Besitzer des Restaurants ins Spiel brachte.«

Burger-King-Pionier Jim McLamore

Das *Franchisesystem* wird von Wirtschaftsberatern gerne als das vertriebspolitische Ei des Kolumbus angesehen: Schon Coca-Cola baute damit sein Imperium auf. Die Fast-Food-Ketten Burger King, McDonald's, Wendy's, Hardee's, Kentucky Fried Chicken, Taco-Bell und viele andere folgten. In der Bundesrepublik hat Wienerwald in kurzer Zeit über 300 seiner Lokale auf das Franchisesystem umgestellt. In den USA scheint es heute kaum einen Bereich des Handels- und Dienstleistungsgewerbes zu geben, der nicht mit dieser Lizenzmethode arbeitet. Typische Bereiche sind Automobilhändler, Tankstellenbesitzer, Softgetränkeabfüller, Hotels oder Restaurants.

Franchising ist die bekannteste und bestorganisierteste Form, um Expansionsmöglichkeiten wahrzunehmen. Es ist ein vertikal-kooperativ organisiertes Vertriebs- und Absatzsystem rechtlich selbständiger Unternehmen, beispielsweise die Zusammenarbeit zwischen einem Produkthersteller oder Markeninhaber und dem Vertreiber dieser Waren. Das Verhältnis zwischen dem Lizenzgeber (Konzern) und dem Lizenznehmer (meist Kleinunternehmer) begründet sich in einem dauerhaft bindenden Vertrag zwischen rechtlich selbständig bleibenden Partnern, bei dem der Franchisegeber einem oder mehreren Franchisenehmern gegen Entgelt das Recht und die Pflicht einräumt, unter Einsatz ihres eigenen Kapitals und ihrer Arbeit und unter Benutzung von Namen, Warenzeichen, Ausstattung und sonstigen Schutzrechten sowie der Kenntnisse des Franchisegebers genau bestimmte Leistungen auf dem Markt zu erbringen. Es wird zur Bedingung gemacht, die betriebswirtschaftlich-organisatorischen Richtlinien, die der Lizenzgeber hierfür konzipiert hat, einzuhalten, wobei der Franchisegeber den Franchisenehmern anfängliche und laufende Unterstützung und Schulung gewährt und sich das Recht vorbehält, eine Kontrolle über ihre Tätigkeit auszuüben. Als Beitrag liefert der Lizenznehmer Arbeit, Kapital und Informationen.

Für den lizenzgebenden Konzern ermöglicht das Franchisesystem einen relativ gleichmäßigen und im voraus berechenbaren Ertrag über schnellere Markterschließung mit kleinerem Risiko durch den persönlichen Einsatz des kleineren Partners, des lizenznehmenden Subunternehmers. Es garantiert dem Lizenzgeber die Eröffnung von Verkaufsstellen ohne Eigenkapital; dieses bringt der Lizenznehmer in die Ehe ein, mit dem dazugehörigen Risiko. Er verschafft den Konzernherren die Unabhängigkeit von Banken, Einkaufsvorteile, eine

Erhöhung der Werbekraft und die Verdichtung im Standort- und Organisationsnetz.

Das Band aus Interessenvorteilen, das Lizenznehmer und Lizenzgeber zusammenhält, ist die Standardisierung und das gemeinsame Marketing unter einem Dach. In den USA wuchs der Umsatz von Franchiseketten von 1972 bis 1983 auf das Sechsfache. Während von 100 neueröffneten unabhängigen Restaurants bereits ein Drittel in den ersten zwölf Monaten wieder schließen mußten, sind es im Lizenznehmer-Geschäft weniger als vier Prozent, die im ersten Geschäftsjahr wieder aufgeben. Der Lizenznehmer profitiert also von der Rückendeckung, der bereits vorbereiteten Markterschließung und von den Funktionsabwicklungen durch den oft mächtigen und erfahrenen Lizenzgeber. Das technische Know-how, die aufwendige Werbung und ein erprobtes Konzept der Verwertung des Personals, des menschlichen Faktors, kann nur er einbringen: »Wie erwirtschafte ich das meiste aus meinen Angestellten?« Diese Frage wird in einem Ratgeber für Lizenznehmer beantwortet.

Das sich stark ausbreitende Franchising ist auf vollständige Problemlösungen mit ausgetüftelten Kontrollprozessen ausgerichtet. Diese Kontrollprozesse sind so gestaltet, daß sie sich in die Arbeitsabläufe des Franchisebetriebes einfügen und ständig entscheidungsrelevante Informationen an die Konzernzentrale übermittelt werden. Durch Ausnutzung neuer technischer Entwicklungen auf dem Gebiet der Automation ist es Lizenzgebern gelungen, einen dezentralen, genau kalkulierten Produktionsbetrieb zu entwickeln. Daraus hat sich ein festgeschnürtes Marketingpaket entwickelt, dem jeder einzelne Lizenznehmer nur stur zu folgen hat. Wer versucht, von diesem Pfad abzugehen, scheitert oder wird vom System ausgeschlossen.

Die Kontrolle stellt nach den Erfahrungen des Buletten-Systems McDonald's den »Schlüssel des Erfolges« dar. Der Lizenzgeber erhält vom Lizenznehmer einen wöchentlichen Computerausdruck, der über Kosten, Waren und Personaleinsatz des Ladens berichtet. Dieser wird sofort ausgewertet; ein effizienterer Einsatz der Arbeitskräfte, Energie, Rohstoffe und so weiter wird empfohlen, ja, gefordert. Projektionen, Richtlinien, Planungen, Checklisten, Handbücher, Formulare, EDV-Auswertungen, Schulungen, Erfahrungsaustausch, Berichte und Betriebsbesichtigungen sowie Ausschüsse enthalten als Steuerinstrumentarium beim Anvisieren des Umsatzzieles immer auch taktische Disziplinkontrollen.

Nicht nur Personalprobleme in den Franchisebetrieben sind so auf den Franchisenehmer abgewälzt. »Jeder Betrieb, der unserem System angehört«, meint Walter Rettenwender von McDonald's System of Germany, »gleichgültig ob er von einem Lizenznehmer als selbständiger Unternehmer oder in Eigenregie betrieben wird, ist als eigene ökonomische Einheit zu sehen. Dem entspricht unser System der dezentralen Steuerung.«

Werden Unregelmäßigkeiten bekannt, wie die Verletzung von Tarifverträgen, Mißachtung des Betriebsverfassungsgesetzes, von Sicherheitsbestimmungen, hygienischen Vorschriften und ähnlichem, so hat der Lizenzgeber juristisch jederzeit die Möglichkeit, die Verantwortung aufgrund der dezentralen Organisation von sich zu weisen und dem Einzelbetrieb aufzubürden. Das erlebt die Gewerkschaft Nahrung, Genuß, Gaststätten (NGG) immer wieder; der Kampf gegen das eigentlich verantwortliche System wird da zum Schattenboxen. NGG-Referent Manfred Hessel-Stahl: »Das hat zur Folge, daß am Schluß immer niemand mehr verantwortlich gemacht werden kann für das, was an und für sich die Methode dieses Systems bedeutet. Am Schluß ist es meist der kleine Manager oder der betroffene Assistent, der dann verantwortlich gemacht wird für Sachen, die er eigentlich gar nicht zu vertreten hätte.«

Von außen ist das neue Organisationsprinzip der Gastronomie-Großindustrie schwer zu packen. Durch die zentrale Wahrnehmung aller Marketing-Funktionen wird nämlich, wenn man das Leistungspotential der kleinen Partner vom Systemkopf der Zentrale aus gekonnt manövriert, Verantwortung gezielt delegierbar; der Franchisenehmer hat mehr Zeit und Energie für die unmittelbare Arbeit am Umsatz, was die Effektivität seines Arbeitseinsatzes beträchtlich erhöht. Zur Selbstausbeutung gesteuert und motiviert, macht er Prozente für die Zentrale.

In zahlreichen Veröffentlichungen der Buletten-Ketten ist zwar viel die Rede von »sinnvoller Kooperation«, »erprobtem Wettbewerbsinstrument für Individualisten« oder gar »der Chance der Kleinen gegen Konzerne«, es wird jedoch nicht deutlich gemacht, daß Franchisesysteme grundsätzlich autoritäre Systeme von Mittel- und Großbetrieben sind, in denen die Zentrale, also der Franchisegeber, eine organisatorisch übergeordnete Steuerungsfunktion erfüllt und darüber hinaus Weisungs- und Kontrollrechte besitzt.

Viele Kritiker haben die Uniformierung und den militärischen Drill bei McDonald's verurteilt. Professor Theodor Levitt von der Harvard Business School beschreibt das Unternehmen »als eine Maschine, die mit vollkommen unqualifizierten Wächtern eine vollendete Ware produziert«. Das gesamte Können sei von vorneherein in der Maschine selbst eingebaut. Dem Aufseher bleibe nur eine Handhabung nach Vorschriften zur Wahl.

Franchising ist eine vertikale Kooperation unter Ungleichen und wird mit zunehmender Größe des Lizenzgebers und wachsender Abhängigkeit des Lizenznehmers zur vertikalen Integration, ähnlich jener, die aus dem Agrobusiness bekannt ist. »Ein Großteil der Lizenznehmer, bei McDonald's etwa 60 Prozent und mehr, steht in ähnlichen Abhängigkeitsverhältnissen zur Firma McDonald's wie die Arbeitnehmer auch«, urteilt Gewerkschaftsreferent Hessel-Stahl.

Wie Millionäre gemacht werden

»Die Hauptunterstützung ist 'manpower'«, erklärt Walter Rettenwender, bundesdeutscher McDonald's-Chef. Etwa zehn bis 15 Lizenznehmer würden von einem Mitarbeiter des Konzerns betreut. Für diese Beratung müßten sie auch bezahlen.

Natürlich kenne man die Verkaufsbilanzen der Lizenznehmer, fährt Rettenwender fort, »und wir sind bestrebt, den Lizenznehmer soviel Umsatz wie möglich machen zu lassen«. Aber die Kontrollen der Franchisebetriebe seien »nicht sehr streng«.

»McDonald's hat wahrscheinlich die straffsten Kontrollen bei seinen Franchisenehmern im Vergleich zu allen anderen in den Vereinigten Staaten, und deshalb ist McDonald's der größte und der erfolgreichste«, kommentiert der US-Fast-Food-Experte Michael Culp. »Die Anforderungen an die Franchisenehmer sind in der Tat viel größer als bei den anderen Konzepten. Anders als bei vielen anderen Ketten erlaubt McDonald's immer nur, einen Store zur Zeit zu eröffnen. Sie schreiben vor, wo man das Essen einkaufen kann, und sie schreiben genau vor, wie man die Werbung betreiben soll. Sie gestatten es eigentlich überhaupt nicht, daß man eigene neue Produkte entwickelt.«

Das einheitliche Warenangebot bedingt eine Warenbezugsverpflichtung. Sie unterliegt zudem vorgegebenen Preisen. Die Produkthaftpflicht wird auf den Franchisenehmer abgewälzt.

McDonald's hat den Begriff des klassischen Franchising verändert. Der Konzern verkauft auf 20 Jahre Rechte, erwirbt oft selbst das Grundstück und Lokal und vermietet es an den Lizenznehmer gegen Umsatzbeteiligung. Der Lizenznehmer ist vollständig abhängig: Der Vermieter kann praktisch jederzeit selbst den Laden übernehmen.

»Wir kaufen sehr viele solcher Objekte auch, das heißt, wir besitzen auch Immobilien in der Bundesrepublik, was vielleicht auch demonstriert, daß wir einfach nicht reingehen wollen, Umsatz machen, vielleicht Erträge, und dann wieder rausgehen wollen«, tönt Rolf Kreiner, der Marketing-Chef von McDonald's. »Wir investieren immense Summen und ich glaube, wir haben bis heute bis zu 400 Millionen DM in der Bundesrepublik in Immobilien und in Restaurants investiert.

Wer soviel Kapital anlegt und »vielleicht auch Erträge« erwirtschaften will, erwartet einiges. Die Münchener Zentrale fordert von den Lizenznehmern Umsätze, die nur mit etwa 2 000 Kunden pro Tag und Store zu erfüllen sind. Da der Konzern straffe Kontrollen vornimmt, gibt es eine hohe Fluktuation: Jeder fünfte Betrieb bekommt – laut Angaben der Gewerkschaft NGG – einmal im Jahr einen neuen Chef.

Vorstellungen vom »freien Unternehmertum« wirken da eher wie blanker Hohn. Andererseits kann der Verlust der Unabhängigkeit dem McDonald's-Lizenznehmer eine Menge Geld einbringen: »Ich dachte mir, daß man mit dem Laden eine gute Mark verdienen kann. Aber daß es so dick kommen würde, hätte ich mir nie träumen lassen«, meint enthusiastisch einer von ihnen. Mit einem Einsatz von zirka 700 000 Mark erwirtschaften die Franchisenehmer oft einen Jahresgewinn von einer viertel Million. Das System hat in den Vereinigten Staaten viele Millionäre geboren – auf beiden Seiten.

Einer der erfolgreichen Lizenznehmer ist Charles Griffis. Der schwarze Franchisee aus Los Angeles betreibt vier Stores der McDonald's-Kette und würde gerne weiter expandieren. Griffis wohnt im Luxusviertel Beverley Hills und fährt zu seinem Büro per Rolls

McDonald's-Lizenznehmer Charles Griffis aus Los Angeles: ein unzufriedener Millionär

Royce. Der clevere Geschäftsmann ist dennoch mit seinem Lizenzgeber unzufrieden und mit der Burger-Kette in juristische Händel verstrickt: »Alles, was McDonald's macht, ist: sie kaufen und erwerben Immobilien und stellen ein McDonald's-Zeichen. Dann finden sie jemanden, der ihnen drei- bis fünf - oder sechshunderttausend Dollar bezahlt für ihre Immobilien. Und dann zieht McDonald's den Leuten Geld aus der Nase, damit ihre Golden Arches (Firmenemblem) leuchten – Tag und Nacht.« Frage: »Aber verdienen Sie kein Geld durch den Hamburger-Verkauf?« Antwort: »McDonald's verdient auch damit Geld! Sie kriegen 15 Cents von jedem Dollar ... Die Hamburger sind nur eine Möglichkeit, jemand anderem zu erlauben, auf der Plantage zu arbeiten und für die Plantage zu arbeiten. Das ist alles!«

Die aus den Franchiseverträgen für die Lizenznehmer folgende vertragliche Abhängigkeit läßt bereits schwierige Abgrenzungskriterien der rechtswirksamen Bindung zur rechtswirksamen Knebelung vermuten. Der Konflikt wird von den Lizenzgebern überspielt, indem bei ihrer Definition des Franchisesystems hervorgehoben wird, daß Partner des Franchisegebers ein selbständiger freier Händler oder Unternehmer sei.

Die Anti-Trust-Gesetzgebung untersagt zwar offiziell den Lizenzgebern in den USA, die Lizenznehmer per Vertrag zum Kauf von Geräten und vorgefertigten Rohstoffen zu zwingen. Durch Beratung und Einkaufsvorteile bietet sich der Lizenzgeber in der Praxis dennoch erfolgreich als Vermittler zum Lieferanten im vertrauten Dreiecksgeschäft an. Ray Kroc machte auf diese Weise viele seiner Freunde reich.

Der streitbare Charles Griffis würde seine Einkäufe bei Unternehmen tätigen, die Schwarzen gehören: »Alle gefrorenen Produkte, alle Milchprodukte, alle Brötchen, alles, was ich bei McDonald's bestelle, kommt von einem von McDonald's ausgewählten und genehmigten Lebensmittellieferanten«, bedauert Griffis und deutet auf den Firmennamen auf dem Lkw vor seiner Filiale: »Ich bezahle dieser Firma hier ungefähr 170 000 Dollar pro Monat für die Lieferung von Nahrungsmitteln. Diese Summe könnte niedriger sein. Aber ich kann als McDonald's-Franchisenehmer nicht tun, was ich will. Ich darf nur bei Golden State Foods meine Produkte einkaufen. Ich würde gern meine Produkte anderen Minderheiten-Unternehmen in der Innenstadt abkaufen, die in der Nähe meiner Läden liegen, und ihnen damit die Gelegenheit geben, auch vom 'American Way' zu profitieren.« Trotz dieser grundlegenden Kritik macht Griffis weiter, verdient gut und beschwert sich darüber, daß der Konzern aus Chicago ihn gar bei der Expansion behindere – angeblich wegen seiner Hautfarbe.

Familienkrach im Hause McDonald's

»Es hat funktioniert«, meint Wall-Street-Mann Michael Culp zum Franchisesystem. »McDonald's macht sieben Milliarden Dollar Umsatz im Jahr allein in den USA; und sie sind der zehntgrößte Werbekunde in den USA geworden und einer der größten Arbeitgeber. Also so absurd das aussehen mag, aus ökonomischer Perspektive war das absolut einleuchtend, aus einer Geschäftsperspektive, und das wird sich wahrscheinlich auch nicht ändern.«

In den USA ist der Zulauf an Kleinunternehmern zu den großen Lizenzketten ungebremst. Etwa 10 000 Personen bewerben sich jährlich um eine Lizenz zur Führung von McDonald's-Restaurants. Nur etwa jeder Hundertste von ihnen erhält den Vertrag. Bei Burger King gibt es alljährlich im Durchschnitt 9 600 Bewerbungen.

86 Prozent der Burger-King-Stores werden von Franchisees getragen. McDonald's betreibt in der Bundesrepublik etwa die Hälfte sei-

ner Einheitsläden im Lizenzgeschäft. »Vorzug genießen«, so Marketing-Chef Rolf Kreiner, »unternehmerisch denkende Persönlichkeiten, die hart arbeiten und überdurchschnittlich verdienen wollen.« Der Deutschland-Statthalter John Rollo von Burger King fordert von den Lizenzbewerbern: »Die müssen Geld und Immobilien mitbringen.«

Die Lizenzgeber sind wählerisch. Neben einer gesicherten Finanzierung müssen Franchise-Interessenten, sind sie in die engere Wahl gekommen, fünfhundert Stunden auf eigene Kosten in einem Restaurant arbeiten; sie müssen in theoretischer Schulung das »Diplom der Hamburgerologie« erwerben, bevor die Lizenz überhaupt erteilt wird.

Unter den Lizenznehmern gibt es unterschiedliche Kaliber: Luftwaffenoffiziere, Zahnärzte, Rechtsanwälte, einen Rabbiner, Berufssportler und sogar einen ehemaligen Staatssekretär aus dem US-Arbeitsministerium. McDonald's-Deutschland-Präsident Walter Rettenwender ist um ein festes Bündnis mit seinen Franchisees stets bemüht: »Ein Lizenznehmer ist ein Mitglied der Gemeinschaft, der McDonald's-Familie, der McDonald's-Gemeinschaft, und er hat sich an das System angeschlossen; drum ist es unser gemeinsames Bestreben, Konflikte zu vermeiden.«

Doch Konflikte zwischen den Kleinen und den Übermächtigen im patriarchalisch organisierten Familienclan gab es schon zuhauf. 1973 bildete sich in den USA die MOA (die McDonald's Operators Association). Stammvater Ray Kroc kanzelte den Schutz- und Trutzverein der Lizenznehmer ab: »Da waren ein paar ziemlich faule Äpfel darunter.« Die MOA brachte einen Rundbrief heraus, in dem sie dem Konzern vorwarfen, er versuche den Lizenznehmern nach und nach profitable Stores wegzunehmen. Die MOA rief dazu auf, daß sich die Ladeninhaber dagegen wehren sollten. Kroc deklarierte dies zu »boshaftem Geschwätz und Klatsch«, zu totalem Blödsinn, weil die Company ja eben an kleinen Unternehmen interessiert sei. »Wir hätten uns ja in die Sache einmischen können«, spielte er die Angelegenheit herunter, »aber wir haben uns nicht die Mühe gemacht, uns auf die Spioniererei und Intrigen einzulassen. Wir weigerten uns, auf ihr Niveau herabzusteigen.«

Sicher ist, daß die Buletten-Konzerne McDonald's und Burger King dafür woanders voll eingestiegen sind: in die Immobilienpolitik.

Denn die Kontrolle über Grundstück und Gebäude ist gleichzeitig die beste über den Lizenznehmer. Und bringt dieser den Laden in Schwung, dann kann der Konzern ihn leicht vor die Tür setzen und selbst die Sahne abschöpfen.

Wenn man so will, ist McDonald's aus Fehlern klug geworden: Als Konzernchef Kroc seinem Freund Raymond Dayan 1972 das Alleinverkaufsrecht für Paris und Umgebung für die Dauer von 30 Jahren gewährte, glaubte er wohl nicht an den Erfolg seiner Hamburger-Stuben im Traumland der Kochkünste. Von Dayan verlangte er nur eine läppische Lizenzprovision von ein bis zwei Prozent. In anderen Ländern müssen durchschnittlich 11,5 Prozent Provision gezahlt werden.

Tatsächlich, die ersten beiden McDonald's-Läden in den Trabantenstädten Crétail und Sarcelles waren ein totaler Flop. Doch der wohlhabende Dayan ließ nicht locker, und ab 1974 ging es doch bergauf. Mit seinen 14 Stores erzielte er außergewöhnlich hohe Gewinnspannen von 30 bis 36 Prozent.

Der Frankokanadier mit Wohnsitz Chicago entwickelte sich zum erfolgreichen Fast-Food-Pionier in Frankreich, während man sich in der McDonald's-Konzernzentrale wohl verwundert die Augen rieb. Was tun, hatte man sich doch so verkalkuliert?

Offensichtlich fand man ein Rezept. Ab 1977 ließ McDonald's die Läden des Lizenznehmers Dayan in Paris regelmäßig kontrollieren: Das Frittieröl war angeblich schlecht, die Hamburger zu trocken, das Personal zu dreckig, die Atmosphäre zu ungemütlich ...

Dayan wehrte sich: Er hätte die McDonald's Corporation um technische Hilfe gebeten, um sein Personal auszubilden. Diese Hilfe hätte McDonald's abgelehnt, weil nicht genügend Ausbilder französisch sprechen könnten.

Der Familienkrach endete mit Scheidung. Dayan wurde die McDonald's-Lizenz entzogen, konnte aber mit Genehmigung des Richters seine Läden in *O'Kitch* umtaufen, weil ihm die Räumlichkeiten gehörten. So wurden in der Nacht vom 2. auf den 3. Dezember 1982 alle Schilder, Verpackungen, Papierservietten und Produktbezeichnungen gewechselt.

McDonald's hatte nicht auf sein Hausrecht pochen können, sondern mußte in Frankreichs Metropole wieder bei Null anfangen. Dayan hingegen bließ zum Angriff: »Ich werde alles einsetzen, was ich gelernt habe«, verkündete er. »Ich bin in der perfekten Lage, das amerikanische Leistungsdenken mit dem französischen Geschmack zu kombinieren. Ich habe mein eigenes Trainingscollege aufgemacht und ein großartiges Team von jungen Geschäftsführern. Wir alle brennen darauf, den Gegner herauszufordern.«

Dayan prozessierte weiter in die nächste Instanz und klagte gegen McDonald's wegen Lizenzentzugs. Im Frühjahr 1984 schließlich entschied der Richter im Berufungsverfahren am Gerichtsort Chicago: Der Konzern war im Recht, und der ehemalige Lizenznehmer hat die Gerichts- und Anwaltskosten in Höhe von 1,9 Millionen Dollar zu tragen ...

Dayan, wütend und reich, mußte sich beugen. Seine O'Kitch-Kette floriert unterdessen an den besten Standorten von Paris und ist mit 18 Stores die größte. Doch gleichzeitig gibt es jetzt im Herzen abendländischer Eßkultur wieder richtige Big Mäcs – unter neuem Dach. McDonald's macht es lieber selbst. Ohne widerspenstige Lizenznehmer.

Schlimmer als Raymond Dayan in Paris erging es einem anderen Lizenznehmer des Chicagoer Buletten-Imperiums in Kaiserslautern. Dabei war dieser ausgerechnet selbst Staatsbürger des Heimatlandes der Fleischklopse ...

1977 war James Russell Salentine 51 Jahre alt. Der Zahnarzt und US-Luftwaffenoffizier, seit 27 Jahren bei der Air Force in der Bundesrepublik, hatte eine Ader für das Geschäftsleben. Besonders beeindruckt hatte ihn seit einiger Zeit der schnelle Aufstieg von McDonald's 1977 gab es bereits 50 Läden in der Bundesrepublik. Salentines Idee: Warum nicht in der 100 000-Einwohner-Stadt Kaiserslautern, in der der Major stationiert war, ebenfalls so einen Fast-Food-Store aufzumachen?

Umgehend machte sich der clevere Zahnarzt auf eigene Faust auf die Suche nach einem geeigneten Standort. Er fand ein vielversprechendes Objekt mitten in der Fußgängerzone und Haupteinkaufsgegend. Die Verhandlungen mit dem Eigentümer des Objektes und mit McDonald's liefen parallel, und schon nach kurzer Zeit war man sich einig: McDonald's mietet das Objekt an, Salentine bekommt einen Untermietvertrag; die Miete muß er an die Company zahlen. »Das war ein Fehler«, sagt Salentine heute.

Doch zunächst lief alles wir geplant. Im August 1977 öffnete das »Restaurant« mit dem üblichen »Grand Opening«. Vorher hatte

Salentine rund 60 Voll- und Teilzeitkräfte eingestellt. Die Belegschaft heute über ihren damaligen Chef: »Der war selber total emotional drin.« Und: »Der hat geguckt, welche Leute er mehr und welche er weniger ausnutzen kann.« Nach guter McDonald's-Manier bemaß sich auch der Anfangsstundenlohn für die »gewerblichen Hilfskräfte« – Teilzeitleute bekamen 5,45 DM, Vollzeitkräfte 6,00 DM. Pro Stunde standen jedem drei Minuten Pause zu; das waren nach neun Stunden rund 30 Minuten. Aber in den seltensten Fällen konnte diese Pause auf einmal beansprucht werden; meistens mußte man da mal zehn Minuten, zwei Stunden später vielleicht noch eine Viertelstunde nehmen und in dieser Zeit das Mittagessen aus eigener Produktion genießen; für eine Zigarette hat's selten gereicht. Insofern war James Salentine ein typischer McDonald's-Lizenznehmer, und seine Rechnung ging auf: Allein in den verbleibenden fünf Monaten des ersten Geschäftsjahres verkaufte sein Store Hamburger-Menüs für 1,8 Millionen DM.

Der Erfolg stach wohl den Wachposten der McDonald's-Zentrale ins Auge, meint Salentine: »Bereits 1978 wollte der Lizenzgeber mein Restaurant zurückkaufen und in Eigenregie führen. Doch ich dachte nicht daran, schließlich habe ich einen Vertrag mit einer Laufzeit von 20 Jahren unterschrieben.« Schon nach einem Jahr zeigten sich also Wolken am Hamburger-Himmel. Immer wieder beschwerte sich der Konzern über Nicht-Einhaltung der Standards: Der Laden sei zu schmutzig, die Bedienung nehme mehr als die vorgeschriebenen 60 Sekunden in Anspruch.

Nun ist ja bei McDonald's von »kontinuierlicher Beratung und Betreuung« des Lizenznehmers die Rede: »Wenn McDonald's eine Lizenz vergibt, sollten sie doch versuchen, ihren Lizenznehmern zu helfen, wenn irgendwo Probleme sind«, sagt Helga Weiß, Ex-Managerin des Restaurants in Kaiserslautern, »die sind nie zu uns gekommen und haben gesagt: Komm her, ich zeig' dir, wie's geht.«

Offensichtlich fehlte bei McDonald's die rechte Bereitschaft zur Zusammenarbeit. Statt dessen kamen immer wieder unangemeldet Kontrolleure in den Laden und setzten sich mit Stoppuhren in den Einzugsbereich der Kassen: »Am Wochenende, wenn der Laden gerammelt voll war und vor jeder Kasse zehn Leute standen, haben die gestoppt, ob auch jeder in einer Minute bedient wird. Das war natürlich unmöglich«, sagt Salentine. Und seine Ex-Managerin:

»Wenn eine von fünf Kassenkräften nicht die von den Standards geforderte Freundlichkeit zur Schau trug, wurde das von denen so bewertet, als stünden an allen fünf Kassen nur Muffel. Da hätte man doch wenigstens für die restlichen vier Kassen Punkte geben müssen.«

Aber die Company zog die Daumenschrauben knallhart an. Ein anderer Lizenznehmer meint: »Wenn McDonald's-Tester ein Haar in Hamburgern finden wollen, dann finden sie auch eins. Sehen Sie sich nur das Manual (Handbuch) an, das jeder Lokal-Besitzer bis aufs Komma befolgen muß. Es ist dicker als die Bibel, und kein normaler Mensch kann all die verlangten Standards wirklich erfüllen.«

Um zu zeigen, daß die Kritik, die das Zentralmanagement aus München an ihm übte – das Restaurant stand nun in der Rangliste der McDonald's-Tester auf Platz 138 von 156 –, doch sehr stark relativiert werden müsse, ließ Salentine eine Befragung bei 1000 Gästen durchführen: In der Qualitätsfrage antworteten 92,3 Prozent mit »sehr gut« und »gut«, 7,7 Prozent nur mit »befriedigend« beziehungsweise »schlecht«. Beim Service waren 82,9 Prozent der befragten Gäste positiv angetan. Doch das alles sollte nicht nützen. Immer wieder wurde Salentine aufgefordert, sein Lokal an den Konzern zu verkaufen, doch er weigerte sich standhaft. Also observierten die Supervisoren weiterhin den Store und hatten alles mögliche zu bemängeln. Der Lizenznehmer: »McDonald's ist Polizei und Gericht in einem; es gibt keine neutralen Tests; wenn McDonald's sagt, dieser grüne Apfel ist blau, dann ist er blau.«

Mindestens einmal im Jahr erstellt McDonald's eine Liste sogenannter »Problem Stores«, die Schwierigkeiten mit dem Umsatz haben. Die Liste wird an die Agentur geschickt, die sich durch verstärkte Werbung um diese Läden kümmern soll. Salentines Restaurant wurde nicht als »Problem Store« eingestuft. Keinem der anderen Lizenznehmer in Deutschland wurde bisher die Lizenz entzogen. Warum also ausgerechnet ihm?

Der Durchschnittsumsatz des Ladens pro Gast zählte, unter anderem wegen der in Kaiserslautern stationierten US-Soldaten, mit zu den höchsten in der Republik. So betrug der sogenannte »average check« (Durchschnittsumsatz pro Gast) im Juli 1981 im BRD-Mittel 4,89 DM; Salentines Geschäft lag bei 7,68 DM. Im übrigen hatte der Store zwischen 1978 und 1982 einen Jahresumsatz zwischen 3,1 und 3,6 Millionen DM.

Schließlich zogen die Kontrahenten vor Gericht. In erster Instanz bot der Konzern einen Kompromiß an: Salentine sollte 1,5 Millionen DM bekommen und dafür das Lokal räumen. Der Amerikaner lehnte ab und verlor den Prozeß: »Da ich nur einen Unterpachtvertrag hatte, war ich in einer schwachen Position.«

In zweiter Instanz wollte Salentine den Vorschlag, schon leicht zermürbt und angeschlagen, akzeptieren – aber jetzt wollte McDonald's nicht mehr: »Die sagten zu mir, ich hätte jetzt zwei Möglichkeiten – ich könnte mir einen Sattelschlepper nehmen und die ganze Einrichtung mitnehmen, oder ich könnte alles dalassen und 60 000 Mark akzeptieren«, klagt Salentine.

Er verlor auch den zweiten Prozeß und mußte das Lokal am 17. August 1983 räumen. Nach dem Rauswurf des Lizenznehmers übernahm das Unternehmen den florierenden Betrieb in eigener Regie. Und seitdem werden von den Inspektoren der Hackordnung offensichtlich andere Kontrollmaßstäbe angelegt: »Diese Prüfer müssen blind sein, oder sie sind es gewohnt, Dreck und Chaos zu sehen«, meinte ein Mitarbeiter im Sommer 1984 in dem seit einem Jahr firmeneigenen Store, »die schauen sich im Erdgeschoß des Ladens nicht einmal richtig um. Denen scheint ein Blick auf unsere Uniform und unsere Namensschilder das einzig Wichtige.« Und eine Kollegin sagte: »Wenn die Leute vom Management hier reinkommen, fühlt sich jeder von den Mitarbeitern niedergeschlagen – in diesem hübschen Idiotenladen ersten Ranges. Wenn man auch nur durchschnittlich intelligent ist, muß einem die Arbeit hier zum Horror werden.«

Kurz vor Übergabe des Stores in Kaiserslautern an die Company schrieb im August die Lokalzeitung »Rheinpfalz«: »Ihre Zukunft ist völlig ungewiß«; gemeint waren die rund 60 Mitarbeiter des Salentine-Restaurants, denen der Boß zum 17. August 1983 gekündigt hatte, da er zu diesem Zeitpunkt den Store dem Lizenzgeber übergeben mußte. Schließlich, kurz vor der Übergabe, ließ sich das Unternehmen doch auf eine Aussage zu diesem Problem ein: Die Arbeitnehmer würden »mit gleichen Rechten und Pflichten« übernommen. Zumindest das Management, allen voran Helga Weiß, Geschäftsführerin, bekam davon nichts zu spüren: »Das Management sollte auf jeden Fall rausgedrückt werden. Die erfinden dann Gründe oder vermiesen es einem. Ich mußte dann Tische abräumen und Abfall beseitigen. Daß ich nach der Store-Übernahme 1000 Mark weniger verdienen und ganz normale Hilfskraft sein sollte, das habe ich nicht eingesehen.« Helga Weiß wurden vier verschiedene Arbeitsverträge angeboten, die sie alle nicht akzeptierte, weil von »gleichen Rechten und Pflichten« keine Rede sein konnte: »Dann haben die mir die Zahlung vom Gehalt verweigert, weil sie einen unterschriebenen Arbeitsvertrag haben müßten, um es in den Computer einzugeben.« Sechs Wochen lang bekam Helga Weiß kein Gehalt.

Schon bevor Salentine den Store endgültig hergeben mußte, hatte sich Frau Weiß bei mehreren Läden von McDonald's beworben: »Ich hatte jedesmal eine mündliche Zusage mit einem Einstellungstermin, und acht Tage später kam dann die Absage.« Schließlich, nach Einschaltung der Gewerkschaft und des Arbeitsgerichts, bekam Helga Weiß doch noch einen halbwegs zufriedenstellenden Vertrag. Dann hatte sie aber keine Lust mehr: »Auf meinen Vorschlag zum Aufhebungsvertrag sind die gleich eingegangen.« Frau Weiß bekam 6 000 Mark Abfindung.

In den folgenden Wochen sollte sie erleben, was eine vierjährige McDonald's-Karriere mit dem Abschluß als »Manager« wert ist; eine Lehre als Arzthelferin hatte sie 1979 abgebrochen, ein Wiedereinstieg kam vor allem »wegen neuer Untersuchungsmethoden« nicht in Frage. »Die Chancen, etwas anderes zu machen, sind sehr schlecht, wenn man bei McDonald's mal Manager war«, sagt Frau Weiß. »Da können Sie in keinem Hotel oder keiner Gaststätte unterkommen. Die Chancen sind gleich Null: Ich bin beim Arbeitsamt unter 'schwer vermittelbar' eingestuft.« Im Frühjahr 1984 fand die Ex-Managerin schließlich einen Job in einem unabhängigen Fast-Food-Laden am Rande der Stadt Kaiserslautern.

Ex-McDonald's-Franchisee Salentine hatte aber noch nicht aufgegeben und stritt weiter gegen das Vertragswerk des Lizenzgebers: »McDonald's hat sich nicht fair verhalten, und ich will mein Recht. Ich als Amerikaner bin nicht stolz darauf, daß McDonald's eine amerikanische Gesellschaft ist. Diesem System geht es nur ums Geld.«

Im Frühjahr 1984 erhielt der streitbare Lizenznehmer ein Schreiben von einer seiner vormals Angestellten: »Ich habe niemals geglaubt, wieviel Macht Geld bedeuten kann, bis zu Ihrer Auseinandersetzung mit dem Unternehmen. Ich mußte erkennen, daß egal, ob man im Recht oder Unrecht ist, derjenige, der das Geld hat, alles erreichen kann.«

Zwischen dem Beginn seiner Wirtsarbeit (August 1977) und dem Rauswurf knapp sechs Jahre später hatte Salentine 20,5 Millionen DM umgesetzt und an die Münchener Zentrale des Konzerns 3 706 489,37 DM bezahlt: unter anderem für Werbung 693 849,32 DM, an Lizenzabgaben 804 266,93 DM und für Miete 2 028 373,12 DM.

Russel Salentine pochte auf sein Recht und kämpfte weiter gegen den nach seiner Ansicht sittenwidrigen Lizenzvertrag; er hatte Anwalts- und Gerichtskosten von über 400 000 DM selbst aufzubringen. Am 3. Oktober 1984 schließlich erklärte der VIII. Zivilsenat des Bundesgerichtshofes in Karlsruhe den Lizenzvertrag für rechtens und verwies die Parteien zur weiteren Verhandlung der »Kündigungsgründe« zurück an das Oberlandesgericht ...

Der Fall Salentine scheint symptomatisch für den Trend bei den Großen des Fast-Food-Business, Franchiserechte nach der Phase der Etablierung eines Restaurants zurückzukaufen, ausgewählte Betriebe in strategisch günstiger Lage firmeneigen weiterzubetreiben. Die Motivation hinter diesen Bemühungen scheint simpel: Das Geschäftsrisiko ist nicht mehr gegeben, und der Wert der Immobilien steigt mittel- und langfristig.

Einflußreiche Verbündete für ihre großen Familien fanden die Väter der Hamburger-Imperien in anderen Konzernen. Lizenznehmer von Burger King in den USA wurden das größte Omnibusunternehmen des Landes *Greyhound* und die Warenhauskette *Woolworth.* Aber auch die blauen Uniformen der US-Marine haben im August 1984 einen neuen Alliierten im Partner-Look: Demnächst werden die Blaukittel der McDonald's-Angestellten auf 300 US-Marinebasen in aller Welt Dienst leisten. Der Konzern hat mit der Versorgungsgesellschaft der US-Marine Navresso einen zehnjährigen Exklusivvertrag abgeschlossen: »Wir sind überglücklich, Sie an Bord willkommen heißen zu dürfen«, begrüßte ein führender Offizier die Lizenzgeber aus Chicago. Klar, warum McDonald's sich mit der US-Marine arrangiert. Der Store auf dem Pendleton-Stützpunkt in Oceanside in Kalifornien machte schon seit Jahren mehr als den doppelten Umsatz eines normalen McDonald's-Ladens. Und das hoffnungsvolle Militärprojekt mit der Navy hilft dem Burger-Konzern, die fünf Kontinente zu erschließen.

Die Mäuler im Sturm erobern

»Wir werden die Größten sein.« (Walter Rettenwender, Präsident von McDonald's Deutschland, Österreich, Luxemburg und Liechtenstein)

Bei einem Empfang bedeutender Wirtschaftsführer im Weißen Haus 1972 trat Präsident Richard M. Nixon auf einen der Gäste zu und fragte ihn: »Wie viele sind es jetzt, acht oder neun Milliarden?« »Zwölf Milliarden, Mister President«, lautete die Antwort. Nixon, dessen Bruder Donald selbst ein Familienrestaurant besaß, wo er als Spezialität des Hauses *Nixonburger* anpries, zeigte sich beeindruckt: »Donnerwetter, ist das nicht wunderbar?!«

Gast des Präsidenten war Ray Kroc, der Schöpfer von McDonald's. Als Sohn eines böhmischen Einwanderers 1902 in Oak Brooks bei Chicago geboren – unweit des Ortes, wo heute die Zentrale des Hackfleisch-Imperiums steht – war Ray Kroc in ärmlichen Verhältnissen aufgewachsen und hatte nicht einmal die Grundschule erfolgreich abgeschlossen. Er jobbte sich ein Leben lang durch, unter anderem als Barpianist. Schon in den Fünfzigern angelangt, als er gerade als Vertreter für Multimixer umherreiste, fiel ihm in Kalifornien ein geschäftiger Imbißstand für Hamburger auf, den die Brüder Dick und Maurice McDonald betrieben.

In den fünfziger Jahren gab es über das Land verstreut überall schon kleine Hamburger-Buden. Aber was die Brüder McDonald so erfolgreich machte, war ihr besonderes System von Rationalisierung der Arbeitsschritte und Hygiene am Arbeitsplatz, kombiniert mit Tempo und Preiswürdigkeit. Sie hatten ein sehr begrenztes Angebot, spezialisiert und durchdacht, herstellbar in wenigen Schritten und mit ein paar Griffen nach dem Vorbild einer Fließbandproduktion. Kroc war fasziniert.

Die fleißigen Brüder hatten sogar schon Lizenzen für ihr System an interessierte Nachahmer verkauft. Kroc, trotz seines Alters sehr unternehmerisch denkend und risikobereit, bot sich den Brüdern als ihr Vertreter an und schuftete rund um die Uhr. Er lernte so das McDonald's-System bestens kennen. Bald pumpte er Geld von seiner Bank, um den Buletten-Brüdern ihr gastronomisches System abzukaufen. Die verlangten dafür allerdings die happige Summe von 2,7 Millionen Dollar – für Kroc damals ein Haufen Geld. Trotzdem kaufte er und rächte sich wenig später, als er erfuhr, daß die beiden McDonald ihren alten Laden behalten und einfach auf den Namen *Mac's Place* umgetauft hatten. Er ließ auf der gegenüberliegenden Straßenseite eine exakte Kopie ihres Restaurants aufstellen mit dem Namen *McDonald's.* Erst jetzt gaben die Brüder auf.

Die Mäuler im Sturm erobern

»Wir werden die Größten sein.« (Walter Rettenwender, Präsident von McDonald's Deutschland, Österreich, Luxemburg und Liechtenstein)

Bei einem Empfang bedeutender Wirtschaftsführer im Weißen Haus 1972 trat Präsident Richard M. Nixon auf einen der Gäste zu und fragte ihn: »Wie viele sind es jetzt, acht oder neun Milliarden?« »Zwölf Milliarden, Mister President«, lautete die Antwort. Nixon, dessen Bruder Donald selbst ein Familienrestaurant besaß, wo er als Spezialität des Hauses *Nixonburger* anpries, zeigte sich beeindruckt: »Donnerwetter, ist das nicht wunderbar?!«

Gast des Präsidenten war Ray Kroc, der Schöpfer von McDonald's. Als Sohn eines böhmischen Einwanderers 1902 in Oak Brooks bei Chicago geboren – unweit des Ortes, wo heute die Zentrale des Hackfleisch-Imperiums steht – war Ray Kroc in ärmlichen Verhältnissen aufgewachsen und hatte nicht einmal die Grundschule erfolgreich abgeschlossen. Er jobbte sich ein Leben lang durch, unter anderem als Barpianist. Schon in den Fünfzigern angelangt, als er gerade als Vertreter für Multimixer umherreiste, fiel ihm in Kalifornien ein geschäftiger Imbißstand für Hamburger auf, den die Brüder Dick und Maurice McDonald betrieben.

In den fünfziger Jahren gab es über das Land verstreut überall schon kleine Hamburger-Buden. Aber was die Brüder McDonald so erfolgreich machte, war ihr besonderes System von Rationalisierung der Arbeitsschritte und Hygiene am Arbeitsplatz, kombiniert mit Tempo und Preiswürdigkeit. Sie hatten ein sehr begrenztes Angebot, spezialisiert und durchdacht, herstellbar in wenigen Schritten und mit ein paar Griffen nach dem Vorbild einer Fließbandproduktion. Kroc war fasziniert.

Die fleißigen Brüder hatten sogar schon Lizenzen für ihr System an interessierte Nachahmer verkauft. Kroc, trotz seines Alters sehr unternehmerisch denkend und risikobereit, bot sich den Brüdern als ihr Vertreter an und schuftete rund um die Uhr. Er lernte so das McDonald's-System bestens kennen. Bald pumpte er Geld von seiner Bank, um den Buletten-Brüdern ihr gastronomisches System abzukaufen. Die verlangten dafür allerdings die happige Summe von 2,7 Millionen Dollar – für Kroc damals ein Haufen Geld. Trotzdem kaufte er und rächte sich wenig später, als er erfuhr, daß die beiden McDonald ihren alten Laden behalten und einfach auf den Namen *Mac's Place* umgetauft hatten. Er ließ auf der gegenüberliegenden Straßenseite eine exakte Kopie ihres Restaurants aufstellen mit dem Namen *McDonald's.* Erst jetzt gaben die Brüder auf.

Ray Kroc: »Ratte frißt Ratte, Hund frißt Hund. Ich bringe sie um, bevor sie mich umbringen. Das ist amerikanische Überlebenstechnik.«

Alles, was Kroc fortan machte, war, das System der Mc-Brüder zu perfektionieren und für andere Standorte und Situationen übertragbar zu machen; zu vergrößern und eine echte Kette daraus zu gründen, die wiederum eine Rationalisierung durch Liefervereinbarungen en gros möglich machte. Kroc hatte einen guten Riecher fürs Geschäft und die Zeichen der Zeit – und keine schlechten Ellenbogen.

»Des einen Mannes Hunger ist des anderen Mannes Fest.« (Ray Kroc, hier bei der Feier des fünfjährigen Bestehens von McDonald's unter seiner Führung)

Nach anfänglichen Expansionsproblemen schlug das System ein. Die Keimzelle zu einem Imperium war angelegt, an das der ehemalige Handelsvertreter niemals auch nur im Traum gedacht hatte: McDonald's ist eine der größten Erfolgsgeschichten des US-Business geworden – eine lebende Legende. McDonald's ist heute das, was jedes andere gastronomische Unternehmen des industriellen Zeitalters gerne sein möchte: der größte Koch der Welt.

»Die Geschichte des McDonald's-Konzerns ist im Kern eine Farce der Aufsteigersaga im Kapitalismus, errichtet mit schäbigen Geschäftspraktiken. McDonald's ist moralisch eine völlig korrumpierte Organisation, die sich legal im System entwickelt«, schrieb 1973 das angesehene US-Nachrichtenmagazin »Time« in seiner Titelgeschichte über das explosiv wachsende Schnellimbiß-Imperium. In einem tempelähnlichen Büro, in der »McDonald's Central«, dem Verwaltungsgebäude, regiere der alternde Bulettenpräsident, umgeben von weisen Sprüchen der Griechen Demokrit und Plutarch, der US-amerikanischen Unabhängigkeitserklärung, einer Büste von Abraham Lincoln, der Statue von Ronald McDonald, dem Firmenclown, einem Kuh-Denkmal und der monströsen Prozellannachbildung des berüchtigten *Big Mäc.*

»Es gibt ein Kreuz, das man tragen muß, wenn man Führer eines großes Unternehmens ist: Auf dem Weg nach oben verliert man eine Menge Freunde«, meinte der McDonald's-Schöpfer in seiner Autobiografie. »Es ist einsam an der Spitze.«

Das eigentliche Herz der Zentrale sei der *Think Tank,* ein Mekka der Hamburgerologen, berichten die Journalisten Boas und Chain in ihrem 1977 erschienenen Buch »Big Mac«. Der hermetisch umschlossene Raum sei mit Ampeln gesichert und nur in absoluter Stille, barfuß und unter gedämpftem Licht zu betreten. Davor werde der Besucher einem Testgerät anvertraut, welches seine Hirnströme auf einem großen Bildschirm bunt wiedergebe. Nach dieser »Gehirnwäsche« lasse sich der Manager in die samtigen und rosa-fleischfarbenen Wände der mächtigen Gebärmutter des Imperiums infantil fallen. Dieser Tempel sei die Brutstätte der Fast-Food-Philosophie.

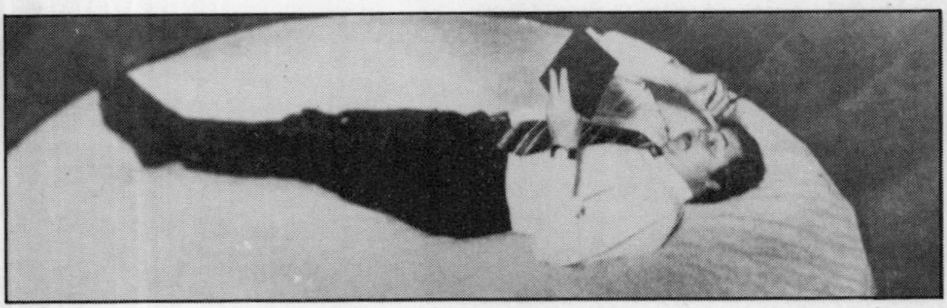

»Wir nehmen den Hamburger etwas ernster als die anderen.« (Unternehmensphilosophie auf dem Wasserbett in der McDonald's-Zentrale in Chicago)

Die wundersame Vermehrung

»Ich habe einen Sohn - er heißt Fred Turner«, erklärte Hamburger-Kaiser Kroc 1968 und machte Turner zu seinem Nachfolger. Er hatte den 23jährigen unter seinen Lizenznehmern rekrutiert und ließ den Jungmanager strebsam schulen. Fred Turner blieb Chef und regiert auch heute, in den achtziger Jahren, den Gastronomiekonzern effizient und eher still.

»McDonald's umfaßt die Ideologie des freien Unternehmertums und der unbegrenzten Wachstumsmöglichkeiten, verwirklicht durch Beharrlichkeit, Bestimmtheit und Ehrenhaftigkeit, und strebt die Verkörperung der höchsten Normen im Geschäftsleben an. Dabei spiegelt es die Qualitäten von Integrität und Moral wider, insbesondere in seinem Verhältnis zu Kunden und Mitarbeitern.« (The Vision of McDonald's)

Im Winter 1984 starb Raymond Kroc nach 29 Geschäftsjahren im Bulettenreich als einer der wohlhabendsten Männer der USA. Er hinterließ mit 81 Jahren seiner zweiten Frau Joan gut 1,7 Milliarden Mark und die Kontrolle über ein Zehntel aller McDonald's-Aktien. In der Lobby des neuen Verwaltungsgebäudes des Konzerns wurde zur Erinnerung an den großen Unternehmer ein gewaltiges Bronzemonster moderner Kunst aufgepflanzt, eine Art Monstranz von mehreren

Metern Höhe ziert die Saalwand, und in ihrer Mitten – wie alles anfing – mahnt Krocs erstverkaufter Multimixer ...

»1955 wurde ja das erste Restaurant von Ray Kroc in Amerika eröffnet«, erläutert Marketing-Chef Rolf Kreiner stolz die Genesis des McDonald's-Unternehmens. »Es ging dann verhältnismäßig rasch: 1960 gab es schon das 200., 1963 das 500. Restaurant. 1967 gab es den ersten Schritt außerhalb von Amerika nach Kanada. Das 1 000. Restaurant wurde 1968 eröffnet, und dann ging es eigentlich Schlag auf Schlag: 1971 wurde das erste Restaurant außerhalb von Nordamerika eröffnet, und zwar in Holland, in Zaandam; im selben Jahr, im Dezember, war auch Deutschland dran, und dann ging es weiter: 1974 das 3 000. Restaurant in England, '76 das 4 000. Restaurant in Montreal zur Olympiade; 1978 war das 5 000. Restaurant in Japan; 1980 das 6 000. hier in München; 1982 das 7 000. und 1984 das 8 000. Restaurant bei Atlanta in den Vereinigten Staaten. Die Umsatzentwicklung möcht' ich mal auf die letzten zehn Jahre mit zwei Zahlen beschränken: Der Umsatz in den letzten zehn Jahren wuchs von 1,9 Milliarden Dollar 1974 auf 10,6 Milliarden Dollar 1984 ... Und in der Bundesrepublik rechnen wir nach Kunden. Wir dürfen heute sagen, daß wir zirka 500 000 Kunden täglich in unseren Restaurants haben, und weltweit dürften das etwa 14 bis 16 Millionen pro Tag sein.«

Anders als im Bereich der Sachgüter sind in der Fast-Food-Branche große Umsatzsteigerungen langfristig nur durch die Erhöhung der Zahl von Abspielstellen für die Einheitsmenüs machbar. Nur durch Multiplikation und Kettenwachstum läßt sich das Potential eines Schnellfutter-Systems wesentlich ausweiten. Bis zu Beginn der siebziger Jahre wuchsen die Ketten der Schnellgastronomie vor allem daheim in den Vereinigten Staaten von Amerika. In den siebziger Jahren waren McDonald's, Burger King, Kentucky Fried Chicken und Wendy's so groß, daß sie an Marktexpansion nach Übersee dachten. In Europa war mittlerweile die Bedürfnisstruktur entsprechend dem Wandel der Arbeits- und Konsumssphäre verändert. Limonadenhersteller wie Pepsi-Cola und Coca-Cola waren seit Jahren erfolgreiches Vorbild und ermutigten zum Sprung über den Ozean.

Während sich dann gegen Ende der siebziger Jahre in den USA das Wachstumstempo der Fast-Food-Industrie verlangsamte, hatten die Burger-Griller, allen voran McDonald's, bereits die Grundlagen für ein weltweit expandierendes Netz von Betrieben geschaffen. Der selbstgestellte Auftrag, die Europäer vom heimischen Herd zu vertreiben, war zunächst eine opferreiche Mission. Die Investitionen waren kostspielig – aber eben langfristig angelegt. Mit strategischem Gespür wurden neue Märkte entwickelt; an Gewinne war vorerst nicht zu denken. Die Industrie baute auf die Zukunft mit patriotischem und hoffnungsvollem Sendungsbewußtsein: »Wir atmen den Geist, und wir glauben an die Ideologie des freien Unternehmertums und seines grenzenlosen Wachstums, erschaffen aus Beharrlichkeit, Sendungsbewußtsein und Anstand. Wir streben nach der Verkörperung der höchsten Werte des Geschäftssinns.« (McDonald's-Vision, An International Statement)

Die Umsätze der Hamburger-Pioniere von McDonald's im Ausland stiegen von 1975 (772 Millionen Dollar) um fast ein Drittel bis 1980 (zirka eine Milliarde Dollar) und erreichten schon nach neun Jahren 1984 nahezu das Dreifache: etwa zwei Milliarden Dollar.

Der Konzern holte die Ernte ein: Allein 1983 stieg der Umsatz im internationalen Geschäft um ein Drittel im Vergleich zum Vorjahr, während der Gewinn sich um gute 27 Prozent erhöhte. Jährlich eröffnet McDonald's etwa 500 neue Lokale, fast die Hälfte davon im Ausland. Alle zwei Tage werden irgendwo auf der Welt drei neu McDonald's-Stores aufgemacht.

Mitte der achtziger Jahre halten die US-amerikanischen Fast-Food-Ketten in über 50 Ländern außerhalb der Vereinigten Staaten bereits 5 000 Burger-Bastionen. Und das ist erst der Anfang. Sie planen, vor allem in Westeuropa und Südostasien stärker in die Märkte einzubrechen.

Der Branchenzweite Burger King hatte sich mit seiner kulinarischen Expansion nach Übersee jahrelang eher zurückgehalten. Er baute seine ersten Filialen in Europa erst in der zweiten Hälfte der siebziger Jahre auf und profitierte somit von der McDonald's-Pionierarbeit, was Food-Technologie und Bekanntheit des Produkts anging. Zehn Jahre später will man nun zur Offensive übergehen, und Konzerngründer Jim McLamore macht seinen Deutschland-Managern Mut: »Also, wir sind bedeutend. Wir fühlen uns sehr sicher darin, daß Fast-Food auch in Europa auf dem Kontinent immer beliebter werden wird und in den internationalen Märkten, die wir schon jetzt bedienen. Es wird schon jetzt immer populärer, und wir fühlen uns sehr gut dabei, ein wichtiger Teil der Volkswirtschaft zu sein. Wir sind außerordentlich erfreut, in Westdeutschland vertreten zu sein, weil wir merken, daß wir auf diesen Markt passen. Wir bewundern die wirtschaftliche Stärke und meinen, daß es hier Platz für uns gibt.« 60 Millionen Dollar hat die Muttergesellschaft Pillsbury für die weitere Ausbreitung in Europa verplant – hauptsächlich für die Bundesrepublik und Großbritannien.

»Wir haben jetzt 24 Restaurants in Betrieb in Deutschland – zehn davon von Burger King selbst betrieben, zwölf Franchisebetriebe. Und wir freuen uns darauf, weiter zu expandieren«, meint Deutschland-Präsident John Rollo von Burger King euphorisch anläßlich der Eröffnung des weltersten Hamburger-Lokals auf einem Stützpunkt der US-Streitkräfte im bayerischen Ansbach. »Wir freuen uns auf Expansion auf dem deutschen Markt, denn wir sehen, daß hier ein Schlüsselmarkt ist für die Ausdehnung in Europa.«

Die Frikadellen-Imperien haben sich den Kuchen aufgeteilt: McDonald's bekam die US Marine und Navy, Burger King füttert exklusiv US Army und Air Force. »Der Vertrag mit Burger King umfaßt 185 Restaurants in der ganzen Welt. Wir versuchen, davon soviel in Europa bauen zu lassen, wie wir nur können, und die sich hier rentieren bei unseren Soldaten«, kalkuliert General Leady von den US-Versorgungstruppen in der Bundesrepublik.

Die Buletten-Strategen wissen aus Erfahrung: Jeder Kasernen-Store schafft den doppelten Umsatz eines gewöhnlichen Ladens. Bis Mitte 1986 wird Burger King auf den US-Basen in der Bundesrepublik 15 weitere Scheunendrescher stationieren. Das schnelle Futter im weltweiten Armeeverbund wird den Soldaten das patriotische Gefühl vermitteln, überall daheim zu sein.

Den Burger-Bratern wird andererseits das logistisch perfekte Vertriebssystem im Ausland eine gesicherte Infrastruktur und eine solide Absatzbasis besorgen. Burger King braucht diese Stütze dringend und gerade jetzt zur vorgesehenen Investitionsoffensive in der Bundesrepublik.

Der bundesdeutsche Markt macht Appetit: Für Fast-Food prognostizieren Industriestudien bis zum Jahre 1990, also innerhalb von nur fünf Jahren, ein Umsatzwachstum von 135 Prozent. Im Schlepptau des Marktführers McDonald's entbrennt eine heiße Schlacht um das Milliardengeschäft mit schnellem Essen. Mit seinen über 200 Imbißcontainern und bestausgewählten Standorten steht McDonald's jedoch unangefochten an der Spitze: 1984 speisten hier 160 Millionen Bürger die Burger. Der Abstand zu den Konkurrenten vergrößert sich.

In der Bundesrepublik wuchs der Umsatz des Chicagoer Fleischlaberl-Multis im Jahre 1984 um blanke 87 Millionen Mark an, und das, obwohl gleichzeitig auch noch andere Burger-Händler wie Wendy's, Grillmaster und Burger King hierzulande Umsatzsteigerungen zwischen 15 und 30 Prozent losreißen konnten. Fast die Hälfte des gesamten Wachstums der Branche entfällt auf die Nummer Eins, und in der Kernzelle des Fast-Food-Marktes, bei den Hamburger-Ketten, führt McDonald's die deutsche Hungerhilfe von Sieg zu Sieg:

Die Hamburger-Ketten in der Bundesrepublik

	Netto-Umsätze in Millionen DM		Anzahl der Betriebe	
	1983	1984	1983	1984
Mc Donald's	506,0	593,0	189	207
Burger King	49,9	60,0	22	24
Wendy's	34,0[1]	39,0[1]	15	20
Sam's Quick	18,7	17,2	11	10
Hamburger Farm	15,0	15,0	8	9

[1] Schätzwerte

Die drei US-Amerikaner im Buletten-Business lehren eingeborenen Nachahmern das Grausen: *Nordsee* – zu 81,44 Prozent im Besitz des Unilever-Konzerns – hat die Hälfte seiner Hamburger-Farmen 1985 an die Franquette Deutschland verkauft, einer gemeinsamen Tochtergesellschaft der schweizerischen Nestlé und der französischen Grands Moulin de Paris. Kurt Querfeld, der Vorsitzende der Nordsee-Geschäftsführung, begründete dies mit »Konzentration auf das Geschäft, in dem wir wirklich etwas leisten können« (das Unternehmen betreibt 120 Fischrestaurants und knapp 200 Fischgeschäfte, die meisten mit Fisch-Imbißabteilungen) und in dem man nicht im Schatten übermächtiger Wettbewerber stehe.

Bei Sam's Quick zog sich der Warenhauskonzern Kaufhof aus der Beteiligung frustriert zurück und überließ den Kampf um bundesdeutsche Junk-Food-Süchtige der belgischen Handelsgruppe GB-Inno-BM sowie dem größten Handelskonzern Frankreichs Casino. Dabei hatte zu Anfang der achtziger Jahre der Geschäftsführer von Sam's Quick, Henner Pohl, noch große Pläne gehabt: »Mit Sam's Quick wollen wir Zweite im Hamburger-Markt werden.«

Die relativ hohen Zinsen und die stark überhöhten Mieten in den ausverkauften Innenstädten machen es Nachzüglern nicht einfach, wie geplant zu expandieren: Die schon einmal vor wenigen Jahren euphorisch avisierte Deutschland-Eroberung des Bulettenriesen Burger King blieb aus. Nur 22 Betriebe zählte die Kette 1983, drei Läden mußten sogar geschlossen werden. Mit einem von knapp drei auf sieben Millionen Mark gepuschten Werbeetat und jährlichen Investitionen von mindestens 60 Millionen Mark will der ewig Marktzweite unter den Fast-Food-Riesen (weltweit knapp 12 Milliarden Mark Umsatz aus rund 4 000 Stützpunkten) den in der Bundesrepublik schon fast peinlichen Abstand zu McDonald's verringern. Burger King plant, innerhalb von drei Jahren von mickrigen 24 (Anfang 1985) auf mehr als 120 Einheiten zu erweitern, um so die Basis für wirksame bundesweite Werbekampagnen zu schaffen.

»40 bis 50 Einheiten sind nötig, um für eine Kette eine effektive bundesweite Werbung betreiben zu können«, meint siegessicher McDonald's-Chef Walter Rettenwender. Und so haben, obwohl die Zulieferindustrie anzeigt, daß die Nachfrage an Hamburgern weiter mit zweistelligen Prozentsätzen ansteigt, auch die Manager von Aldi, in der Nahrungsmittelbranche gerne als die »besten Rechner der Nation« bezeichnet, ihre große Offensive in die Welt der Buletten, genannt *Bill Collins*, abgeblasen. Auch in der benachbarten Schweiz schließen die einheimischen Einsteiger (Coop-*Burgerland* und andere) und überlassen die Kundschaft den Amis.

»Ich sage allen großen Handelsunternehmen in Europa«, rät der Generaldirektor der belgisch-französischen Burger-Kette *Quick*, Richard Bourgeois, »wenn ihr die großen Fast-Food-Ketten nicht schlagen könnt, kooperiert mit ihnen, noch besteht die Wahl.«

Durch das Vordringen der Fast-Food-Ketten beginnt in der bundesdeutschen Gastronomie ein gewaltiger Strukturwandel: Mittelständische Betriebe sind bedroht. Die Parallelen zu den Industrialisierungs- und folglichen Konzentrationsprozessen in der Vergangenheit bei der Nahrungsmittelproduktion, der Rohstoffverarbeitung und dem Lebensmittelhandel sind unübersehrbar.

Die Konzentrationserscheinungen auch auf dem Restaurantsektor sind mit jenem ursächlich verbunden: Die Bauern und das Agrobusiness – die Tante-Emma-Läden und die Supermärkte – die gutbürgerlichen Gastwirtschaften und die internationalen Fast-Food-Ketten, das alles sind Facetten und Phänomene des gleichen Prozesses. Konzentration, Monopolisierung und wachsende Abhängigkeiten, Uniformität, Reproduzierbarkeit und Monokultur sind weltweit Folgen: Das Essen muß sich der Technik anpassen; die Technik ist ein Instrument und wird vom Primat der Ökonomie regiert.

Das Kettensystem haben in der Gastronomie viele zu kopieren versucht, und so ist aus einer Hamburger-Monokultur (McDonald's und Burger King etwa) inzwischen eine vielfältige Unternehmens- und Schnellfutter-Palette geworden. Vielerlei Kost ist daraufhin getestet worden, ob man sie, ähnlich wie den Hamburger, als Häppchen bereiten, in Serie fertigen, kühlen und dann schnell erwärmen könne. Es wurde systematisiert und standardisiert. Es wurden Geräte entwickelt – vom Salat- und Gemüse-Waschautomaten bis hin zum automatischen Spiegeleierformer.

Selbst an den Restaurants in Handelsgeschäften ist der Zwang zur Systematisierung und zum Abbau von Personalkosten nicht spurlos vorübergegangen. Um von den Fähigkeiten des Küchenpersonals unabhängiger zu werden, setzt man mehr und mehr Konserven ein, die nur noch erwärmt werden. Es wird nach und nach auf Selbstbedienung umgestellt. Eine Prise McDonald's steckt seitdem in vielen schnellen Gerichten, genau wie in ihrer Servier-Ausstattung.

Die System-Verpfleger sind nicht allein hinter Hamburgern verschanzt. Das Angebot breitet sich vor allem auch in der Backwaren-Industrie aus. Verkauft wird alles Eßbare, was systematisch planbar, im Rohstoff knapp kalkuliert, genormt und vorgefertigt, schnell und mit geringstem Arbeitsaufwand herzustellen ist, womit die Mägen eiligst gefüllt werden können.

Neben diesen Fast-Food-Betrieben im eigentlichen Sinne wächst der Markt der nahen Verwandten, die »Systemgastronomie« mit unterschiedlichem Ambiente und Preisniveau, von Betriebskantinen-Unternehmen über Churrasco- und Maredo-Steakhäuser, Möven-

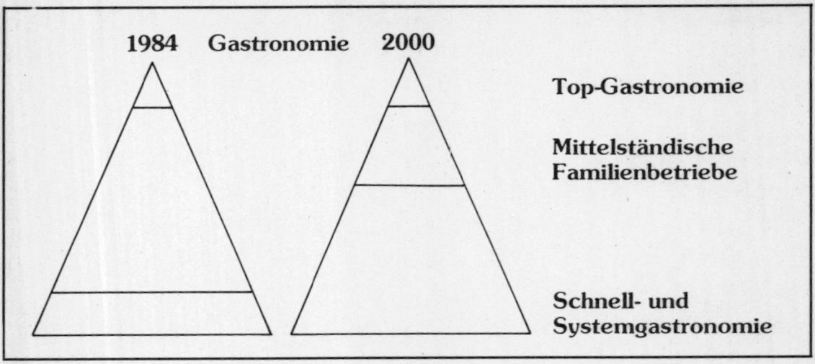

Bis zum Jahr 2000 vollzieht sich in der bundesdeutschen Gastronomie ein gewaltiger Strukturwandel. (Quelle: fast food praxis)

pick und Karstadt-Restaurants bis zu den bayerischen Pionieren vom Wienerwald, die ihre Mißwirtschaft gerade mit einem neuen »Konzept« zu reparieren suchen.

Die Pioniere von McDonald's, Nordsee (Unilever), Kochlöffel (Familienunternehmen van den Berg, dem auch Wäschereien und Anteile in der Fleischwarenindustrie gehören), Burger King (Pillsbury-Konzern), Sam's Quick (Tochter einer belgischen und einer französischen Supermarktkette) und Pic (Tengelmann) erwirtschafteten in der Bundesrepublik 1983 einen Jahresumsatz von über 1,5 Milliarden Mark. Aber auch die Kaufhauskonzerne haben ihre Restaurants zu »Profit-Centers« (Branchenjargon) durchrationalisiert: Auf jede Personalkraft kommen hier jährlich 150 000 Mark Umsatz. Konsumtempel wie Kaufhof, Hertie, Karstadt, Horten, Schickedanz (Quelle), Metro, Wertkauf, Schaper, Breuninger, Ikea & Cie machten 1983 allein mit Mahlzeiten über zwei Milliarden Mark Umsatz. Die System-Wirte von Wienerwald, Maredo, Churrasco, Asado und Co., auf Hühner und Steaks spezialisiert, brachten im gleichen Jahr geschickt drapierte Einheitsware für 1,5 Milliarden Mark an die Esser. Die Kleinstanbieter schließlich, Currywurst- und Schaschlikbrutzler in dunstigen Bretterbuden und Wohnwagen, sind das arme und asoziale Schaustellergewerbe der Kochkunst in der Industriegesellschaft. Am Straßenrand nicht zu übersehen und in Statistiken schwer zu finden. Der Bodensatz der Subkultur wurschtelt sich mit seinen etwa 9 000 Imbißkisten und schätzungsweise zwei Milliarden Mark Umsatz durch den demokratischen Freßmarkt. Die

Hand an der Pfanne halten außerdem einige Metzgereiketten mit ihren Imbißecken wie beispielsweise Vinzenz Murr mit 94 Stehfutterkrippen, die 1984 schätzungsweise 57 Millionen Mark im Jahr erwirtschafteten, und schließlich auch der Mineralölkonzern Aral, der Autofahrern nach dem Tankstopp in seine 125 *Heiße Kisten* zum Mahl lockt.

Dieser Markt mit seinem ganzen Fast-Food-Spektrum expandiert stürmisch in der Bundesrepublik. Die System-Wirte haben in wenigen Jahren ein Drittel des gesamten Gastronomie-Umsatzes von 35 Milliarden Mark (ohne Hotellerie) erobert, davon allein die 30 größten Unternehmen der Branche zwölf Prozent. Ihr Anteil steigt, und das Wachstum beschleunigt sich zusehends.

Die 30 größten Unternehmen der Schnell-, Handels- und Systemgastronomie in der Bundesrepublik[1]

Unternehmen: Vertriebsketten	Umsatz (ohne Mehrwertsteuer) in Millionen DM 1983	1984	Anzahl der Betriebe Ende 1983	Ende 1984
1. McDonald's System of Germany, München: McDonald's[2]	506,0	593,0	189	207
2. BAB-Raststätten und Erfrischungsdienste, GfN, Bonn[3]: Raststätten mit und/oder ohne Bedienung, Erfrischungsdienste	478,4	491,0	285	281
3. Lufthansa Servive GmbH, Frankfurt: LSG-Flugcatering[4]	361,0	400,0	13	13
4. Wienerwald GmbH, München: Wienerwald[2]	325,0[5]	285,4	318	279
5. Deutsche Schlafwagen und Speisewagen GmbH, Frankfurt: stationäre und Fahrbetriebe d. DSG	261,0	271,7	459	511
6. Hertie Waren- und Kaufhaus GmbH, Frankfurt: Hertie-, Wertheim- und Bilka-Gastronomie	244,6	235,0	109	103
7. Kaufhof-Gastronomie Service Gesellschaft, Köln: Kaufhof- und Kaufhalle-Gastronomie	276,7	234,0[6]	184	156
8. Karstadt AG, Essen: Karstadt-Gastronomie	227,0	228,0	146	139
9. Nordsee Deutsche Hochseefischerei GmbH, Bremerhaven: Nordsee-Quick, Nordsee-Snack-Corners, Hamburger Farm	214,0	217,0	308	298
10. Mövenpick Unternehmungen Deutschland, Wuppertal: Mövenpick, Silberkugel[6], Marché	116,0	142,0	22	24
11. Horten AG, Düsseldorf: Horten-Gastronomie	117,0	117,7	58	58
12. Kochlöffel GmbH & Co. KG, Lingen/Ems: Kochlöffel	102,0	102,0	110	110
13. Restaurationsbetriebe Stockheim GmbH & Co. KG, Düsseldorf: Stockheim-Gastronomie	76,0	83,0	18	18
14. Kaub + Kuffler-Gruppe, München: Spatenhaus, Haxnbauer, Ochs'n Willi, Tangente, Doctor Flotte u. a.[2]	68,2	71,7	58	56
15. Block House Restaurationsbetriebe, Hamburg: Block House, Jim's Restaurant + Beef Market	59,5	66,5	18	18

16. CTR-Gastronomie (Accor), Düsseldorf: Churrasco, Barbecue	62,0	64,9[5]	25	25
17. Schweisfurth-Gruppe, Herten (Nestlé): Casserole, von Eicken, Metzgerei-Heißverkauf	32,0[5]	63,4[5]	18[7]	66
18. Burger King Holding GmbH, Wiesbaden: Burger King	49,9	60,0	22	24
19. Maredo GmbH & Co. Betriebs-KG, Sindelfingen: Maredo Steak & Salat	50,7	57,8	8	11
20. Vinzenz Murr GmbH, München: VM-Imbisse	55,0[5]	57,0[5]	91	94
21. Metro International, Düsseldorf: Metro-, Meister- und Primus-Gastronomie	54,0[5]	55,0[5]	65	65
22. Schickedanz KG, Fürth: Quelle-Gastronomie	50,0	50,0	22	23
23. Wendy Restaurant GmbH, Frankfurt: Wendy's	34,0[5]	39,0[5]	15	20
24. Wertkauf, Karlsruhe: Wertkauf-Gastronomie	35,0[5]	36,5[5]	19[5]	20[5]
25. Hahn-Gruppe, Deidesheim: Weinkrüger[8], Hahnhof	17,0[7]	35,0	18[7]	35
26. Schaper-Gruppe, Hannover: Realkauf-, Extra-, Esbella- und Continent-Gastronomie	32,0[5]	34,0[5]	32	34
27. Hans Reiss KG, Köln: Messegastronomie	30,0[5]	28,0[5]	50	50
28. Aral AG, Bochum: Heiße Kiste[2]	23,0	24,5	125	131
29. Grillmaster-Service, Hamburg: Grillmaster-Schnellrestaurants[9]	18,8	24,5	33	45
30. Ikea-Deutschland, Hofheim/Wallau: Ikea-Gastronomie	20,0	22,6	15	16
Zusammen (1.–30.)	3 995,8	4 190,2	2 853	2 930

Anmerkungen

1 ohne Hotelrestaurants
2 Gesamtumsatz inklusive Franchisebetriebe
3 Pachtbetriebe der Gesellschaft für Nebenbetriebe der Bundesautobahnen (GfN), Bonn
4 keine Gastronomie-typische Absatzsituation
5 Schätzwerte
6 neue Bezugsbasis
7 Werte für 1983 zu niedrig, da seinerzeit keine Angaben über einzelne Vertriebsketten erhoben worden sind
8 Weinkrüger gehört zu je 50 Prozent Hahnhof, Deidesheim und Pieroth, Burg Layen
9 Gesamtumsatz von eigenen, Franchise- und Pachtbetrieben

Quelle: Zeitschrift »Fast Food Praxis« (Deutscher Fachverlag, Frankfurt)

Die einfältige Vielfalt

Schon etabliert sich Fast-Food in immer neuen Nischen: *Vege Burger* (vegetarische Hamburger-Attrappen aus Soja und Reis), *Seafood-Ketten* (mit zum Teil synthetischen Fischprodukten), Süßgebäck-Ketten und *Ethno-Food* (industrialisierte Spezialitätenküche bestimmter Länder und Kulturen). Die einfältige Vielfalt: »Eat and Run« (so heißt tatsächlich eine Hamburger-Kette in den USA).

Während für die geplagten US-Amerikaner Essen und Autofahren zum Grundbedürfnis seit Jahrzehnten gehören, ist *Drive-in* für Europäer noch sehr exotisch. Zur Einweihung des ersten Auto-Restaurants wurde in Würzburg sogar bei Blaskapelle und Dinnerjacket ein Metallbehälter mit dem Namen der anwesenden Prominenz und mit Jubiläumssprüchen verschweißt und feierlich verbuddelt – den Generationen kommender Jahrtausende und Besuchern von anderen Planeten zum Gedenken. Oder war dies ein Begräbnis abendländischer Kultur? Seither tanken bundesdeutsche Pkw-Fahrer Hamburger und Milchshakes am Autoschalter bei McDonald's.

Die schnelle Mahlzeit zwischen Schaltknüppel und Lenkrad findet großen Anklang: Im ersten *McDrive* in Würzburg werden pro Woche über 5 000 Autos abgefüttert. Die Rekordzeit in der Abfertigung liegt bei zwölf Sekunden, und im Durchschnitt lassen die Fahrer in 20 Sekunden am Autoschalter 10,30 DM. »Der Würzburger Betrieb ist ein Pionier-Restaurant für Europa«, jubelt James Ferrar, Marketing-Mann und ehemaliger Opernsänger: »Bescheiden prognostiziert dürften wir im ersten Geschäftsjahr fünf bis sechs Millionen DM Bruttoumsatz machen. McDrive ist *die* Autofahrer-Lösung. Von Anfang an habe ich an unseren Standort geglaubt, und Bürgermeister Weber hat uns dabei wesentlich unterstützt.«

McDonald's neues Autobahn-Konzept in den Vereinigten Staaten dagegen heißt, wie könnte es anders sein, *McStop*. Für die Exklusivlizenz für den Bau von Verkaufsständen an einer US-Highway zahlten die Buletten-Brater der Autobahnverwaltung 37 Millionen Dollar. Reisende werden hier von nun an in zehn Hamburger-Stops die einmalige Chance wahrnehmen müssen, an der McDonald's-Monokultur teilzunehmen. Dennoch regiert die neue Vielfalt: Zu McStop gehört auch eine Autowaschanlage, eine Tankstelle und ein Motel zum Schlafen, und wer nicht genormt schlafen will, mag derweil im angegliederten Supermarkt einkaufen, der 24 Stunden lang geöffnet hat.

In den fortschrittlichen USA hat sich die Fast-Food-Industrie längst schon einer anderen Mahlzeit bemächtigt: das Frühstück.

Unterschiedliche Arbeitszeiten der Familienmitglieder, Mobilität und Vereinsamung haben das traute Bild der Familie am Morgentisch zum Traumbild aus vergangenen Zeiten verkommen lassen, und das Frühstück in der Industriegesellschaft hat nun in den Imbißcontainern ein neues Zuhause gefunden. Ein Stück Zukunft auch für Mitteleuropa, wie die erfolgreichen Tests auf dem Kölner Schnellfutter-Markt mittlerweile belegen.

Fast Food around the clock!

Im Traditionslokal »Im alten Bahnhof« am Düsseldorfer Belsenplatz war im Jahre 1978 ein einfaches Gedeck (Suppe, Hauptgericht und Nachspeise) bereits für 5,40 DM zu haben. Doch das günstige Angebot zog nicht mehr. Gleich nebenan hatte ein McDonald's-Restaurant eröffnet. Obwohl dessen »Menü« sogar teurer war, verzeichnete Josef Vossen, Inhaber des »Alten Bahnhof«, einen erheblichen Rückgang der Essensgäste »vor allem bei jüngeren Leuten bis zu 35 Jahren«. Hinzu komme, so der gestandene Düsseldorfer Wirt, »daß sich immer weniger Gäste, insbesondere an den Wochentagen, noch wirklich Zeit für das Essen nehmen«.

Die Großkonzerne der Kettengastronomie aus Übersee grasen den profitablen bundesdeutschen Markt ab, während in der alten Gastwirtschaft viele Betriebe schließen oder sich unter die Fittiche der Großbrauereien flüchten. Rund 20 000 wechseln jährlich den Besitzer, vor allem zu ausländischen Pächtern, denn jugoslawische, italienische, spanische und türkische Familienbetriebe leben billiger und arbeiten mit Selbstausbeutung.

Irritiert verfolgt das einheimische Gastgewerbe das Phänomen Fast-Food, das sich krebsartig im ganzen Land ausbreitet. Im Jahre 1983 brachten es 20 Unternehmensketten in der Bundesrepublik zusammen auf den Verkaufserlös von über 12 000 mittelständischen Durchschnittsbetrieben.

Fast-Food ist der einzige Bereich der Gastronomie, der hierzulande noch Zuwachsraten erzielt. Während die traditionelle Restaurantbranche 1982 einen realen Rückgang von zehn Prozent gegenüber dem Vorjahr hatte, zählte der Deutsche Hotel- und Gaststättenverband für die Fast-Food-Betriebe ein Umsatzwachstum in gleicher Höhe. Zwar ist der Anteil des Außer-Haus-Konsums in den letzten Jahren insgesamt ständig gestiegen, und 1985 werden schon 16,6 Millionen Personen in der Bundesrepublik an der Außer-Haus-Verpflegung teilnehmen (einschließlich Kantinen), und etwa 350 Millionen Essen werden monatlich heute in Imbissen, Gaststätten, Hotels und Kantinen verzehrt, doch profitieren davon nur die industrialisierten Systemgastronomen.

Gerade die wirtschaftlichen Rezessionsjahre, das lehrte bisher das Beispiel USA, bedeuten Auftrieb für das Hamburger-Geschäft. Das bewahrheitete sich auch zu Anfang der achtziger Jahre in der Bundesrepublik: »Von der Wirtschaftskrise, die der deutschen Gastronomie Einbußen von bis zu 25 Prozent brachte«, sei McDonald's, so Geschäftsführer Rettenwender, »nicht so schwer betroffen – viele Gaststättenkunden steigen einfach auf die billigen Hamburger um.«

»In times of big trouble a man's best friend is a Big Mac« – In schlechten Zeiten ist ein Big Mäc dein bester Freund – schreibt der US-amerikanische Kommunikationswissenschaftler Marschall Fischweck.

Alle Branchen zwischen Landwirtschaft und Verbraucher spüren den Druck, erkennen, daß die Zukunft der Außer-Haus-Versorgung in der Industrialisierung und Rationalisierung liegt und ihre Stärke aus der industriellen Systematik beziehen wird. Doch nur kapitalkräftige Großunternehmen können die Umstellung bezahlen. Folgen werden spürbar: der Verlust an Arbeitsplätzen und an unabhängigen Existenzen.

Das Wachstum der Schnellverpflegungsbetriebe bedeutet eben Gefahren auch für den Lebensmitteleinzelhandel und die traditionelle mittelständische Gastronomie: Jede Umsatz-Mark im Fast-Food-Sektor bedeutet einen Umsatzverlust für den Lebensmitteleinzelhandel von 20 bis 50 Pfennig. Und weil die Kunden der Schnellabfütterung immer stärker zuneigen, investieren europäische Handelskonzerne zum Ausgleich in neue Fast-Food-Bereiche, beispielsweise Nestlé und Tchibo in vorgefertigte Industrie-Backwaren und deren Varianten.

Die US-Pioniere haben mit ihrer Offensive im Wurstland Deutschland auch kleinen Metzgern Narben beigebracht: »Wir Fleischermeister sind gezwungen worden, um existenzfähig zu bleiben, in das Imbißgeschäft zu gehen, uns eine 'Heiße Theke' zuzulegen«, meint ein Dorfschlachter, dessen Familie schon seit 75 Jahren der Beruf in den Knochen steckt. »Die Medien, die Konzentration der Werbung für die Hamburger, da sind wir gezwungen, mitzugehen, weil dem Kunden Bratwurst und Kotelett nicht mehr ausreicht und wir wettbewerbsfähig zu bleiben versuchen.« Er hat sich mit der neuen Verzehr-Situation vertraut gemacht und stellt jetzt selbst Frikadellen her, die von seinen Söhnen mit Mikrogrill und Bratrost bewaffnet der Landbevölkerung verkauft werden – dort, wo McDonald's & Co. nur auf der Mattscheibe des Fernsehers daheim sind. Dies allerdings aus Trotz nach Art des Hauses: »Das schmeckt doch nach gar nichts!« urteilt verächtlich der Fleischermeister über das vielgepriesene, ungewürzte »100 Prozent reine Rinderhack« und verwendet für seine Hamburger mit Profi-Miene Thüringer Mett mit allerlei Zutaten. Aus seiner Innung berichtet er: »Gerade dem kleinen Betrieb machen die Kettenbetriebe sehr zu schaffen und nehmen einen Teil der Kundschaft weg. Und da ist es sehr schwer, im Essensbereich Schritt zu halten.«

Schrittmacherdienste will ein anderer leisten: »Ich heiße Norbert Wurst. Ich bin Fleischermeister und habe ein neues Fleischwarenprodukt erfunden.« Der Name des Tüftlers aus dem 200-Seelen-Ort Thüdinghausen in Südniedersachsen ist zugleich Programm. Auch nach Thüdinghausen ist die Kunde von der modernen Buletten-Kultur durch die Medien frech vorgeprescht und Fast-Food zu einem Grundbedürfnis geworden.

Norbert Wurst ist Frührentner. Bei der Akkordarbeit im Schlachthof war er zum Asthmatiker geworden, und seither, unnütz für die Industrie, fischt er nach Lösungen für die eigene Krise und auch die seines Berufsstandes: »Mir ist die Idee gekommen, weil in der heutigen Zeit alles so teuer ist. Vor allen Dingen für die Jugend und auch für die Bundeswehr, weil die ja kein Geld haben – irgendwas Kostengünstiges herzustellen, zu präsentieren. Und dann kam dann eines Tages, per Zufall, meine Kinder halfen mir da auch noch bei, daß sie sagten: Papa, mach doch mal wieder 'n Hamburger. Als ich in den Kühlschrank guckte, war kein Fleischklops drin, nur Leberkäse, und auch kein Brötchen. Da habe ich mir was einfallen lassen: Habe 'n Toast genommen. Und dann bin ich draufgekommen«, umschreibt der Fleischermeister geheimnisvoll seine Erfindung, »und, da das Produkt noch nicht auf dem Markt war, bin ich dann hingegangen zum Patent-Rechtsanwalt und hab' das patentieren lassen.«

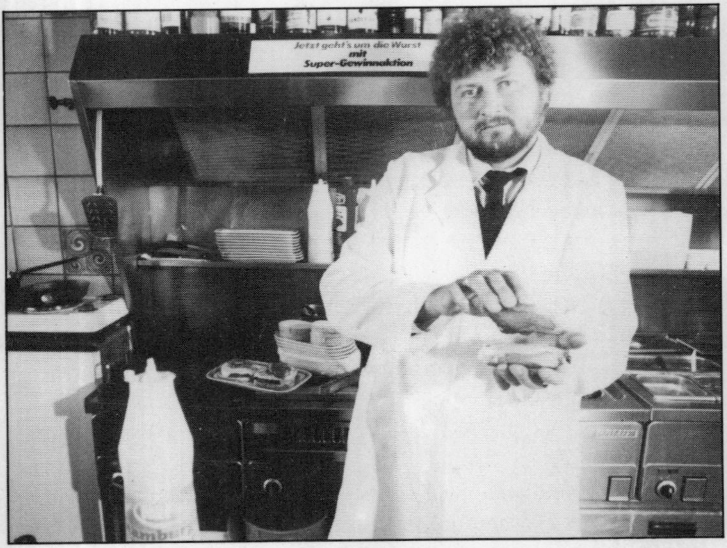

Fast-Food-Pionier Norbert Wurst wollte mit McDonald's ins Geschäft kommen.

Unter Akten-Nummer 3079/1 wurde dem Musterregister des Amtsgerichts Northeim die Wurst-Schöpfung wie folgt beschrieben: »Das Lebensmittelprodukt selbst liegt auf der Serviette und weist in dieser Reihenfolge, beginnend auf der Serviette, folgende für den Geschmacksmusterschutz wesentlichen Merkmale auf: Eine Toastscheibe, eine Fleischkäsescheibe, eine Käsescheibe und eine Toastdeckscheibe. Diese vier Scheiben sind von annähernd quadratischer Querschnittsfläche und fluchtend miteinander ausgerichtet. Wegen der üblichen Herstellungstoleranzen der einzelnen Scheiben kann es, wie das (beigelegte) Farbfoto zeigt, vorkommen, daß einzelne Scheiben seitlich über den Stapel der anderen Scheiben hervorragen. Anstelle der Fleischkäsescheibe kann auch eine in gleicher Weise geformte Leberkäsescheibe Verwendung finden. Der vorerwähnte Grundaufbau des Lebensmittelprodukts aus vier übereinander geschichteten Scheiben kann durch gewisse Zutaten variiert werden. Als solche Zutaten kommen zum Beispiel folgende in Betracht: Auf die Fleischkäse- oder Leberkäsescheibe kann zunächst ein Ring von Mayonnaise gelegt werden, dessen Außendurchmesser etwa der Kantenlänge der beiden Toastscheiben entspricht. Im Inneren dieses Mayonnaiseringes kann eine Füllung von Tomatenketchup vorgesehen sein, auf dieses Bett von Mayonnaise und Ketchup können ringförmig Gurkenscheiben gelegt sein. Auf die Gurkenscheiben kann ein mittiges Polster von Röstzwiebeln gebracht sein, auf das dann die Toastdeckscheibe gelegt wird. Durch diese Zutaten wird einerseits eine geschmackliche Variation des Lebensmittelprodukts erreicht und andererseits die Haftung der Toastdeckscheibe auf ihrem Untergrund verbessert. Es kann sein, daß beim axialen Zusammendrücken der vier vorerwähnten Schichten des Lebensmittelprodukts einige der vorerwähnten Zutaten seitlich zwischen der Fleischkäse- oder Leberkäseschicht herausgequetscht werden, wie dies in der Farbfotografie zu erkennen ist. Gleiches gilt auch für die Käsescheibe, wenn diese bei einer nachträglichen Erwärmung des fertigen Lebensmittelprodukts zum Beispiel im Mikrowellenherd zähflüssig wird. Dieses seitliche Heraustreten von Bestandteilen des Lebensmittelprodukts ist jedoch nicht schädlich, sondern im Gegenteil für den Verkauf förderlich, weil der Endverbraucher auf diese Weise von Bestandteilen des Lebensmittelprodukts Kenntnis nehmen kann, ohne zum Beispiel die Toastdeckscheibe abzudecken.«

Somit ist offiziell festgeschrieben, daß die Eßkultur um ein neues Produkt industrialisierter Phantasieherstellung reicher wurde. Was ein kühner Versuch eines Kleinhandwerkers war, mit der Fast-Food-Invasion der Großketten Schritt zu halten, endete mit der Anbiederung an eben diese. Fleischermeister Norbert Wurst aus Thüdinghausen bot die Erfindung McDonald's an, setzte forsch ein Ultimatum – und bekam einen Korb.

Liebe auf den ersten Biß

Die regionalisierte deutsche Wurstkultur kapitulierte vor dem industrialisierten Einheitsessen aus Übersee. Das verrottete Abendland friert unter der Neonsonne, und mittelalterliche Gemäuer in besten Stadtlagen schrecken wie Geisterbahnen mit der Reklametracht der Imbißkonzerne.

Biß für Biß stieg der Auslandsumsatz bei McDonald's seit dem Beginn der Fast-Food-Offensive vor nunmehr fast 15 Jahren an – stetig, gewaltig. Doch die Entwicklungsarbeit der Plan-Wirte schneller Trivialküche brachte fürs erste noch kaum Profit-Klöße hervor. In Österreich zum Beispiel subventioniert die Konzernmutter noch Mitte der achtziger Jahre den Aufbau einer effizienten Infrastruktur für das menschliche Fertigfutter, und in der Bundesrepublik wurde der kometenhafte, aber auch kostspielige Aufstieg erst im Alter von zehn Jahren einträglich. Über vier Millionen Menschen außerhalb der USA mampfen schon täglich McDonald's Brot für die Welt, doch der Reingewinn nach Steuern verrechnete sich in Chicago in der Zeit großer Investitionen (1964 bis 1981) mit durchschnittlich 3,6 Prozent. Aus dem Ausland beginnt McDonald's erst jetzt großes Geld zu kassieren. Die Erträge sind um ein Drittel gewachsen, McDonald's erntet die Früchte seiner mehr als zehnjährigen Pionierarbeit auf dem alten unterentwickelten Kontinent. Der reiche Branchenführer bezieht bereits mehr als ein Siebtel seines Einkommens aus dem Geschäft im Ausland und rechnet mit einer raschen Beschleunigung dieser Erträge in der kommenden Dekade. Der Anteil am Umsatz war 1982 – trotz Dollar-Power – immer noch 20 Prozent. 1987 sollen es 25 Prozent und zur Jahrtausendwende 35 bis 40 Prozent des Gesamtumsatzes des Konzerns sein.

Das Faustgericht aus den USA markiert heute, wie kaum eine andere Errungenschaft aus dem Arsenal der modernen Zeit, den Übergang von den Regionalkulturen zur einheitlichen Weltkultur. Big Mäc ist das griffige Symbol für den Einbruch der »schönen neuen« in die alte Welt.

Wo die Küche als »Kunst im Alltag« (Kultusminister Jack Lang) gilt, in Frankreich, dem Land der 365 Käsesorten, ist die Zahl der Hamburger-Schuppen in nur sechs Jahren von 50 auf 800 angestiegen. Nur einige Schritte vom Pariser Triumpfbogen entfernt gärt das

Brot des Siegers: Burger King gleich zweimal, O'Kitch, Freetime, Burger Club, Star Burgers, What a Burger, Manhattan Burger, Alphonse Burger, Love Burger ...

In den sieben Pariser Betrieben erzielte Burger King 1982 und 1983 einen durchschnittlichen Umsatzzuwachs von 75 Prozent. Die Hamburger-Epidemie verbreitet sich mit schnellem Biß und ist Beispiel für einen gigantischen Rationalisierungsprozeß. Fast-Food ist erfolgreich, weil solche Rationalisierungsprozesse in allen Bereichen der Gesellschaft immer schneller voranschreiten und selbst das intimste Verhalten in ihren Rhythmus zwängen. Was einst Eßkultur hieß, wird, versteckt hinter poppigen Ablenkungsmanövern, zur elementaren öffentlichen und schnellen Bedürfnisbefriedigung mit der Stoppuhr – gerade billig genug, im Sinne der Effizienz. Am Pariser Montmartre, wo schon schneller Sex und käuflicher Voyeurismus die Intimsphäre von Bürgern und Touristen fließbandtechnisch abfertigt, reihen sich Peep-Shows, Blue-Movie-Schachtelkinos und schmuddelige Abfütterungscontainer für die genormte Instantnahrung eins ans andere. Das weltbekannte und gehobene Eros-Center *Moulin Rouge* flankiert seit kurzem ein *Quick-Hamburger-Store* in Plastikorange.

Erschauernd starren Gourmets und wehleidige Ästheten auf jene durchkalkulierten Freßriten der hemdsärmligen Gastro-Internationale. Allein am Sunset Strip in Los Angeles, der Filmstraße der Welt, zählte einer der unverbesserlich-altmodischen Kulturpessimisten aus Europa 71 Fast-Food-Stopps. McDonald's hat allein im Gebiet von Los Angeles rund 350 Filialen. »Seit langem ist es unser Vorhaben, McDonald's-Restaurants auf jeder Hauptstraße, in jeder Gemeinde zu haben, die es sich leisten kann«, sagt Michael Terry, McDonald's-Manager aus Großbritannien.

Doch vereinzelt regt sich auch Widerstand. Antiamerikanische Kindsköpfe beantworten die Invasion der Industrie mit schwächlichen Terroraktionen. Desperados kämpften in Dublin, Stockholm, Zürich, London und Freiburg mit Streiks, Bomben- und Brandanschlägen, Boykottaktionen und Pflastersteinen gegen die Bulettenmast.

Es gibt auch Einzelkämpfer, zum Beispiel in Österreich. Dort geschah jener Konflikt, den die Gastrophilosophen der Neidgenossenschaft »Lex McDonald's« betitelt haben. Mitten in den Alpen, im

Im Sommer 1984 warb McDonald's in den Niederlanden mit dem Spruch: »Die Russen wissen nicht, was sie vermissen.« Jemand ergänzte: »Aber die Amerikaner wissen nicht, was sie essen!!!«

Land der Würstelstände und Beiseln, fielen die Fleischlaberl-Multis Burger King und McDonald's ein, und seither schmücken Salzburgs traditionsreiche Getreidegasse, im eisengeschmiedeten Zierrat mittelalterlicher Zunftzeichen getarnt, auch die »Golden Arches« aus Chicago, während aus manchem einstigen Wiener Altcafé der Gastronomen-Schreck glotzt.

Der konservative Widerstand regte sich im Regierungssitz, der Wiener Hofburg. Der Freiheitskämpfer gegen die Burger-Okkupation war Hofrat Dr. Petuely. Dem obersten Hüter der österreichischen Lebensmittelordnung waren die US-amerikanischen Profit-Laiberln zu fett: »Was sich Hamburger nennt, muß Steakfleisch erster Qualität sein!«

Faschiertes Steak durfte in Österreich nur fünf, maximal sieben Prozent Fett enthalten. Die Quote im Rinderhack der McDonald's-Hamburger hingegen ist traditionsgemäß dreimal so hoch. Als die Lebensmittelbeschauer auf einem adäquaten Fleischgehalt und entsprechend geringem Fettanteil bestanden, hängte ein Wiener Store kurzerhand einen Hinweis an die Wand: »Unsere Produkte entsprechen nicht dem österreichischen Lebensmittelkodex« – was seinem Geschäftserfolg keinen Abbruch tat.

Wer jetzt erwartet, daß die große Stunde des Hofrats Petuely geschlagen hätte, irrt sich gründlich. Sicher, alles wurde kurz darauf wieder in einen geordneten Zustand gebracht, denn Kamerad Schnürschuh duldet keine anarchistischen Verhältnisse. Aber irgendwie ist der schwierige Konflikt auf verblüffend einfache Weise gelöst worden. Das Erfolgsrezept ist nach wie vor nicht bekannt, nur das Ergebnis dessen, was da ausgekocht worden ist: Hamburger dürfen in Österreich nach einer Neuregelung der Bestimmungen bis zu 17 Prozent Rinderfett enthalten.

Der Wiener Hofrat und Lebensmittelprüfer Petuely ist indes »noch immer nicht glücklich« mit dieser Neuregelung, denn der Fettgehalt der Fleischlaibchen ist ihm nach wie vor zu hoch. Immer wieder kommt es zu Verfahren, bei denen es um Prozente geht: Während der Lebensmittelkodex für faschiertes Rindfleisch nun also höchstens 17 reformierte Prozent Fettanteil zuläßt, ergaben Petuely-Recherchen mitunter »20 bis 23 Prozent« – eben den Normalgehalt bei McDonald's.

Hackfleisch-Ordnung international

»Nobody can like McDonald's can« (Werbespot). Der Konzern verkauft auf vier Kontinenten in mehr als 34 Ländern der Welt und inszeniert seine kulinarische Revolution in allen Ecken des irdischen Jammertals. Eroberungspläne des sterilen Küchenmultis sehen jährlich den Zugewinn von fünf neuen Staaten vor. Im Windschatten segeln US-Konkurrenten und lokale Nachahmer mit: Burger King verkauft in Europa und Australien (dort unter dem beziehungsreichen Namen *Hungry Jack).* Wendy's brät in Europa, Lateinamerika und Asien mit. In Europa und Afrika verkauft die britische Kette *Wimpy* in 750 Bulettenbratereien (169 davon allein in Südafrika). In Großbritannien macht *Little Chef* in 300 Läden Geschäfte. Brasilianer futtern Hamburger bei der Nestlé-Tochter *Bob's.* Italiener drängen zu *Burghy.* Spanier stehen bei *Pokins* an, Mexikaner dafür bei *Burger Boy* und *Big Burger.* Filipinos kauen Buletten bei *Hamburger Machine,* Südkoreaner bei der japanischen Kette *Lotteria* (350 Stores) und so weiter. Rekordhalter ist allerdings der US-Hühnergriller *Kentucky Fried Chicken* mit 1700 Auslandsfilialen in über 50 Ländern der Erde. Seinen größten Jahresumsatz macht der Fast-Food-Konzern in einem malaysischen Laden mit 7,5 Millionen Mark.

»Das Schicksal der Völker hängt von ihrer Ernährung ab«, schrieb schon 1826 der Franzose Jean Brillat-Savarin. Wie wahr ...

Den erfolgreichsten Auslandscoup landete McDonald's ausgerechnet in Japans traditionsreichen Küchen. 1982 überholte der Konzern dort die größte einheimische Küche, *Kozosushi Houbei* und verkauft jetzt die meisten Burger in Nippon in etwa 400 Einheiten. Die Zukunft scheint rosig: Nach Angaben des japanischen Landwirtschaftsministeriums fiel der traditionelle Reisverbrauch pro Kopf der Bevölkerung von 1960 bis 1978 um ein Drittel, während der Fleischverbrauch im gleichen Zeitraum um das Siebenfache zunahm. Mittelfristig rechnet McDonald's im Land der althergebrachten, kunstvoll gestalteten Eßrituale mit einer Kapazität von 1000 Stores. »Die japanische Hamburger-Generation wächst heran, und wir sind da, um sie füttern«, proklamiert Herr Kubo, Werbechef von McDonald's in Tokio. Herr Kubo versteht sein Geschäft. Wegen der herrschenden Vorbehalte gegen die Siegermacht USA wurde die Herkunft der Big Mäcs so geschickt und konsequent versteckt, daß japanische Pfadfinder auf einer US-Tournee in Chicago erstaunt auf einen ganz gewöhnlichen McDonald's-Laden stierten: McDonald's gab es also auch in USA!

»Ein System in der Expansion wie das unsere«, erklärt Deutschland-Chef Rettenwender, »kann nur funktionieren, wenn es sich flexibel an die örtlichen Gegebenheiten anpassen kann.« Die Manager aus Chicago, sonst auf Rekorde und Gigantomanie besessen, spielen – wenn nützlich – die Rolle des größten Kochs der Welt mächtig herunter: McDonald's soll niemals als multinationaler Konzern erkennbar sein. Strengstens ist das Image unabhängiger nationaler Unternehmen zu beachten: »Daß McDonald's einer internationalen Kette angehört, interessiert die Öffentlichkeit nicht«, heißt es im »Marketing-Manual« der Werbestrategen. Und, mit der gleichen Zielsetzung, als Hinweis für Öffentlichkeitsarbeiter: »Es ist McDonald's Politik, die Besuche von geschäftsführenden Managern des Unternehmens in internationalen Märkten nicht zu veröffentlichen.« Von den regelmäßigen Inspektionen des Vizepräsidenten für Marketing, Richard Starmann, in der Münchener Zentrale und seinen Abstechern ins Luxusrestaurant »Feinkost Käfer« soll also niemand erfahren ...

»Das Problem der Delegation scheint bei der Firma McDonald's – und dafür ist sie nicht allein verantwortlich, das ist ein weiter Bereich des gesamten Fast-Food – auch ein internationales zu sein«, resümiert kämpferisch Gewerkschaftsreferent Hessel-Stahl im Hamburger Büro der Nahrungsmittel-Gewerkschaft. »Immer dann, wenn es unangenehme Dinge gibt, wird die Verantwortung nach unten delegiert; und für die angenehmen Dinge, daß heißt für das Betriebsergebnis, da ist McDonald's zuständig. Das funktioniert so, daß in der Bundesrepublik der Eindruck erweckt wird, als sei McDonald's eigentlich ein deutsches Unternehmen. International bezogen stellt sich's aber doch so heraus, daß alles letztendlich in Amerika zusammenläuft und daß von dort auch das System gesteuert und kontrolliert wird. Nur, wenn's darum geht, die Verantwortung für unangenehme Maßnahmen oder Gesetzesverstöße zu übernehmen, dann sind's immer die andern – dann war's immer irgendein ganz Kleiner, ganz unten.«

Daheim in der Zentrale sieht man den Weltmarkt gerade erst auf der »Oberfläche angekratzt«: Außerhalb der Heimat USA, der Gedanke muß den Hamburger-Strategen ein Trauma sein, stehen über vier Milliarden potentieller Kunden nur etwa 1500 McDonald's-Stores zur Verfügung. »Wir beabsichtigen, in Länder rund um den Erdball zu gehen. Heute sind wir in 34 Ländern in der ganzen Welt. Es gibt heute kein Land, das wir ausgeschlossen hätten, was die Möglichkeiten für die Zukunft angeht. Es kommt auf das Land an, und es hängt auch von unserer Fähigkeit ab, mit diesem Wachstum umzugehen«, erklärt der Fast-Food-General Richard Starmann, ehemaliger Soldat der US-»Special Forces«, wie er sich stolz auf einem Waschzettel den Jounalisten vorstellt. Dort wird man in psychologischer Kriegführung gedrillt.

McDonald's-Vize Starmann

Die Premiere des gastronomischen Trauerspiels im Sozialismus ließ lange auf sich warten. Immer wieder gab es Gerüchte um McDonald's Einstieg in Jugoslawien. Als der erste Kooperationspartner der McDonald's-Entwicklungsoffensive, die Belgrader Firma PKB, von den Expreß-Buletten-Technologen aus Chicago schließlich eingeschult war, kam der Verrat: Die Industriespione vom Balkan spürten den aufdringlichen Geruch des »American way of life« aus – und machten fortan weiter auf eigene Rechnung. PKB ließ die Marketing-Bosse aus Chicago allein und fabriziert nun eigene »Jugo-Mäcs«, die sie mittlerweile sogar für fast eine Million Dollar jährlich in die benachbarten sozialistischen Bruderländer exportiert.

Schon zum Ende der siebziger Jahre versuchten die Kapitäne der Fast-Food-Industrie eine Landung in der Bärengrube feindlicher Ideologie: Rußland, die Sowjetunion, Mutterland des Kommunismus, Schreckbild des »freien Westens«, Hort der Gleichmacherei und Uniformität – und dort der demokratische Hamburger? Big Mäc in Feindeshand?

600 000 Besucher der Olympischen Spiele in Moskau versprachen ein Mordsgeschäft zu werden, und die Führer geschmacklicher Gleichschaltung von Burger King, McDonald's, Pizza Hut und Wienerwald biederten sich an, 1980 ihren Sieg aus Moskau zu holen. Den Zuschlag des Politbüros bekamen ausgerechnet die Polit-Burger aus Chicago und Südfleisch-Chef Gottfried Wolff jubelte: »Die Hamburger für die Olympiade in Moskau werden aus Günzburg (von L & O) kommen!«

In der russischen Metropole sollten zunächst zwei McDonald's-Stores eröffnet werden, bevor der Mäc-Boom die Sowjetunion, das flächengrößte Land der Erde, erfassen sollte. Doch kurz vorher platzte das sensationelle Geschäft. Der Vizepräsident für Marketing, Rolf Kreiner, kennt den Hintergrund: »Wir hatten ein unterschriebenes Projekt zur Olympiade 1980 in Moskau, mehrere Restaurants dort zu bauen – das aber durch den Einmarsch in Afghanistan nicht zustande kam ... Es gab ja einen Boykott von Carter, dem wir uns angeschlossen hatten, in der Richtung. Wir konnten nicht sozusagen den Boykott unterlaufen, indem McDonald's nach Moskau ging, aber die amerikanischen Sportler nicht ...«

Burger-King-Konzerngründer McLamore: »Soweit ich weiß, sind eine ganze Reihe von amerikanischen Konsumprodukten sehr erfolgreich in den Ländern des Eisernen Vorhangs eingeführt worden, in den Ostblockländern ... Ich denke, wir sollten unsere Ideen zunächst in der freien Welt verkaufen, in Westdeutschland und in Westeuropa ... ehe wir auch in die kommunistisch dominierten Länder gehen, wo wir sicherlich schwierigere Zeiten haben würden.«

»Also ich würde sagen, in einem gewissen Sinne ist es ein Technologietransfer, ja, auf jeden Fall würde es ein Technologietransfer sein«, sinniert McDonald's-Mann Kreiner: »Es würde in einem gewissen Sinne eine Art von Entwicklungshilfe sein, die auf die Ostblockländer hingehen würde.«

Die Fast-Food-Pioniere haben sich von derartigen Bedenken schließlich doch nicht abschrecken lassen. Mit sicherem Gespür dafür, daß die ungebrochene Euphorie der Länder des »realen Sozialismus« der Industrialisierung gegenüber eine gute langfristige Investition verspricht, verhandelte McDonald's bereits über die Eröffnung von Lokalen in Ungarn, der DDR und Polen. »Es wird jedenfalls niemals den Satz geben: Da stellen wir nie ein McDonald's-Lokal hin. Überall werden wir sie eröffnen!« prophezeit Vizepräsident Dick Starmann in Chicago: »Allein in Amerika ist das noch lange nicht vorbei. Und dann: Sprechen Sie von der Welt? Schon allein die freie Welt... allein die westliche Welt, ich meine... da gibt es drei Milliarden Leute, die noch nicht mit McDonald's in Berührung gekommen sind!« Und in München schmunzelt Werbechef Kreiner: »Wir werden jedes Land auf der Erde aufmachen. China? Eine Milliarde Hungrige warten allein dort auf uns.«

Zu Jahresbeginn 1984 eröffnete der Konzern in Taiwan seine erste Frikadellen-Filiale. Schon im ersten Geschäftsjahr überholte das Lokal mit einem Umsatz von elf Millionen Mark weltweit alle Stores mit dem fast Fünffachen des Durchschnittsumsatzes pro McDonald's-Einheit.

Die Volksrepublik China muß gut eine Milliarde Menschen ernähren: 22 Prozent der Weltbevölkerung haben nur sieben Prozent des landwirtschaftlich nutzbaren Bodens zur Verfügung. In Peking schreibt man deshalb der Industrialisierung der Nahrungsproduktion eine große Zukunft zu. Das hat mit der Herstellung von vorgefertigter Nahrung schon begonnen. 1982/83 wurden zwanzig Fertigungsbänder zur Produktion von Instantnudeln im Ausland gekauft. Die staatliche Planungskommission rechnet in den Wirtschaftsplänen der kommenden 20 Jahre mit einem Anteil der industrialisierten Nahrung in den Städten von einem Drittel und auf dem Lande von einem Fünftel. Peking hat allein im Jahre 1984 in die Nahrungsindustrie soviel investiert wie in den vergangenen 30 Jahren zusammengenommen.

Yi Li (Rechtschaffenheit und Profit) heißt das erste Fast-Food-Geschäft in Peking. Serviert werden Hamburger, Pommes frites, Eis und gesalzene Enteneier. Die Wände schmücken Bilder von Donald Duck, und die Außenfassade ziert die rote Neonschrift »Yi Li – Fast Food«. Etabliert hat sich hier die Fung-Ping-Fon-Fast-Food-Gesellschaft aus der britischen Kronkolonie Hongkong, ein Lizenznehmer der weltumspannenden McDonald's-Familie. 1984 wurde in Peking bereits das dritte Schnellimbißlokal nach westlichem Modell eröffnet.

Fast-Food – das aufgewärmte »Als-ob-Essen« – hat beim bessergestellten Teil der Bevölkerung von Peking eingeschlagen. Der Verdrängungswettkampf des Hamburgers gegen die alteingesessene, mit frischen Nahrungsmitteln arbeitende Imbißkultur Chinas hat begonnen. Und Burger King geht schwanger mit einer Idee: »Wir sind mit einigen Leuten in China im Gespräch«, erklärt geheimnisvoll Ron Patty, der Europa-Vize des Konzerns. »Aber wenn man China kennt, dauert es noch seine Zeit.«

»Ich glaube, daß der Hamburger zu einem Basis-Ernährungsmittel wird, wie Brot, Milch, Eier, Kartoffeln, oder es eigentlich schon ist, und in dem Sinne seine Bedeutung für McDonald's nicht verlieren wird«, deutet der Münchener Werbechef des Konzerns die Zukunft der Erdenbürger. Sein Unternehmen propagiert schon eine neue Namensgebung für sich: »The World's Community Restaurant« (Das Restaurant der Weltgemeinschaft). Und das Ziel internationaler Gleichschaltung liest sich schwarz auf weiß im Projektpapier der Hackfleisch-Technologen (The Vision of McDonald's) wie folgt: »Wir wollen all unser Streben dafür einsetzen, die Jugend aller Länder durch Arbeit (bei McDonald's) auf ihre sittliche Reife vorzubereiten.« – Auf beiden Seiten der Ladentheke, versteht sich.

Wird der Imperialismus der Zukunft ein neues Gesicht haben? Ersetzen Medien die Kanonenboote? Wird jenes Volk, das die Menschen ernährt, die Menschen kontrollieren?

»Die ausländischen Kunden zu lehren, amerikanische Hamburger, Brathühner, Salat und Milchshake zu essen, ist das kleinste der Probleme bei den Auslandsinvestitionen«, resümiert die US-Fachzeitschrift »Nations Restaurant News« im Herbst 1984 und zielt auf die Probleme des technischen Fortschritts. Marketing-Chef Kreiner von McDonald's, der auch mal bei einer großen US-Werbeagentur gearbeitet hat und seine Nähe zur Welt durch Texas-R's und in seiner Rede eingestreute Amerikanismen demonstriert, sieht die fehlende Infrastruktur für Rohstoffe, für Verarbeitung und Werbung als Haupthindernis: »Wir glauben, daß es momentan keinen Sinn hat, in bestimmte Dritte-Welt-Länder zu gehen, weil wir dort einfach andere Bedürfnisse sehen als gerade momentan vielleicht McDonald's. Es bedarf eines gewissen technischen Standards in diesen Ländern, um McDonald's dort überhaupt zu etablieren.«

»Sie müssen wissen, daß das freie Unternehmertum motiviert und angeregt wird durch Profit«, erklärt dazu Industriepionier McLamore von Burger King. »Profit muß das Ergebnis von Anstrengungen sein, damit man auch kontinuierlich wachsen kann. Also die Grundfrage heißt eigentlich: Würden diese Einrichtungen einen Gewinn einbringen? Würden sie das nicht, dann kann man langfristig auch nicht Service erbringen. Aber ich bin der Meinung, daß wir den unterentwickelten Ländern eine Menge beibringen könnten, was Hygiene angeht, gute Produktivität, gute Technologien im Food-Service-Geschäft, die gut für sie wären. Vielleicht ist das eine Gelegenheit?«

Traumrenditen

»Ich erwarte Geld, wie man Licht erwartet, wenn man den Schalter anknipst.« (McDonald's-Gründer Ray Kroc)

Der gastronomische Imperialismus kennt keine Grenzen. McDonald's werde bis zum Jahre 1990 10 000 Stores mit einem Gesamtumsatz von rund 65 Milliarden Mark haben, und zur Jahrtausendwende, wenn alles klappt, werde der Konzern 15 000 Läden dirigieren, 8 500 davon in den Vereinigten Staaten und 6 500 weltweit im Ausland – so beziffern Gastronomieexperten die Planwirtschaft des führenden Fast-Food-Imperiums.

Im Jahre 1984 näherte sich der weltweite Umsatz der McDonald's-Kette dem der drei folgenden Mitbewerber Burger King, Kentucky Fried Chicken und Wendy's zusammengenommen. Im Hamburger-Paradies USA klingeln inzwischen gute 40 Prozent des gesamten Umsatzes der Gastronomie von 460 Milliarden Mark in den Kassen von nur 100 führenden Fast-Food-Ketten.

Das Fast-Food-Business in den Vereinigten Staaten konnte innerhalb von nur acht Jahren (1974 bis 1982) seine Verkaufszahlen um das Dreifache steigern. Die Anzahl der Geschäftseinheiten blieb seit 20 Jahren gleich, während der Umsatzanteil der großen Ketten enorm zunahm: Fast zwei Drittel aller Hamburger wurden 1982 an den Theken der drei expandierenden Buletten-Großhändler McDonald's, Burger King und Wendy's erstanden. Diese starke Tendenz zur Konzentration wird fortdauern. Nach einhelliger Meinung von Finanzexperten wird die Übernahme kleinerer Unternehmen und Kettenbetriebe durch die Riesen der Schnellimbißbranche noch zunehmen und sich beschleunigen. »Das liegt daran«, meint Michael Culp, Wall-Street-Fast-Food-Experte, »daß die Expansionsfähigkeit mit der Anzahl der Restaurants wächst. Wenn man 100 Lokale hat, kann man pro Jahr zehn neu eröffnen, doch hat man schon 1 000, so kann man sogar 100 aufmachen, und der Ertrag wächst dabei durchschnittlich um 15 bis 20 Prozent ... Ein solches Restaurantunternehmen wächst also doppelt, manchmal auch dreimal so schnell wie andere typische amerikanische Unternehmen.«

Die Spirale dreht sich weiter. Und wenn die Umsätze steigen, klettert auch der Kurs der Aktien. Die sind wiederum stärker gefragt bei Spekulanten, die immer schnell wachsende Unternehmen bevorzugen. »Wir denken also sehr positiv über die Fast-Food-Industrie«, meint Culp. Die Wirtschaftsredakteure der »New York Times« kommentieren die Ertragsexplosion beim Branchenführer McDonald's mit dem knappen Urteil: »McDonald's is a cash generator«, eine Geldmaschine.

Zwei Drittel der Aktien des Unternehmens gehören wenigen US-Banken, Versicherungen und Investmentgesellschaften. Das restliche Drittel halten Persönlichkeiten des Geschäftslebens und die Witwe des Konzerngründers. Die Rentabilität des Börsenpapiers ist Legende: Der Höhenflug der McDonald's-Aktien begann 1966 bei einem Kurs von eineinhalb Dollar. Ende 1968 waren es bereits zehn Dollar. Allein 1972 stieg der Kurs von 30 Dollar um 100 Prozent auf 60 Dollar. Angetrieben wurde die »Wall-Street-Rakete« durch eine für die Branche ungewöhnliche Expansion: 1971 beispielsweise erzielte McDonald's ein Umsatzplus von 33,6 Prozent gegenüber dem Vorjahr. Im Jahre 1973 erreichten McDonald's-Aktien mit 77 Dollar ihren vorläufigen Höhepunkt. Investoren, die McDonald's-Papiere am Ausgabetag erworben hatten, sahen deren Wert um mehr als das Fünfzigfache gesteigert. Selbst nach einer Börsenbaisse im Jahre 1979, als viele Unternehmen schwere Einbrüche erlitten, standen McDonald's-Aktien immer noch überdurchschnittlich gut da und waren dreißigmal mehr wert als am Ausgabetag.

»Hier wachsen wir wieder«

Im Schnitt der Jahre 1979 bis 1983 brachte das Börsenpapier den Aktionären eine jährliche Rentabilität von 20 Prozent, und die beispielsweise im Jahre 1982 ausgeschüttete Dividende von 0,79 Dollar pro Aktie lag noch um 25 Prozent über dem Vorjahr (0,63 Dollar für 1981), obwohl der Hamburger-Konzern gerade gewaltige Investitionen in sein expandierendes Auslandsnetz getätigt hatte. US-Makler empfehlen McDonald's-Aktien und prophezeien den Anlegern ein gesichertes und »solides« Wachstum der Erträge von mindestens 15 Prozent im Jahr bis 1990.

Die bundesdeutsche Tochter McDonald's System of Germany der profitablen Frikadellenmutter aus Chicago ist in drei Gesellschaften organisiert: eine für die Restaurantbetriebe, eine für die Serviceleistungen und schließlich eine für die Verwaltung der zahlreichen Immobilien. 1983 machte die Tochtergesellschaft nach den Worten ihres Personalchefs Bernd Müller einen Gewinn von 24 Millionen Mark. Seit dem gleichen Jahr werden ihre Aktien an den Börsen von Frankfurt und München lebhaft gehandelt, in der treusorgenden Obhut der Bayerischen Vereinsbank. Die Gewinne der Mäc-Spekulanten steigen.

Die Mittel für die teuren Immobilienkäufe und die weitere Expansion bringt eine Finanzierungsgesellschaft im Steuerparadies der Karibik auf, die *McDonald's Finance Company N.V. Curacao.* Ihre Schuldverschreibungen in der Höhe von mehreren 100 Millionen Mark waren rasch vergriffen, als sie die Anlageberater in München angeboten hatten. An dem fetten Erfolg der Hackfleisch-Epidemie in der Bundesrepublik, auch für die kommenden Jahre, scheint kein Spekulant mehr zu zweifeln. Denn das Traumziel in der Schlacht um die Mägen der Welt mag so lange nicht erreicht sein, wie der Hamburger-Imperialismus nicht alle Kunden auf das Konsumniveau des US-amerikanischen Bergarbeiters Philip Yazdik gebracht hat. Yazdik hatte bei einem Wettbewerb 77 Hamburger hintereinander gegessen ...

»Vielleicht brauchen wir in 20 Jahren etwas, das noch schneller ist als Fast-Food – vielleicht entwickeln wir dann Sofort-Nahrung«, spottet McDonald's-Lizenznehmer Griffis aus Los Angeles. »Vielleicht brauchen wir dann das, was die im Weltraum essen – du stehst morgens auf und nimmst eine Pille, weil du keine Zeit hast, zu McDonald's zu gehen und zu essen. Das könnte unsere Entwicklung sein. Ich weiß die Antwort nicht. Aber wie auch immer sie ausfällt: Sie können sicher sein, daß McDonald's sie hat!«

Und Geschäftsführer Walter Rettenwender aus der Münchener McDonald's-Zentrale droht enthusiastisch: »Unsere Wachstumsraten sind unbegrenzt, denn wir bieten eine völlig neue Eßkonzeption an ...« Und den rekordlechzenden Journalisten der Zeitschrift »Capital« erklärte der bundesdeutsche Ober-Mäc-Manager: »Wir werden die Größten sein!«

McDonald's als Entwicklungshelfer

Rinderzucht in Lateinamerika: Der Urwald verschwindet …

»Und wieder wird ein Kind geboren. Ärzte, Krankenschwestern und Hilfspersonal laufen hin und her, der Raum wird für das große Ereignis vorbereitet. Die Stunde ist nahezu gekommen, die Möbel werden aufgestellt, sauber und desinfiziert.

Schon spüren wir den Puls des Kindes. Die Stunde nähert sich. Alles ist fast fertig. Wir glauben, daß die Geburt glücklich verlaufen wird. Dieses Kind wird die Welt bei absoluter Gesundheit erblicken, wird aufwachsen mit aller Lebenskraft, von Liebe und Wärme umgeben, und lächelnd wird es seine Besucher empfangen.

Das Herzchen beginnt nun stärker zu schlagen, die Stunde ist gekommen.

Viel Glück, Kleines!

Sei herzlich willkommen, McBotafogo!

Viel Glück allen, die Teil hatten beim Werden des Kindes. Viel Glück!

Es hängt von Euch ab, ob das Kind später ein Kraftprotz wird. Herzlichen Glückwunsch!«

Ein Angestellter von McDonald's in Rio de Janeiro zur Eröffnung eines Restaurants in der hauseigenen Zeitung »Quarterao«, April 1983 (Übersetzung: Gerlinde Rübel)

Obwohl McDonald's erst wenige Jahre auf den Märkten der »Dritten Welt« expandiert, gibt es bereits Lokale in Brasilien, auf den Bahamas, in Costa Rica, in El Salvador, auf Guam, in Guatemala, in Hongkong, auf den niederländischen Antillen, in Panama, auf den Philippinen, in Puerto Rico, Singapur, Venezuela und Nicaragua, wo McDonald's die Revolution der Sandinisten überlebt hat.

In Indien eröffnete Wimpy das erste ausländische Schnellrestaurant. Da der Verkauf von Lammfleisch-Burgern den erwarteten Zuspruch von 1000 Tageskonsumenten weit übertroffen hat, sollen neben dieser Filiale in Neu-Delhi weitere fünfzig folgen. Und Burger King verkauft das US-amerikanische Faustgericht schon auf den Bahamas, in Hongkong, Kolumbien, Panama, Puerto Rico und Venezuela.

Afrika ist noch relativ unberührt. Rolf Kreiner von McDonald's Deutschland auf die Frage, ob es ihn nicht störe, wenn es zum Beispiel in Äthiopien eine Schicht von Leuten gibt, die ganz gerne einmal einen Hamburger essen würden, um die Ecke aber Menschen verhungern: »Es gibt für uns auch bestimmt diese moralische Verpflichtung, dort nicht hineinzugehen, aber im Grunde genommen sehen wir einfach in diesen Bereichen auch keine wirtschaftliche Möglichkeit für uns, im Endeffekt zu existieren.«

»Rio de Janeiro ist schon nicht mehr vorstellbar ohne McDonald's«, meint eine Dame im Fremdenverkehrsbüro. »Es sind zwar nur 13 Stores in Rio und sieben in São Paulo, aber wir sind erst seit 1978 in Brasilien – das ist erst der Anfang«, sagte Ende 1983 Peter Rodenbeck, Chef von McDonald's in Rio. Anfang 1985 waren es schon 29 Buletten-Bratereien in Brasilien, und es soll jeden Monat eine neue eröffnet werden.

Bereits 1951 begann eine andere Fast-Food-Gruppe, Schnellesser in Brasilien abzufüttern: Bob Falkenberg, ein US-amerikanischer Tennisstar, legte sein Geld in dieser Branche an. Des Geschäftlichen müde, verkaufte er 1974 an Nestlé, den größten Nahrungsmittelkonzern der Welt, der heute über 30 Imbißläden in den brasilianischen Großstädten besitzt, immer noch unter dem Markenzeichen *Bob's.*

Allein in Rio werden bei Bob's täglich 50 000 Portionen über die Theke geschoben. Francois Lemaistre, der Schweizer Chef in Rio, sieht durchaus die Konkurrenz unter den Burger-Boten der modernen Zivilisation. Im Unterschied zum Mitbewerber McDonald's betont er aber: »Wir sind ein Stück mehr brasilianisch.« So leidet der Chicagoer Konzern einerseits unter dem Gringo-Image, aber andererseits sieht einer seiner Manager im US-Profil auch eine Stärke: »Die Jugend fährt voll drauf ab.«

Verdienen kann man als Angestellter bei McDonald's, wie überall auf der Welt, nicht viel: 120 bis 240 Mark im Monat (1983). Aber die meisten sind sowieso nur Teilzeitbeschäftigte, damit die ohnehin geringen sozialen Leistungen eingespart werden; denn rationell managt man die Fließbänder der Fast-Food-Branche auch in Brasilien. Und um auf den Soll-Lohn zu kommen, müssen die Griller auch eine Soll-Leistung erbringen. Ein ausgeklügeltes Punktesystem gewöhnt sie an die Normen der Fabrikarbeit. 4 840 Kunden an einem Tag bediente ein Angestellter im Laden Morumbi. Damit stellte er im August 1983 den Rekord für McDonald's in Rio de Janeiro auf.

McDonald's gibt sich in Brasilien familiär. Doch wer nicht spurt, fliegt raus, beurteilt eine Verkäuferin die familiären Bande.

Für Alfredo Garcia aus San José in Costa Rica hat sich ein Traum erfüllt. Der Zwanzigjährige hatte als bester Angestellter von McDonald's in seinem Heimatland 1984 eine Reise zu den Olympischen Spielen in Los Angeles gewonnen. »Außer der Reise haben sie mir die goldene Medaille für den ersten Platz in Costa Rica gegeben«, sagt er, der in der Vergangenheit als Leichtathlet bereits einige Preise errungen hatte. Sehr zum Bedauern seiner Eltern hat er nun den Sport vernachlässigt, da »ich kaum Freizeit habe ... und manchmal auch an meinem freien Tag arbeiten muß«.

Gold im Hackplätzchen-Braten, der neuen olympischen Disziplin von McDonald's. In seiner Ehrenuniform aus Los Angeles, die er stolz im Store von San José trägt, berichtet er begeistert: »Ich habe einige Erinnerungen mitgebracht: Plakate, Anstecknadeln, die ich auch mit meinen Kollegen aus anderen Ländern ausgetauscht habe, einige Fotos ... hier sind sie. Dies sind Kollegen, die ich dort hatte, ein Spanier, ein Portugiese, sie aus Rio de Janeiro und er aus Los Angeles. Außerdem ist dabei unser Gruppenbegleiter aus Los Angeles, unser Führer, der spanisch sprach.«

»Ich habe noch verschiedene Fotos«, erzählt er weiter und deutet auf eines, auf dem eine ganze Gruppe zu sehen ist. »Hier sind wir mit der Uniform von McDonald's. Die anderen Fotos sind von Disneyland, da waren wir einen ganzen Tag, und es war wunderschön! Dann sind wir zu den Universal-Filmstudios gegangen, haben auch einen Strand besucht, wo zwei neue Filialen von McDonald's eröffnet worden waren – kurz davor, einen Monat ungefähr. Wir sind auch tanzen gegangen in einer Discothek. Am Samstag, einen Tag vor meiner Rückkehr, sind wir zu einem Abschiedsfest gegangen – wir haben alle geweint.«

Alfredo Garcia fühlt sich als Lieblingskind der weltweiten Familie McDonald's.

Ausgezeichneter McDonald's-Mitarbeiter Alfredo Garcia aus Costa Rica

Das Essen ist für brasilianische Verhältnisse sehr teuer, denn man bekommt wenig an Nahrung für sein Geld: »Wenn sich eine Familie mit vier Kindern bei McDonald's satt essen will, so bezahlt sie mehr, als wenn sie Fechoada (Bohnen mit Fleisch und Reis, ein brasilianisches Nationalgericht) in einem herkömmlichen Restaurant bestellt«, sagt Carlota Osorio von der Gesundheitsbehörde in Rio de Janeiro. Bettler werden erst gar nicht in die Stores reingelassen. Oftmals stehen Aufpasser in Zivil in der Nähe des Eingangs. Schlüpft doch einmal ein bettelnder Junge unter die Neondecke von McDonald's, so wird er mit Gewalt hinausgeworfen. »Er hat mich an den Ohren gezogen, dabei wollte ich nur ein Glas Wasser und Reste«, erzählt ein sechsjähriger Junge aus den Favelas mit tränenerstickter Stimme.

Dafür werden bei Wohltätigkeitsveranstaltungen in den Armenvierteln vom lächelnden Firmenclown Ronald McDonald medienwirksam Hamburger verteilt. Und für die nach Abfall suchenden Favela-Bewohner, die nachts den Müll in den Beuteln auf den Straßen nach etwas Eßbarem untersuchen, eröffnet die verpackungsintensive Hamburger-Kultur keine Überlebensmöglichkeiten: »Da ist nur Pappe drin«, meint eine alte Frau und deutet auf die Müllsäcke von McDonald's am Copacabana, »da finden nicht einmal die Ratten was.«

Gesegnete Mahlzeit!

Welcher Besucher Lateinamerikas kennt sie nicht, die kleinen Leckereien: gegarte Maiskolben, Tortillas, Fladenbrote, Fleischspieße, Hackfleischbällchen und Backwaren aller Art. Auch in den brasilianischen Metropolen Rio und Sao Paulo, wo die Häuser in den Himmel wachsen, die Menschen in kleinen Wohnungen leben und in Beton-Büros arbeiten, gibt es Tausende kleiner Küchen am Straßenrand, die die unterschiedlichsten Köstlichkeiten brutzeln und dazu Wasser in grünen Kokusnüssen anbieten oder Apfelsinen zum Auslutschen.

»Die Schnellimbiß-Konzernketten zerstören die Existenzgrundlage dieser kleinen Familienbetriebe«, sagt Staatssekretär Orestres vom Gesundheitsministerium des Staates Rio de Janeiro. Nicht nur das, sondern auch die damit verbundene Kultur.

Noch fallen sie jedem Touristen auf, die *Baianas* in ihren traditionellen Kleidern. Sie sitzen hinter ihrem Tabuleiro, dem Verkaufstisch, auf dem sie ihre Eßwaren feilbieten. Überall trifft man sie, vor allem in Sao Salvador, der Hauptstadt Bahias, an bewegten Straßenecken, auf den Marktplätzen, vor den wichtigsten Kirchen, vor den Schulen und Universitäten.

Acarajés und Abarás sind Spezialitäten, die aus einem Teig aus Bohnen zubereitet werden. Im siedenden Öl werden die Acarajés – zum Teil mit kleinen Krustentieren garniert – goldgelb gebacken und mit einer Sauce aus getrockneten Krabben, Zwiebeln, Pfeffer und anderen Zutaten gewürzt. Die Abarás hingegen werden, eingewickelt in Bananenblättern, im Wasserbad gekocht und je nach Geschmack des Kunden mehr oder weniger scharf gewürzt.

Was die Touristen in der Regel nicht wissen: Acarajés und Abarás sind sakrale Speisen. Die Baianas sind häufig Priesterinnen des Candomblé, der aus Afrika stammenden Naturreligion. Eingeführt wurden die religiösen Formen afrikanischen Ursprungs durch die ehemaligen Sklaven, etwa vier Millionen, die zwischen dem 16. und 19. Jahrhundert, ihrer Heimat entrissen, an die brasilianische Küste verfrachtet wurden, vor allem nach Bahia, der damaligen Metropole der

Tabak- und Zuckerwirtschaft. Acarajés und Abarás sind die Lieblingsspeisen von Yansa, geliebtester Frau von Xango, dem Gott des Sturmes, des Donners und des Blitzes.

Jede Baiana, die dem Candomblé angehört, wird von einem Priester als seine Vertreterin auserwählt. Das Erkennungszeichen sind vor allem die bunten Halsketten, jeder Priester hat seine eigenen Farben. Die Baiana, gekleidet in kostbare, handgeklöppelte Spitzen, übernimmt an ihrem angestammten Platz in der Großstadt, ihrem Ponto, eine Funktion, die ihrer ursprünglichen Stellung in der Sippe am nächsten kommt: Ihre Kunden holen sich bei ihr nicht nur Speisen, sondern auch Ratschläge, Deutungen, vereinbaren mit ihr Termine für Limpezas, Säuberungsrituale, in denen unter anderem mit Rauch und Kräutern der Hilfesuchende von den bösen Geistern befreit und fortan davor geschützt wird.

Angesichts ihrer priesterlichen Funktion gewinnt der Verkauf von Acarajés und Abarás, von gegrillten Fischen und Meeresfrüchten, von Süßigkeiten wie Kokosnuß und Kuchen, von Milch und Käse

Ein Junge in Rio de Janeiro (Brasilien) hat Hunger.

einen besonderen Stellenwert. Der Erlös ihrer Tätigkeit, der verglichen mit dem Mindestlohn beachtlich sein kann, fließt in der Regel der religiösen Gemeinschaft zu, dem Terreiro, die zahlreiche soziale Aufgaben übernimmt, vor allem was Ernährung und Erziehung der Kinder - oft nicht nur der eigenen - angeht.

Doch die Jugend kehrt zunehmend der eigenen Kultur den Rükken, pilgert statt dessen in die sterilen Stores von McDonald's, um mit Big Mäc und Coca-Cola ein Stück von der ansonsten unerreichbaren Traumwelt zu erwerben. Manchmal - vor allem sonntags - kommen ganze Familien aus den Favelas und legen ihr sauer erspartes Geld auf den Tresen von McDonald's, um wenigstens für ein paar Minuten im blitzblanken Plastik-Paradies das eigene Elend zu vergessen.

Was für die Armen ein Ausflug in die moderne Welt bedeutet, ist für die Reichen Alltag. Immer wieder fahren Luxuslimousinen vor, deren Chauffeure die Kinder zu McDonald's bringen. Während die Mutter zum Shopping geht, wird das Kind in standesgemäßer Umgebung behütet. Hungernde Kinder schauen durch die großen Glasscheiben zu, wie die gutgekleideten Milchshake schlürfen, in den Hamburger beißen und mit bunten Luftballons spielen.

»Die Liebe ist wie die Herstellung eines Big Mäc: Die Körper sind beide aus Fleisch in harmonischer Bewegung. Das köstlichheiße Brötchen umschließt den Körper in liebevoller Umarmung. Die Küsse sind wie ein feuchter Schuß Tatarsauce. Die sich anbetenden Herzen sind heiß wie die Zwiebeln. Die Hoffnungen, noch Kinder, sind grün wie der Salat. Der Käse und die Gurke geben den Geschmack nach mehr.«

McDonald's-Mitarbeiter Marciel Torquato, Rio de Janeiro, in der hauseigenen Zeitung »Quarterao« im April 1983

(Übersetzung: Gerlinde Rübel)

Rund eine halbe Million Hamburger verkaufte McDonald's im Januar 1985 beim zehntägigen Musikspektakel »Rock in Rio«. An einem Tag sind, so bilanzierte McDonald's-Manager Peter Rodenbeck, 58 189 Hamburger von den heißhungrigen Massen verschlungen worden, mehr »als in irgendeinem unserer Läden überhaupt«.

Elf Millionen Dollar steckten die Veranstalter in das Freiluft-Festival. Die Fast-Food-Ketten McDonald's, Mister Pizza und Bob's zahlten je 150 000 Dollar für die Verkaufslizenzen auf dem Gelände, Umsatzprozente nicht eingerechnet. Gewaltige Investitionen in ein »makaberes kapitalistisches Spektakel«, sagte der brasilianische Bischof José Rodriques de Souza angesichts der Massenarmut in Brasilien, wo 80 von 120 Millionen Menschen nicht genug zu essen haben.

McDonald's installierte das größte Geschäft seiner Weltkette anläßlich »Rock in Rio«. »Es ist das erste Mal, daß wir an so etwas teilnehmen; es wird eine Überraschung für uns werden«, schwärmte Peter Rodenbeck vor der Eröffnung. Für McDonald's wurde es finanziell und in Sachen Imagegewinn ein voller Erfolg. Um so negativer für Hunderte, wenn nicht gar Tausende Straßenverkäufer, die keine 20 Mark Eintritt für eine Tageskarte aufbringen konnten. Ihnen war der Zugang durch drei Meter hohe Mauern und Drahtzäune, die von Schäferhunden bewacht wurden, verwehrt.

Die Buletten-Invasion des Südens geht weiter, mit dem Segen von Robert Jordan, Direktor einer US-amerikanischen Regierungsagentur. Er will die Privatinvestoren ermuntern, in der »Dritten Welt« zu investieren. Er meint, McDonald's könnte die Rolle eines Entwicklungshelfers für die dortigen Volkswirtschaften übernehmen: »Was die meisten dieser Länder brauchen, ist eine stärkere Nahrungskette. Die Welt hat genug Nahrung für jedermann, doch meistens gibt es keine Straßen vom Land in die Stadt; also werfen sie die Fische auf den Strand, wo es keine Lagerungsmöglichkeiten gibt und deshalb die Hälfte verrottet. Was die brauchen, ist Essen, Lebensmittelproduktion, Lagerhaltung und Vertriebsstrukturen. Wenn ein Unternehmen wie McDonald's in ein Land wie Kenia gehen würde, wo es hervorragende Rindfleischvorräte gibt, wäre es für sie Spitze, und sie könnten zur Steigerung des Nahrungsmittelstandards beitragen.«

Wurstkühe

Zwei Drittel der Wiesen- und Waldvögel Nordamerikas verlassen jedes Jahr im Herbst ihre Heimat, um in Mittelamerika zu überwintern. Immer weniger kehren jedoch zurück, weil ihre Nester der

Machete und dem Zündholz zum Opfer gefallen sind. Wo einmal üppiger Regenwald den Zugvögeln Unterschlupf und Nahrung gewährte, weiden heute immer mehr »Wurstkühe«, wie die Rinder, die in die Fast-Food-Ketten der USA wandern, von Fleischhändlern spöttisch genannt werden.

Der Hunger der Menschen in den Industriestaaten nach billigem Rindfleisch bedroht jedoch nicht nur die für die Insektenbekämpfung so wichtige Vogelwelt der USA, sondern bewirkt vor allem den Untergang der Wälder und somit langfristig auch der Menschen in Mittelamerika.

Im Zeitraum von 1960 bis 1976 stieg der US-amerikanische Pro-Kopf-Verbrauch an Rindfleisch von jährlich 38 auf 61 Kilogramm an. Da dies Preissteigerungen nach sich zog, sahen sich die Fleischkonzerne im Ausland nach billigem Rindfleisch um. Als eine in unmittelbarer Nachbarschaft der USA gelegene Quelle bot sich Mittelamerika an, dessen bis dahin weitgehend »ungenutzter« Regenwald sowohl wertvolle Holzvorräte aufwies, als auch in Weideland umgewandelt werden konnte.

Heute sind bereits über 60 Prozent der tropischen Wälder zwischen Mexiko und Panama zerstört. Wenn die Vernichtung im gegenwärtigen Tempo anhält, wird auch der Rest innerhalb der nächsten 20 Jahre verschwunden sein – bis auf wenige Flecken in Naturparks und Schutzgebieten.

Costa Rica, dessen Waldbedeckung sich in den Jahren zwischen 1950 und 1978 von 72 auf 34 Prozent verringerte, während sich im gleichen Zeitraum die Weidefläche verdoppelte, ist besonders betroffen. »Ungefähr 50 000 bis 70 000 Hektar Wald werden pro Jahr vernichtet; ein großer Teil davon wird nur zerstört, um Platz für die Viehzucht zu gewinnen«, sagt Alexander Bonilla, Geologe, Umweltexperte und Präsident der Ökologischen Partei Costa Ricas. Über ein Drittel des gesamten Landes sei bereits Weideland, und die Costaricaner selbst bekämen immer weniger eigenes Fleisch, »weil das Fleisch für den Hamburger-Markt exportiert wird«.

Was für die einen gewinnträchtige Investitionen bedeutet – Costa Rica führt zur Zeit jährlich 90 000 Tonnen Rindfleisch aus –, beschert der Masse Armut. Oder wie die Kleinbauern es ausdrücken: »Wo heute die großen Viehfarmen kommen, da müssen wir gehen, da kommt der Hunger.« Als vor einigen Jahren in Costa Rica ein Flugzeug mit Rindfleisch beladen auf dem Weg in die USA abstürzte, mußte die Polizei die halbverbrannte Ladung vor den hungrigen Menschen schützen.

Einer von denen, die Fleisch außer Landes bringen, Sergio Quintana von der Kooperative Montecillos, berichtet: »Wir exportieren 95 Prozent unserer Produktion in die Vereinigten Staaten, das waren im vergangenen Jahr ungefähr 15 000 Tonnen. Wir verkaufen es auf Kommissionsbasis an einige Makler. 70 Prozent dieses Fleisches werden als industrielles Fleisch an Fast-Food-Ketten verkauft.« Und auf die Frage, ob er genau wisse, wohin das Fleisch durch die Makler vermittelt wird, antwortet er, ohne zu zögern: »Wir versorgen McDonald's und Burger King und auch Wendy's, die kaufen auch unser Fleisch.«

Alberto Amador, Präsident des Vereins für Rinderzucht von Costa Rica, bestätigt dies: »Burger King, McDonald's, Wendy's. Die Nordamerikaner essen manchmal das gleiche wie die Costaricaner.«

Nachdem die Fleischimporte die US-Kontrollbehörde USDA passiert haben, wird es schwer, wenn nicht unmöglich, ihre Herkunft zu belegen. Nach der Prüfung werden die Rinderteile mit einem Stempel versehen und somit automatisch als »einheimisches« Produkt deklariert. »Wenn wir eine Ladung eingeführtes Fleisch abgenommen haben«, schildert ein Beamter der USDA, »gibt es keine Möglichkeit mehr, festzustellen, woher es kam und für wen es bestimmt ist.«

Der Pressesprecher von Burger King, John Weir, gibt zu: »In Amerika zum Beispiel verwenden wir gelegentlich Rindfleisch aus Neuseeland, Australien oder Costa Rica, denn es entspricht den Qualitätsanforderungen innerhalb unseres Systems. Es wird mit einheimischem Rindfleisch gemischt und so in den Restaurants verwendet.« Auch auf die Frage nach den ökologischen Problemen der Rinderzucht in Costa Rica zeigt er sich vorbereitet: »Ich habe von vielen der Streitfragen, die Sie da ansprechen, gehört, aber unsere Politik war immer, einzig und allein Rindfleisch aus solchen Gebieten zu verwenden, die schon seit der Jahrhundertwende Standardfleischexportgebiete gewesen sind.« Auf konkrete Aussagen von Bauern, die Fleischtransporte auch von Farmen an Burger King bezeugen und die Wälder für neue Weideflächen abholzen, zeigt sich John Weir weniger informiert: »Nun, darüber weiß ich nichts.«

Bei McDonald's bestreitet man Importe ganz. Die Public-Relations-Abteilung des Konzerns in Chicago wird nicht müde, immer wieder zu behaupten, kein importiertes Fleisch in den Hamburgern zu verarbeiten. Darauf angesprochen, zeigt Edmund Brandt, jahrzehntelanger Kenner der Branche und heutiger Regierungsberater Costa Ricas im Auftrag bundesdeutscher Entwicklungshilfe, Verständnis für diese Haltung: »Das ist geschäftsschädigend. Dann würden die amerikanischen Farmer sagen, wir sind doch ein voll-amerikanischer Betrieb, und dann kaufen die im Ausland.« Eine Schutzbehauptung also? »Das ist doch ganz klar. Die können das gar nicht anders sagen.«

Es gibt aber noch eine andere Erklärung: Seitdem 40 Container mit als Rindfleisch ausgewiesenem Känguruhfleisch aus Australien entdeckt wurden, erlitt der Adressat der Lieferung, McDonald's, starke Umsatzrückgänge, so daß der Konzern eine aufwendige Werbekampagne mit dem Slogan führen mußte, nur noch nationales Fleisch zu verarbeiten.

Doch darüber können Fachleute nur lächeln. Donald Monroe von der GISA, einer großen Rinderzuchtgruppe in Costa Rica, an der nordamerikanische Unternehmensgruppen wie General Motors, Ford, Kelloggs, IBM über die ADELA-Investment beteiligt sind, sieht das nüchtern: »Die großen Fast-Food-Ketten können über-

Carlos Urcuyo, Rinderzüchter, Bankier und Hamburger-Produzent in Costa Rica: »Reichtum zu produzieren ist nationale Pflicht. Wir müssen nutzen, was Gott uns gegeben hat.« Das Holz seiner Wälder verkauft er unter anderem in die Bundesrepublik.

haupt nicht auf Fleischimporte verzichten, weil sie für ihre Hamburger mageres Fleisch brauchen. Davon gibt es in den USA selbst zu wenig.«

Donald Monroe blickt zuversichtlich in die Zukunft: »Unser Fleisch ist besser als europäisches oder nordamerikanisches, weil wir nur Grasweidevieh haben mit sehr magerem Fleisch. Da kommen nur Australien und Neuseeland mit.« Monroe berichtet aber auch von mehreren Versuchen, Costa Ricas Ruf als Fleischexporteur zu schädigen. In den USA hätte man in Fleischkisten aus Costa Rica Steine gefunden und Kalbfleisch, das als Rindfleisch deklariert war.

Der deutschstämmige Rinderzüchter in Costa Rica, Arturo Wolf, knüpft die Handelsbeziehungen über Grenzen gleich mit familiären Banden: »Ich habe einen Sohn, der sich zufällig auf Fleisch spezialisiert hat und der in Texas in einer Fleischfabrik arbeitet.« Und noch ein Zufall: »Die Firma, wo mein Sohn arbeitet, importiert Fleisch aus Costa Rica und Zentralamerika, und dieses Fleisch wird für Fast-Food oder für schnelles Essen verwendet.« Der Sohn ist eben jener Arthur Wolf, der bei *Standard Meat* in Fort Worth Steaks und Gehacktes bis auf den letzten Krümel für Systemgastronomen verbrät – unter anderem für *Pizza Hut.*

So gute Beziehungen haben aber nur wenige in dem Land, das mit 1600 Dollar eine der größten Pro-Kopf-Verschuldungen der »Dritten Welt« zu tragen hat. Von der »Schweiz Mittelamerikas« spricht kaum noch jemand in Costa Rica, seit der Internationale Währungsfonds im Hinblick auf die Schulden die Forcierung der Exportwirtschaft sowie Streichungen von Sozialausgaben forderte. Die Umwandlung von Urwald in Wurst- und Hamburger-Kühe liegt da genau im Trend. Mithalten können bei diesen Weltmarktgeschäften nur diejenigen, die über genügend Kapital und Know-how verfügen. Direkte Folge: Die ohnehin bereits ungerechte Landbesitzverteilung – schon vor zehn Jahren besaßen 60 Prozent der landwirtschaftlichen Betriebe nur vier Prozent des bebaubaren Bodens, während 0,1 Prozent aller Betriebe über 20 Prozent verfügten – verschärft sich. Landarbeiter werden vertrieben, ziehen in die Städte, wie die zwanzig Familien, die am Stadtrand von San José, in der Nähe der Autobahn, Land besetzen, um sich in primitiven Hütten aus Holzresten und Pappe vor dem starken Tropenregen zu schützen. »Weil wir keine Arbeit haben«, berichtet eine Mutter, die sechs Kinder hat, alle krank, »sind wir gekommen.«

Rindfleisch ist heute nach Kaffee und Bananen und vor Zucker der drittwichtigste Exportartikel Costa Ricas. Die Preise für diese Güter sind im Vergleich zu den immer teurer werdenden landwirtschaftlichen Importen wie Getreide, Früchte, Gemüse und Viehfutter relativ gering. In dieser für die »Dritte Welt« typischen Schere der ungerechten Tauschverhältnisse, der *terms of trade,* entwickelt sich der tödliche Zwang zu immer mehr Exporten.

Es wird immer mehr billiges Rindfleisch in die Hamburger der USA wandern, statt daß Costa Rica sich ausreichend mit eigenen Nahrungsmitteln versorgen könnte. So gesehen wirken die emsigen Esser in den Fast-Food-Stores wie Termiten, die den mittelamerikanischen Wald verspeisen. Die Schäden, die die Rinderzucht dem Wald zufügt, sind irreparabel. Denn: »Es wird gerechnet, daß 680 Millionen Tonnen fruchtbare Erde, 80 Prozent davon durch den Verbrauch für die Viehzucht, verlorengehen«, so der Umweltexperte Alexander Bonilla, der sich auf detaillierte Studien stützt. Sein Fazit klingt schockierend: Costa Rica opfere von der dünnen Humusschicht »2,5 Tonnen fruchtbare Erde für jedes exportierte Fleischkilo«.

Durch ausländische Kredite ist diese Katastrophe erst möglich geworden. Die extensive Rinderzucht, doch genauso die dafür notwendige Infrastruktur - also Straßen, Zäune, fleischverarbeitende Betriebe -, werden von fernen Geldgebern finanziert. Doch für die intensive Nahrungsmittelproduktion, für die Haustierhaltung und für die Herstellung von lokal vermarktbaren Gütern fehlen genau diese Mittel. Dabei werden die dafür benötigten Techniken von den einheimischen Bauern längst beherrscht. Verbindungen überlieferter Anbaumethoden und westlicher Technologie könnten Produktionsweisen fördern, die den Regenwald nicht nur erhalten würden, sondern ihm sogar eine Chance zur Regeneration gäben. Die Lebensmittelproduktion für die Menschen und das Durchschnittseinkommen könnten steigen - und all das auf dem Land, das schon heute zur Verfügung steht, also ohne neue Rodungen.

Wenn die Gelder allerdings weiter in die Kanäle der exportorientierten Fleischzucht fließen, dann werden wohl die Folgen immer deutlicher: der Verlust landwirtschaftlich zu nutzender Böden, die Beeinträchtigung der Bodenfruchtbarkeit, die Störung des Wasserhaushalts, die verstärkte Bodenerosion, die Verschlammung von Flüssen, Bewässerungsanlagen und Stauseen, Überschwemmungen und Flutkatastrophen, Auswirkungen nicht nur auf das lokale, sondern auch auf das weltweite Klima, der Verlust zahlloser Tier- und Pflanzenarten.

VW: »Darüber freuen sich Millionen«

Wie ein Sog erfaßt der steigende Fleischkonsum der Industrieländer immer mehr Staaten der »Dritten Welt«. In Mexiko zum Beispiel werden nach Angaben von Branchenkennern große Mengen Rinder über die Grenze im Norden geschmuggelt, weil in den USA der Preis für dieses Fleisch rund 50 Prozent höher liegt. Und auch im Süden des amerikanischen Kontinents weiden immer mehr Rinder für den Export. So soll Brasilien - nach dem Willen der Wirtschaftsplaner - der weltgrößte Rinderexporteur werden. Da es um das Abtragen der Auslandsverschuldung in Höhe von ungefähr 100 Milliarden Dollar geht, wird in dementsprechenden Größenordnungen geplant. Die gesteckten Ziele sind zwar bis heute noch nicht erreicht worden, doch sind allein im Zeitraum von 1961 bis 1975 382 000 Quadratkilometer Weideland im Rahmen des Programmes zu Erschließung des Amazonas entstanden. Diese Fläche ist mehr als anderthalbmal so groß wie die Bundesrepublik.

Von der Weltbank und der Interamerikanischen Entwicklungsbank sind Brasilien 1972 Kredite in Höhe von 86 Millionen Dollar für die Erweiterung von Fleischverarbeitungsanlagen gewährt worden. 1974 kam ein weiterer Kredit in Höhe von 60 Millionen Dollar für den Ausbau der Rinderzucht hinzu. Versicherungen, Banken, Immobilienfirmen und Industriekonzerne sind in das Geschäft eingestiegen. Unter den Investoren tummeln sich Gulf Oil, Caterpillar, General Motors, Heublein, Sifco Industries, Misui, Tsuzuki Spinning, Sul America und wie sie alle heißen. Mit 695 000 Hektar ist die italienische Liquigas einer der größten Viehzüchter geworden – mit finanzieller Beteiligung der Vatikanbank. Insgesamt genehmigte die staatliche Behörde für die Amazonasentwicklung SUDAM bis 1979 350 Viehzuchtbetriebe.

Im Übergangsregenwald Ost-Amazoniens erwarb die *Companhia Vale de Rio Cristalino,* an der VW do Brasil mit 66,3 Prozent beteiligt ist, 139 000 Hektar Urwald. Das größte brasilianische Industrieunternehmen, gleichzeitig die größte bundesdeutsche Auslandsgesellschaft, finanzierte ihren Einstieg in die Viehzucht zu zwei Dritteln mit Gewinnen, die sonst der Fiskus kassiert hätte. Und die SUDAM unterstützte das Cristalino-Projekt bis 1981 mit 14 Millionen Mark öffentlicher Mittel.

Vom VW-Management in Sao Paulo zentral gesteuert und computerunterstützt wurde der Viehzuchtbetrieb am Rio Cristalino aufgebaut auf Flächen, die durch Brandrodung aus dem Wald gefressen worden waren. Wenn die schmutzigen und unsicheren Jobs der Rodungstagelöhner noch typisch sind für die elenden Arbeits- und Lebensverhältnisse der Einheimischen, so ist der Betrieb selbst eine Kolonie großindustrieller Wirtschafts- und Beschäftigungsverhältnisse. Ein Weidenplan aus dem Rechner des Autowerks gibt die Arbeitsorganisation vor und legt fest, wie viele Rinder wie lange in welchen der durchnumerierten Weiden grasen dürfen. Die Viehhirten erhalten genaue Anweisungen, deren Einhaltung vom Cristalino-Chef und einigen qualifizierten Mitarbeitern überwacht wird. Wenige Dutzend »Vaqueros« treiben die 40 000 Rinder der Farm – 1988 sollen es über 100 000 sein – nach diesem genau kalkulierten Plan.

Die »Frankfurter Rundschau« fragte 1983: »Sklavenhaltung für VW-Werk?« und berichtete dann: »Rund 600 Arbeiter auf einer dem brasilianischen Volkswagenwerk gehörenden Plantage in Ost-Amazonien sollen 'wie Sklaven' gehalten werden. Diesen Vorwurf erhob der Priester Ricardo Rezende, Mitglied einer der brasilianischen Bischofskonferenz nahestehenden Kommission ... Die Hilfsarbeiter, die auf der Plantage rund 56 000 Hektar urbar machen, werden nach Zeugenberichten 'mit Gewalt auf der Plantage festgehalten und von Vorarbeitern geschlagen'. Außerdem seien laut einem Untersuchungsbericht Menschen umgebracht und in den Fluß geworfen worden, dieser Bericht soll an die brasilianischen Behörden und an die bundesdeutsche Direktion des VW-Werks gerichtet werden. Die VW-Direktion in São Paulo meinte zu diesen Vorwürfen, daß - sollten sie sich als richtig herausstellen - die Firma dafür nicht verantwortlich gemacht werden könne. Auswahl und Unterhalt der Arbeiter habe man Unterfirmen überlassen.«

Diese »Unterfirmen« sind Menschenhändler, *Gatos,* die ihren Profit aus der Verleihung von Arbeitskräften schlagen. Als solche sind sie für die Cristalino-Farm seriöse Geschäftspartner.

VW-Farm am Amazonas

Die verantwortlichen Manager in der Wolfsburger Konzernzentrale sind sich offenbar voll bewußt, welch zerstörerischen Eingriff in das empfindliche Ökosystem des Urwaldes sie vornehmen. Der schrittweise Tod eines Lebensraumes klingt im wissenschaftlichen Ton der VW-Veröffentlichungen so: »Mit der Rodung des Waldes wird der Nährstoffkreislauf an einer entscheidenden Stelle unterbrochen. Die Biomasse wird durch Schlagen und Brennen drastisch reduziert, der Oberboden ist der Erosion ausgesetzt.«

»Die Erschließung Amazoniens ist nicht weniger gewaltsam als jene der 'Bandeirantes' (Sklavenjäger und Goldsucher im 17. und 18 Jahrhundert)«, beurteilt der Beauftragte für Indianerfragen der katholischen Kirche in Brasilien, Günter Paulo Süss, den »Fortschritt« am Äquator. Die Ländereien für die Rinderfarmen werden in der Regel »indianerfrei« verkauft. Das heißt, daß die Indianer vorher vertrieben worden sind. Durch die Rodungen der letzten Zufluchtszonen Amazoniens sei die 200 000 Köpfe zählende indianische Restbevölkerung – vor der Eroberung Brasiliens durch die Portugiesen waren es zirka fünf Millionen – der Gefahr von Verelendung und Ausrottung ausgesetzt, sagt Paulo Süss. Aber all seine Appelle können das Vordringen der Investoren in Amazonien nicht verhindern. Im Gegenteil: Alles spricht für ein sprunghaftes Ansteigen der Rindfleischproduktion. Bereits 1982 war Brasilien für die Bundesrepublik der zehntwichtigste Fleisch- und Fleischwarenlieferant, übrigens noch vor den USA. Der Gesamtexport an brasilianischem Rindfleisch betrug im Jahre 1983 450 000 Tonnen und wird für 1984 auf 600 000 Tonnen geschätzt.

An der Steigerung der Ausfuhr ist seit Ende 1982 der größte Schlachthof Amazoniens Atlas Frigorifico beteiligt. Er liegt 70 Kilometer von der VW-Farm entfernt und ist mit den modernsten Anlagen ausgestattet. 700 000 Rinder stehen in seinem Einzugsbereich. 190 000 Tiere sollen jährlich bei Atlas in Campo Alegre (Frohes Feld) geschlachtet werden. Die hygienischen Verarbeitungsbedingungen »entsprechen den hohen technisch-gesundheitlichen Anforderungen der Europäischen Wirtschaftsgemeinschaft und der Vereinigten Staaten«, so VW, das knapp elf Prozent der Atlas-Anteile besitzt. Vielleicht finden wir Cristalino-Fleisch in VW-Burgern wieder, angepriesen mit dem Werbespruch: »Wir sind multinational. Darüber freuen sich Millionen.« (VW-Werbung aus dem Jahre 1979)

Kraftfutter für den Big Mäc

Die EG importiert relativ wenig Wurstkühe, so die Auskunft der Branchenkenner. Da es eine Überproduktion auf dem gemeinsamen Markt gibt, gelangen eher besondere Qualitäten vom Rindfleischmarkt der »Dritten Welt« auf unseren Tisch, etwa in den unzähligen Argentinischen Steakhäusern. Vor allem aber haben wir in der Bundesrepublik unsere eigenen Wurst- und Hamburger-Kühe.

Der leitende Manager Lutz von der Fleischfabrik L & O im bayerischen Günzburg, die McDonald's mit tiefgekühlten Hamburger-Patties in der Bundesrepublik beliefert: »Wir beziehen von den Schlachthöfen unter anderem in Kaufbeuren und Kempten.« Nach Auskunft des Tierzuchtamtes in Kaufbeuren gibt es im Raum Kaufbeuren/Kempten fast nur Milchkühe, die dann später in den Schlachthöfen dieser Städte verwertet werden. Der Geschäftsführer von L & O, Dietrich, sagt demgegenüber, das Unternehmen stelle Hamburger »ausschließlich aus Fleisch süddeutscher Produktion« her, wobei es »schon auf das Rohmaterial einwirken kann«. Ein Widerspruch?

Wenn das Fleisch, das in den Big Mäcs landet, nicht von Bayerns Milchkühen stammt, sondern ausschließlich von Mastrindern, dann wird das Vieh ebenfalls mit Kraftfutter hochgepäppelt. »Ich habe 200 bis 300 Bullen zur Mast. Ich verfüttere pro Tier und Tag ein Kilogramm Sojaschrot«, sagt Bauer Georg Andre vom Gut Sulz. »Ich bekomme Soja direkt vom Bahnhof, lose im Silowagen. Es gibt eigentlich gar keine Alternative für die Bullenmast, denn ich muß pro Tag und Tier mindestens 1 100 Gramm Fleischzuwachs haben – sonst mache ich Verlust.« So ist das Fleisch in den Hamburgern von McDonald's zwar aus Süddeutschland, jedoch mit Soja aus der »Dritten Welt« und den USA gewachsen.

Über 300 000 Tonnen Ölkuchen werden jährlich alleine in Bayern ans Vieh verfüttert, ungefähr die Hälfte ab Mai aus den Sojaernten Brasiliens und ab November aus denen der USA. Die Milchkühe haben sogar zwei bis drei Kilogramm Soja pro Tag in den Futtertrögen. Neben dieser Eiweißnahrung wird ihnen Gras und Heu zugefüttert, während die Bullen in der Intensivmast Mais als Stärke erhalten.

Die Auswirkungen dieser Zuchtmethode, die, ökologisch unverantwortlich, Stärke von eigenen Feldern und Eiweiß aus dem Ausland verwendet, sind für Mensch und Natur in Brasilien, das 30

Prozent des EG-Bedarfs an Soja deckt, weitaus katastrophaler. Dort eskalierte das Problem in den letzten zwanzig Jahren, denn bis 1965 spielte der Sojaanbau nur eine untergeordnete Rolle zur Produktion von Sojaöl.

Als 1964 die Militärs die Macht an sich rissen – mit wohlwollender Unterstützung der USA –, wurde mit Geldern der Interamerikanischen Entwicklungsbank der Grundstock für den »Sojaboom« gelegt, dessen Hauptnutznießer im Getreidehandel weltweit bekannte Namen haben: Cargill, Anderson and Clayton, Bunge und Olvebra waren von Anfang an dabei. Seit 1965 vergrößerte sich die Anbaufläche für Soja von 432 000 Hektar auf heute neun Millionen Hektar um das Zwanzigfache und nimmt jetzt etwa 18 Prozent des gesamten brasilianischen Ackerlandes in Anspruch. In der gleichen Zeit stiegen die Ernteerträge von 532 000 Tonnen um das Dreißigfache auf 15,4 Millionen Tonnen.

Eine Untersuchung der Universität São Paulo über die wichtigsten Anbaugebiete in den südlichen Bundesstaaten São Paulo, Parana und Rio Grande do Sul in den Jahren der stürmischen Sojaentwicklung (1970 bis 1973) ergab: 88 Prozent des Sojaanbaus erfolgten auf Flächen, die früher in der Regel arbeitsintensiven Nahrungsmittelkulturen gewidmet waren, wie zum Beispiel Reis, Boh-

Wie die Inflation den Wert der Gehälter verringert, das wird in Brasilien längst ins Maß aller Dinge umgesetzt: in Hamburger. (Quelle: Veja, 23. Januar 1985)

nen, Maniok, Kartoffeln, Zwiebeln, Milchwirtschaft und Schweinezucht. Wo früher sieben bis acht Arbeiter diese Produkte für den lokalen Markt anbauten, wird heute eine Arbeitskraft benötigt für Soja, das nun die EG-Überschüsse an Fleisch noch weiter steigert. »Das Anschwellen der Slumbevölkerung in den Städten der Region war die Folge«, so der brasilianische Wirtschaftswissenschaftler Gilberto Calcagnotto. So sieht man seit dieser Zeit in den Elendsvierteln immer häufiger Menschen mit blauen Augen und blonden Haaren, typische Bewohner der drei »Sojastaaten«, die von Auswanderern aus Mittel- und Osteuropa stammen.

Die Gewinner sind die großen Konzerne, welche die Verarbeitungs- und Vertriebskapazitäten besitzen. Rechnet man ab Ausfuhrhafen, so wird letztlich der gesamte brasilianische Sojaexport, bevor er die Empfängerländer erreicht, über die Schreibtische von nur fünf Firmen abgewickelt: Cargill (USA), Continental Grain (USA), Bunge (USA), Dreyfuß (Frankreich) und Toepfer (Bundesrepublik).

Für die Monokultur Soja verbraucht Brasilien jährlich Mineraldünger im Wert von 475 Millionen Dollar, der zu zwei Dritteln importiert wird. Der Wert der jährlich eingesetzten Pflanzenschutzmittel beläuft sich auf etwa 16 Millionen Dollar. Marktbeherrschend sind hier die Chemie-Giganten Hoechst (Bundesrepublik), Shell (Niederlande), Bayer (Bundesrepublik), BASF (Bundesrepublik), Dow Chemical (USA) und Ciba-Geigy (Schweiz).

Die zirka 150 000 Traktoren und 20 000 Mähdrescher, die in den Sojafeldern zum Einsatz kommen, entsprechen einem ungefähren Importwert von zwei Milliarden Dollar. Ford, Massey Ferguson, Valmet und Caterpillar teilen sich 80 Prozent des Landmaschinenmarktes. Sie machen damit in den Sojastaaten Südbrasiliens mehr Umsatz als im ganzen übrigen Lateinamerika.

Und auch hier gilt: Die Natur wird zerstört. Wo einmal Bäume standen, wächst jetzt Soja. So war bis Ende der fünfziger Jahre ein Drittel der Landfläche des Bundesstaates Rio Grande do Sul von Naturwald bedeckt, heute ist es nur noch ein Fünfzigstel. Da die agrarischen Böden die fehlende Wasserspeicherung der Waldböden und den Verdunstungseffekt der Waldvegetation nicht kompensieren können, führen starke Regenfälle zu Überschwemmungen und Trokkenperioden zu Dürren. Die Überschwemmungskatastrophen im Süden Brasiliens, für deren Opfer landesweit und auch international gesammelt wurde, können in dieser extremen Form als unmittelbare Folge der Rodung des Waldes angesehen werden.

Zusammenfassend heißt das: 100 000 Rinder werden jährlich bei L & O für McDonald's zu Hamburger-Patties verarbeitet. Das Fleisch wird von Südfleisch/Südvieh geliefert, die von Raiffeisen dominiert werden. Die Bauern erhalten Kredite von der Raiffeisen-Bank und Sojaschrot aus den Lagern der BAYWA, die man in Bayern an fast allen Bahnhöfen finden kann. Auch die BAYWA gehört zur Raiffeisen-Gruppe, die wiederum Anteile von Toepfer besitzt, dem Multi, der auch im brasilianischen Soja-Importgeschäft steckt. So schließt sich die Kette über Toepfer vom Sojaanbau in Brasilien über die Viehzucht der Raiffeisen-Bauern in Bayern bis hin zum Hamburger von McDonald's.

Kein Tag vergeht, an dem nicht in Bremerhaven, Hamburg oder Rotterdam ein Schiff ankommt, in dessen Laderäumen Futter für das westeuropäische Vieh gebracht wird. Aus über 70 außereuropäischen Ländern kommen die Frachter, um den ungeheuren Hunger der Viehmassen EG-Europas zu stillen. Rund 50 Millionen Tonnen umfaßt die jährlich importierte Futterration, die je zur Hälfte aus den USA und aus Ländern der »Dritten Welt« stammt. Kaum ein Bauer kennt überhaupt all die Namen der Früchte aus Afrika, Asien und

Lateinamerika, aus denen das Futter, das er seinem Vieh in den Trog gibt, besteht: Tapioka aus der Maniokwurzel, Ölkuchen aus Palmkernen, Sojaschrot aus Sojabohnen ... Wollte man die Futtermittelimporte aus Entwicklungsländern in die Bundesrepublik durch eine einheimische Futtergetreide-Produktion ersetzen, so würde in etwa eine Fläche von 1,4 Millionen Hektar benötigt, also über zehn Prozent der landwirtschaftlichen Nutzfläche der Bundesrepublik.

Indien hat zum Beispiel im Jahre 1982 250 000 Tonnen Ölschrote als Kraftfutter an die EG verkauft. Aus dieser Menge Kraftfutter werden rund 550 000 Tonnen zusätzliche Milch in der EG produziert. Getrocknet entspricht das einer Menge von 50 000 Tonnen Magermilchpulver und 18 700 Tonnen Butteröl, also fast genau der Menge, die die EG Indien als Nahrungsmittelhilfe in letzter Zeit jährlich zur Verfügung stellte. Ein Beispiel für internationale Arbeitsteilung im Bereich der Produktion von Fleisch und Milch: Der Rohstoff »Eiweiß« wird billig importiert, in der automatisierten Massenvieh- und Milchkuhhaltung »veredelt«, um dann in Form von Milchpulver, Butteröl und Fleischkonserven reexportiert zu werden. Diese transkontinentalen Geschäfte des Agrobusiness werden auch noch mit Steuergeldern aus der EG-Kasse finanziert.

Fleisch frißt Menschen

»Des einen Mannes Hunger ist des anderen Mannes Fest«, sagte McDonald's-Gründer Ray Kroc treffend.

Ein durchschnittlicher Bewohner eines Industrielandes verbraucht rund eine Tonne Getreide im Jahr, von der über drei Viertel indirekt verspeist werden: als Fleisch von Tieren, die mit Getreide gefüttert worden sind. Demgegenüber verbrauchen die Menschen in den ärmeren Ländern weniger als ein Fünftel dieser Menge, wobei sie allerdings Getreide nicht auf dem Umweg über das Vieh zu sich nehmen.

Etwa zwei Drittel der bundesdeutschen Getreideernte landet in den Futtertrögen von Kälbern, Schweinen und Geflügel. Das restliche Drittel reicht nicht mehr zur Versorgung der Bevölkerung mit solchen Nahrungsmitteln, die direkt aus Getreide hergestellt werden, wie zum Beispiel Brot oder Bier. Deshalb kauft die Bundesrepublik

Unweit eines McDonald's in São Paulo: Ein Mann stirbt. Das letzte Wasser trinkt er aus dem Rinnstein.

alljährlich netto mehr als vier Millionen Tonnen Getreide auf dem Weltmarkt ein - wohl einer der wirkungsvollsten Beiträge der Bundesrepublik zum Welthunger-Problem. In der Bundesrepublik werden nur acht Prozent des Agrarlandes gebraucht, um Produkte zu erzeugen, die der direkten Ernährung der Menschen dienen. Die restlichen 92 Prozent dienen der Viehzucht.

Fleischproduktion wäre an sich keine Verschwendung, denn es gibt viele landwirtschaftlich schlecht zu nutzende Gebiete, Hochländer und Trockenböden, die kaum zu etwas anderem zu gebrauchen sind als für Viehzucht. Das Rind als Wiederkäuer kann dort sonst kaum verwertbaren kargen Bewuchs in Fleischkalorien umsetzen und ist somit kein eigentlicher Freßkonkurrent für den Menschen. Die Menschen haben das Rind jedoch zu einem solchen gemacht, denn heute wird es oft auf erstklassigem, landwirtschaftlich nutzbarem Boden geweidet.

Getreide könnte bis zu fünfmal mehr Eiweiß pro Fläche hergeben, bestimmte Gemüse wie Bohnen sogar zehnmal soviel. Doch fressen die Kühe heute immer weniger Gras. Das moderne Hochleistungsrind wird auf engem Raum in »Feedlots« mit Kraftfutter gemästet. So verschwindet auch ein großer Teil der Welteiweißvorräte - Korn, Soja, Milchprodukte, Fischmehl und so weiter - in den Mägen der Rinder. Frances Moore-Lappé hat errechnet, daß ein Stier etwa 16 Pfund Korn fressen muß, um ein Pfund eßbares Fleisch zu erbringen. Etwa ein Drittel der Weltvorräte an Getreidekörnern, zwei Drittel der Ölsamen, die Hälfte des Fischmehls und ein Drittel der Milcherzeugnisse werden ans Vieh verfüttert. Eine derartige Viehmast in vollklimatisierten Spezialbetrieben kann man nur als gezielte Vernichtung von Grundnahrungsmitteln unter hohem Energieaufwand bezeichnen - und dies eben um so mehr, als ein großer Teil dieser Eiweiße aus Ländern der »Dritten Welt« stammt. »Fleisch frißt Menschen«, sagt daher ganz schlicht Paul Harrison in seinem Buch »Hunger und Armut«.

Einer der traurigsten Aspekte der Verschwendung von Nahrungsmitteln ist dabei der massive Eiweißverbrauch durch Haustiere. Allein in den USA gibt es 40 Millionen Hunde und 23 Millionen Katzen. Eines der gehätschelten Haustiere verbraucht wahrscheinlich das Produktionsergebnis von mehr Land als ein Einwohner der »Dritten Welt«. Also fressen auch Haustiere Menschen.

Bei alledem ist der übermäßige Kalorienverbrauch durch den gierigen Fleischkonsum auch noch gesundheitsschädlich, er führt zu Dickleibigkeit, womit sich die Anfälligkeit für Herzkrankheiten erhöht.

Allem Anschein nach kommt beim übermäßigen Verbrauch tierischer Fette dasselbe heraus. Die verminderte Aufnahme von Grünpflanzen in unserer Nahrung trägt noch zur Anfälligkeit für Gefäßkrankheiten bei. Paul Harrison zieht daraus die Bilanz: »Die Reichen der Welt fressen die Armen und sich selbst.«

Bürger contra Burger

»In einer Zeit der Überproduktion von Fleisch und Milch, der Vernichtung von Obst und Gemüse in Europa und Nordamerika scheint es unglaublich, daß in den Entwicklungsländern der Nahrungsmittelbedarf nicht gedeckt werden kann«, beginnt der Aufruf zur Futtermittelimport-Kampagne des Bundeskongresses entwicklungspolitischer Aktionsgruppen (BUKO), der langfristig geplante Aktionen durchführt. Die beteiligten Gruppen weisen darauf hin, daß im Laufe der letzten 30 Jahre die Großbetriebe in der Landwirtschaft von der EG-Agrarpolitik massiv gefördert wurden, während die kleinen Betriebe auf der Strecke blieben. Hinter dieser Politik stehen die Interessen der chemischen Industrie, der Getreidehändler, der Kraftfutterindustrie, der Nahrungsmittelindustrie und auch die der Großbauern und der Agroindustriellen. Agrarerzeugnisse seien für die Industrie nur Rohstoffe, und die sollten billig sein, stellt der BUKO fest. Massentierhaltung und Einfuhr billiger Futtermittel aus der »Dritten Welt« seien zwangsläufige Folgen dieser Agrarpolitik der Kapitalkonzentration.

Die Kehrseite der Überproduktion in der EG ist also die Unterversorgung in der »Dritten Welt«. Deshalb fordern die im BUKO zusammengeschlossenen Aktionsgruppen:

»Um die Nachfrage nach Importfuttermitteln aus Ländern der Dritten Welt zu drosseln, ist es notwendig, klein- und mittelbäuerliche Betriebe zu erhalten. Diese Betriebe können Futtermittel aus der eigenen Produktion verfüttern und am ehesten auf Importfuttermittel verzichten. So können Tiere artgerechter gehalten und gesündere

Nahrungsmittel erzeugt werden. Der Konzentrationsprozeß im Futtermittelhandel, in der Nahrungsmittelindustrie und im Lebensmitteleinzelhandel muß eingedämmt werden. Diese Branchen werden von wenigen, meist transnational arbeitenden Firmen beherrscht. Durch die fortschreitende Monopolisierung üben diese auch einen immer stärkeren Einfluß auf die Politik aus.

Die Überschußpolitik in der EG muß abgebaut werden, das bedeutet weniger Futtermittelimporte. Die Aufwendungen für die Überschüsse werden abgebaut.

Keine Exporte von Überschußprodukten der EG in die Dritte Welt. Diese Nahrungsmittel verändern die Ernährungsgewohnheiten (Weizen statt Hirse), verdrängen die einheimische Produktion von Nahrungsmitteln und schaffen zusätzliche Abhängigkeit von der EG und den USA.«

Bürger-Aktion gegen Burger-Konsum in Recklinghausen

Um diesen Forderungen Nachdruck zu verleihen, gehen die Aktionsgruppen in die Öffentlichkeit. Mit Flugblättern, Unterschriftensammlungen, Vorträgen, Seminaren, alternativen Essen, Boykott, Blockaden oder Straßentheater, wie zum Beispiel der »Dritte-Welt-Arbeitskreis St. Peter«: »Haben Sie heute schon geburgert?« und »Wenn einem soviel Gutes widerfährt, das ist schon einen McUralt wert«, schallte es in der Vorweihnachtszeit 1984 vor McDonald's in der Fußgängerzone von Recklinghausen. Menschen an Gummibändern spielten als Marionetten die Geschichte des Hamburgers von der Viehzucht bis zum Verbraucher. »Wir brauchen höhere Erträge«, brüllte der Futtermitteleinkäufer die Bauern der »Dritten Welt« an, während ein Verkäufer mit Blick auf den gefüllten McDonald's-Laden Hamburger anpries. Und eine Moritat - vorgetragen mit einem Tanzbär - endete: »... die Moral von der Geschichte, eßt keine Hamburger mehr.«

Der Widerstand gegen Burger ist weltweit. Zum McDonald's-Boykott hat auf den Philippinen die Gruppe JAJA – Justice for Aquino – Justice for all/Gerechtigkeit für (den ermordeten Oppositionsführer) Aquino – Gerechtigkeit für alle – aufgerufen. Man habe sich McDonald's nicht zufällig herausgesucht, heißt es in einer Erklärung der Gruppe. JAJA wolle dagegen protestieren, daß McDonald's die Dollar-Devisen abziehe und außerdem keine Gewerkschaften zulasse. Wörtlich heißt es in dem Aufruf:

»Wie Ihnen sehr wohl bewußt ist, ist JAJA der Kampf des Volkes für die ursprüngliche nationale Einheit, verwurzelt in Gerechtigkeit, Freiheit und Wahrheit. Dieser Kampf – militant und gewaltlos – muß auf allen Ebenen geführt werden, auf der politischen, der soziokulturellen und der ökonomischen Ebene...

Die wirtschaftlichen Schwerpunkte des Marcos-Regimes haben immer besonders die Interessen seiner Freunde und großer, ausländischer Konzerne begünstigt - und das auf Kosten unserer armen Landsleute, die einen bedeutenden Anteil an unserer Gesellschaft haben.

McDonald's muß boykottiert werden, weil es ein herausragendes Symbol für die Schuld des Marcos-Regimes ist, nur eine dünne Hülse von Entwicklung und Wohlstand zu schaffen, indem es die ausländischen Unternehmen auf unseren lokalen Markt ließ, und das, obwohl ihr tatsächlicher Beitrag zur Befriedigung der Entwicklungsbedürfnisse der Mehrheit der armen Filipinos im besseren Falle zweifelhaft, im schlechteren aber beleidigend und schädlich ist...

Der Aufruf von JAJA, McDonald's zu boykottieren, soll ein Zeichen setzen gegen den Verlust einer kulturellen Orientierung, wo einfach jedes Produkt bevorzugt wird, nur, weil es von außen kommt, ohne zu berücksichtigen, welche Kosten damit verbunden sind...«

Das gesunde Mißtrauen

Die Aachener Zeitschrift »Klenkes« ließ einen Hamburger von McDonald's zwei Jahre lang liegen – mit diesem Ergebnis.

»Achilles aß Bärenmark, die Giljaken nahmen durch Essen von Bärenfleisch die Kraft des Bären in sich auf. Essen von Löwen- und Leopardenfleisch macht tapfer, von Wolfsherzen mutig ...« (Handwörterbuch des deutschen Aberglaubens)

Hartnäckige Gerüchte kursieren

Ein gewaltiger Regenwurm wand sich durch die Seelen aller McDonald's-Fans. Besorgte Mütter kündigten Geburtstagsparties für ihre Sprößlinge. Die allgemeine Panik gipfelte in Anrufen wie: »Wie viele Würmer tun Sie eigentlich in einen Burger?«

In den US-Bundesstaaten Georgia, Tennessee, Ohio und Indiana sank Ende 1978 der Umsatz der Fast-Food-Läden so stark, daß beispielsweise Jim Taylor, Eigner von vier McDonald's-Stores in Atlanta, ein Drittel seiner Mitarbeiter glaubte feuern zu müssen.

Doch damit nicht genug. Die Story vom Wurmburger sprang auch auf andere Schnellimbißketten über, so daß schließlich ganzseitige Anzeigen in Tageszeitungen geschaltet und Pressekonferenzen einberufen wurden: »100 percent pure beef!« lautete der Schlachtruf der Stunde. Immerhin drohte das Gerücht vom Wurmgericht jahrelange Public-Relations-Arbeit zunichte zu machen.

Tatsächlich aber entbehrte die Mär vom »Big Wurm« jeder Grundlage; die US-amerikanische Landwirtschaftsbehörde USDA – eiligst von McDonald's herbeigepfiffen – bescheinigte das. Das McDonald's-Fleisch, so Bob Bergland von der USDA, entspreche voll und ganz amtlichen Standards.

Zwar wurde damit dem Gerüchtewurm der Todesstoß versetzt, doch hinsichtlich des Inhalts der Hamburger blieb die Phantasie lebendig, teilweise von unsicheren Kantonisten der Fast-Food-Industrie selbst beflügelt, etwa wenn wieder mal eine Ladung Känguruh- oder Pferdefleisch auf dem Weg zu einer Burger-Kette aufflog.

Die Anfälligkeit des Burgers für Gerüchte liegt zweifellos an der diffusen Masse Hackfleisch. Am Endprodukt vermag der Verbraucher das Tier nicht mehr zu identifizieren. Die einheitlich klebrige Masse regt die Phantasie an; wo das Bild vom Tier zerstört ist, werden einfach neue geschaffen.

Durch den Wolf gedrehtes Fleisch bleibt dem Menschen ein Mysterium, und dies nicht erst seit der Erfindung des »Falschen Hasen«. Seit Lebensmittel überhaupt aus zweiter Hand in den Mund gelangen, haben die Esser unter Fälschungen zu leiden. Das jahrhundertealte Mißtrauen gegen die Händler sitzt tief, erst recht, wenn – wie bei vielen Burger-Bratern – das Produkt durch tausend Hände geht.

Das ist auch den Mannen von Whopper, Big Mäc & Co. bekannt, die geradezu hysterisch reagieren, wenn jemand die Ehre des Burgers befleckt. Dann schrecken sie auch nicht vor Überreaktionen zurück, beispielsweise gegen das Polit- und Pornoblatt »spontan« aus der Hamburger Hansestadt, das 1982 den Alptraum aller Hackfleisch-Manager zur Schlagzeile erhob: »Im Big Mäc steckt ein Popel!« wurde da in Riesenlettern verkündet. Tenor der Story: So mancher Griller reibe seinen Naseninhalt in den Burger.

Die Hackepeter-Industriellen verstanden überhaupt keinen Spaß und taten »spontan« spontan den Gefallen, den Rechtsweg zu beschreiten. »Das Imperium schlägt zurück!« hieß es triumphierend in der nächsten Ausgabe, und ohne den von McDonald's initiierten Rechtsstreit hätte der angebliche Popel-Mäc wohl kaum die Publicity erfahren, die er schließlich bekommen hat.

Die Wurm- und Popel-Stories treffen die Klops-Brater an ihrer empfindlichsten und heiligsten Stelle, dem »100-percent-pure-beef«-

Dicker Hund! Pfote im Hamburger...

exp **Newhall** – Das ist (war) ja wohl ein ganz dikker Hund! Jeff Latimer im kalifornischen Newhall biß herzhaft in seinen Kingsize-Hamburger, Marke »Bob's Big Boy«, und lief Sekunden später grün vor Ekel an.

Der Grund: Das, worauf seine Zähne stießen, war nicht das in der Werbung versprochene saftige, mageres Rindfleisch, sondern eine Hundepfote – komplett mit Krallen, Fell und auch recht fett.

Jetzt soll der Hamburger-Hersteller drei Millionen Mark an Jeff zahlen. Schadensersatz, weil diesem lebenslang der Appetit auf Amerikas „Nationalgericht" vergangen ist.

Die Verantwortlichen der Restaurantkette haben bislang noch keinerlei Erklärung dafür abgegeben, wie die Vierbeiner-Pfote ins Fleisch und dann auch noch aufs Brötchen kam.

Quelle: Express

Image, und sie stellen Eigenschaften in Frage, die seit je dem Rind hack zugeschrieben werden: »Das Beefsteak gehört zur selben Blutmythologie wie der Wein. Es ist das Herz des Fleisches, das Fleisch im Reinzustand, und wer es zu sich nimmt, assimiliert die Kräfte des Rindes«, schreibt Roland Barthes in seinen »Mythen des Alltags«. Wer monatelang von Rindfleisch lebe, so behauptet noch um die Jahrhundertwende ein englischer Gelehrter, werde »außerordentlich energisch und mutig«.

Nicht umsonst liegt in der McDonald's-Werbung die Betonung auf *Rind*fleisch, und aus dem McDonald's-Jahresbericht 1980 starrt einen der die Kräfte des Tieres assimilierende Mensch in Hochglanz an. Ein knorriger, entschlossener Cowboy, hoch zu Pferde, vor einem Hintergrund aus kraftstrotzenden Rindern, und die Bildunterschrift knarzt einem förmlich aus Marlboro-geschädigter Kehle entgegen: »You begin with 100 percent pure beef ...«

Gaumenkitzel

Die Auseinandersetzung um die Qualität der Hackfleisch-Klopse, die mit Gerüchten über deren Inhalt anfängt, setzt sich fort, wenn es um den Geschmack geht. Auch da sieht sich die Fast-Food-Industrie mannigfaltigen Angriffen ausgesetzt, bei den Bezeichnungen der Hacksemmeln als »Fraß« und »Futter« angefangen. Die Burger-Riesen kontern mit Pressemitteilungen, welche die Industrieprodukte hartnäckig als Speisen herausstellen und auf deren Herkunft »aus Fleisch, Brot, Kartoffeln und Milchprodukten« hinweisen.

Und in der Schlacht um den Geschmack der Industrienahrung schreckt man vor keiner Komik zurück, beispielsweise wenn McDonald's in einem Werbespruch für einen Bananen-Shake tönt: »Wer Happy Mäc Banane nicht probiert hat, weiß nicht, wie gut Bananen schmecken!« Ein starker Anspruch für ein mit Wasser angerührtes Pulver.

Der Streit um den Geschmack des Fabrik-Futters ist verständlich. Immerhin könnte man ja annehmen, daß hier der Schlüssel zum Erfolg verborgen liegt. Also, wie schmeckt das Zeug denn nun?!

Karl Hoche hat für »Besser's Gourmet Journal« seinen Gaumen gekitzelt (die genannten Preise sind veraltet): »Da wir die Küche testen wollen, beachten wir die beiden Menüvorschläge des Hauses (Viertelpfünder, Cola und Pommes frites sowie Big Mäc, Kaffee und Pommes frites) nicht. Wir beginnen mit dem Fischgang, auch Madame nimmt einen Fischmäc zu 1,95 DM. Dann wählt sie einen Viertelpfünder mit Käse für 3,60 DM und ich einen Big Mäc zu 3,25 DM ... Das erste, was mir auffällt: endlich hat einmal ein Restaurateur meine flehentlichen Ermahnungen erhört, man möge doch damit aufhören, den Gast mit mehligen Saucen zu behelligen. Hier gibt es überhaupt keine Sauce. Dafür fein durchpassiertes Gemüse, eine der wirklich unbestrittenen Errungenschaften der französischen Küche. In diesem Fall sind es Tomaten, und sie krönen als Ketchup das Rinderhack ... Käsescheibe, Zwiebel (leider wieder keine Schalotten, wie oft muß ich denn das noch sagen!) und Salat verleihen dem Festival der Geschmacksnerven eine ganz besondere Note.«

Andere, die Hamburger einfach fade finden, erklären dies damit, daß die Produkte nicht etwa vor den Geschmacksnerven der Konsumenten, sondern vor einer ganzen Reihe bakteriologischer, chemischer und physikalischer Tests und Apparaturen bestehen müßten. Die Summe der Laborergebnisse komponiere das Gericht, sie ersetze Zunge und Gaumen der Gäste. Die wiederum müßten ihren Geschmack den technischen Gegebenheiten anpassen; die Aura des Hamburgers jedenfalls sei die eines Industrieprodukts.

»... an der Auslösung von Erbrechen und Würgereflexen können Geschmacksrezeptoren beteiligt sein.« (Roman Ferstl, Determinanten des Eßverhaltens)

In den USA ist eine neue Generation von Feinschmeckern auf den Spuren der feinen und feinsten Unterschiede. Der Burger-King-Hamburger etwa sei »geschmackvoll, obwohl das Fleisch ein bißchen zäh, die Semmel fade« sei, so machen sich die modernen Leckermäuler des Verbrauchermagazins »Consumer Reports« um die Kritikfähigkeit der Konsumenten verdient. Wendy's Burger bekommt die besten Noten (»fleischig, saftig, zart«), während der Big Mäc von McDonald's immerhin über dem Durchschnitt landet (»unter der Spezialsauce, dem Salat, Käse, den Gurken, Zwiebeln und dem Sesambrötchen war der Burger fleischig und zart«).

Doch auch auf Nebenschauplätzen wird gekämpft. Die Burger-King-Fritten zum Beispiel seien »blaß und unterfritiert«, die Shakes hinterließen »einen unangenehmen Belag im Mund« und schmeckten »stark nach künstlicher Schokolade«. Das Fisch-Sandwich schließlich sei »zäh und faserig« gewesen, von fadem Geschmack und durch die Sauce nur unzureichend aufgemöbelt, wohingegen die weltweit patentierten McDonald's-Pommes auch bei einem Fritten-Test des »Chicago Tribune Magazine« auf Platz 1 landeten.

Wenn es um die Qualität der Hacksemmeln geht, können sich einmal mehr auch die »richtigen« Gourmets nicht entziehen. Da heißt es: Ran an den Klops! Das »Time«-Magazin lud zu McDonald's, jedoch nicht ohne die verwöhnten Esser darauf hinzuweisen, daß es hier nicht um die Beurteilung eines »Guide-Michelin«-Aspiranten ginge. Die Geschmackspäpste zeigten sich trotzdem bissig, etwa die New Yorker Restaurant-Kritikerin Gael Greene, die schon einmal behauptet hatte, ein Big Mäc liege so schwer im Magen, daß man sogar im Toten Meer untergehen würde. Diesmal fiel ihr Urteil nicht besser aus; der Big Mäc habe all »diese verrufenen Dinge, wie Käse aus Leim, russisches Dressing, das seit drei Generationen keine Steppe mehr gesehen hat, sowie diese sehr dünne Tablette von etwas, das nahe genug an Fleisch herankommt. Es ist eine unglaublich dekadente Eßerfahrung«. Auch das vermeintlich positive Urteil über die Milch-Shakes (»dick, süß und eiskalt«) wird am Schluß zum Verriß: »Sie schmecken besser als echte.«

Kollegin Julia Child hält das McDonald's-Essen ebenfalls nicht gerade für eine ausgewogene Mahlzeit: »... es enthält nichts als Kalorien, aber es hält dich am Leben.«

Die Burger-Brutzler schlagen zurück, McDonald's mit René Arend, der sich uns so präsentiert: »Ich habe Koch gelernt in Straßburg auf der Hotelschule, und nachdem ich die Hotelschule fertig hatte, habe ich in Frankreich und in Luxemburg gearbeitet, und 1956 bin ich nach Amerika ausgewandert und habe hier in Chicago in den besten Hotels gearbeitet. Im Drake Hotel, das heute noch eines der besten Hotels ist, und im Whitehall Club, wo ich dann zum ersten Mal Chefkoch wurde ... Natürlich war das nicht so leicht die erste Zeit hier bei so 'ner großen Kompanie wie McDonald's. Und als Chef so allein zu sein, das hat mir zuerst nicht gefallen. In meiner Küche bin ich meistens ganz alleine, die Tür ist meist ganz geschlossen, keiner kann reinkommen. Und das hat mich zuerst sehr beeinträchtigt. Und dann später, als ich mit dem ersten Produkt rauskam, dann wurde das besser.«

Der Sympathieträger Arend mit der frisch gestärkten Kochmütze erinnert sich weiter, auch an den McDonald's-Gründer: »Ray Kroc war einer der besten Kunden von Whitehall, und über die Jahre hab' ich den sehr gut kennengelernt, und wir wurden sogar Freunde. Was er am liebsten gegessen hat, war Hühner- und Krabbensuppe, und Langustinen hat er sehr gern gegessen. Aber er hat zehn Jahre gebraucht, mich hier nach McDonald's zu bringen. Aber er war ein Mann, der nie nachgelassen hat. Wenn er eine Idee hatte, dann hat er nie aufgegeben. Er ist hinter mir her gewesen jeden Tag und hat gesagt: Wann kommst du zu mir, wann wirst du zu McDonald's kommen? Und ich hab' dann nach zehn Jahren nachgegeben und hab' gesagt, es ist jetzt Zeit, daß ich was anderes tu, und ich will für viele Leute kochen, und dann bin ich nach McDonald's gegangen.«

Über die Ergebnisse seiner Bemühungen darf René jetzt in Pressemitteilungen mit eigenem Briefkopf (»Chef René«) berichten. Doch es scheint, als schlage weniger die Reputation des Edelkoches auf McDonald's als vielmehr diejenige der Burger-Küche auf den Meister selbst zurück. Ein bißchen traurig wirkt er schon, wie er da vor dem Burger-Lokal für die Fotografen posiert, in der einen Hand einen Big Mäc, in der anderen einen Plastikbecher - Chef René, der Chef, der nichts zu sagen hat.

Unberechenbare Zutaten

Der erste Hamburger-Tote hatte überhaupt keinen Hamburger gegessen. Mit einer schweren Bauchverletzung wurde der 69 Jahre alte Mann in den letzten Tagen des Jahres 1982 ins Krankenhaus eingeliefert. Nachdem die Ärzte seine Milz herausgenommen hatten, führten sie eine Sigmoidoskopie durch; das ist die Untersuchung des Dickdarms mit einer Schlauchkamera.

Acht Tage nach dieser Untersuchung trat bei dem ohnehin schon geschwächten Patienten schwerer Durchfall auf, der von den Ärzten mit Antibiotika behandelt wurde. Doch nichts half. Die für die Erkrankung verantwortlichen Bakterien - Salmonellen - waren gegen sämtliche Mittel resistent. 20 Tage nach der Sigmoidoskopie starb der Mann »mit Fieber, Verwirrung und anderen Symptomen der Blutvergiftung«.

Die Sigmoidoskopie war kurz zuvor im selben Krankenhaus mit denselben Instrumenten an einer 29jährigen Frau durchgeführt worden, die an Salmonellosis litt, und die Bakterien nahmen den Weg über unzureichend desinfizierte Instrumente in den Organismus des alten Mannes.

Außer der Frau und dem 69jährigen Mann erkrankten noch 16 weitere Personen im US-amerikanischen Mittelwesten, wobei die Gesamtzahl 18 lediglich die Zahl der dokumentierten Fälle wiedergibt. Die Mehrzahl der Erkrankten hatte Hamburger gegessen und außerdem wegen Ohren-, Halsentzündung oder Bronchitis Antibiotika geschluckt. Eine brisante Mischung, wie sich zeigen sollte, denn die Hamburger waren verseucht mit hochresistenten Salmonellen, die sich in dem mit Antibiotika angereicherten Organismus der Hackfleisch-Esser sogleich wohl fühlten. Denn die Medikamente versagten zwar bei den Salmonellen, rafften aber die körpereigene Konkurrenz der Eindringlinge, die Bakterienflora, hinweg. Den Salmonellen wurde somit ein selektiver Vorteil zuteil.

Die Ärzte recherchierten nach dem Ursprungsort des verseuchten Fleisches und fanden eine Rinderfarm in Süd-Dakota, deren Viehbestand routinemäßig mit Antibiotika gefüttert wurde. Kein Einzelfall: »Heutzutage werden praktisch alle Hühner, Schweine und Rinder der USA mit Antibiotika gefüttert. Sie schlucken bis zu 40 Prozent der amerikanischen Antibiotika-Produktion im Umfang von rund 250 Millionen Dollar im Jahr«, schreibt das Magazin »Businessweek«. Von 2 000 Tonnen 1954 hat sich der Antibiotika-Verbrauch der US-Farmen auf 70 000 Tonnen 1985 gesteigert.

Neu war nur, daß der Nachweis gelang, daß in Tieren herangezüchtete resistente Bakterien Krankheiten beim Menschen verursachen können. Die Salmonellen der Patienten glichen aus der Süd-Dakota-Rinderherde entnommenen wie ein Ei dem anderen. Damit war aus der Vermutung, Antibiotika-Fütterung von Schlachttieren gefährde am Ende den Menschen, Gewißheit geworden.

Während Wissenschaftler nach immer neuen Antibiotika suchen, werden Hühner-, Schweine- und Rinderfarmen zu Zuchtanlagen für resistente Keime. Auch in der Bundesrepublik – wo 70 Prozent aller

McRonald's®
OVER 45 BILLION SERVED
ONLY 21 KILLED

Tierarzneimittel illegal verschoben werden – bekommt man allmählich kalte Füße. Der Bauer selbst, ständig potentiell salmonellenverseuchtem Dung ausgesetzt, sei gefährdet, schlug die Deutsche Landwirtschafts-Gesellschaft Alarm.

Aber der Landmann, eingebunden in ökonomische und technische Sachzwänge, wird die Geister, die er einst rief, um die Produktion zu steigern, nicht mehr los. Ein Drogenentzug von heute auf morgen ist kaum möglich, denn die Antibiotika beschleunigen das Wachstum der Tiere und sparen durch ihre vorbeugende Wirkung Tierarztkosten. »Eine Infektion da drinnen, und du bist ruiniert«, sagt beispielsweise ein US-amerikanischer Geflügelzüchter.

Wie wahr: Ein Schweinezuchtbetrieb in Steinhagen/Westfalen mußte 1983 den gesamten Viehbestand von 5 000 Tieren töten lassen. Obwohl die hygienischen Bedingungen des Unternehmens als optimal galten, waren sämtliche Schweine an der Schweinepest erkrankt. »Ausufern konnte die Seuche vor allem«, schreibt das Nachrichtenmagazin »Spiegel«, »weil an die Stelle der Bauernhöfe von einst mittlerweile gigantische Viehfabriken getreten sind.«

Bis heute mußten in insgesamt 1 800 bundesdeutschen Viehzuchtbetrieben eine halbe Million Schweine getötet werden; der Schaden beläuft sich auf rund 130 Millionen Mark.

Dahingerafft wird aber nicht bloß das Vieh, sondern auch der Mensch, vor allem, wenn die Krankheitserreger nicht nur sehr aggressiv, sondern auch noch resistent gegen Antibiotika sind:

- 1968 starben in Guatemala mehr als 12 000 Menschen an Ruhr. Der Infektionserreger war gegen alle gebräuchlichen Antibiotika unempfindlich.
- 1972 erkrankten in Mexiko und den USA 100 000 Menschen an Typhus; 14 000, vor allem Kinder und Jugendliche, starben. Auch dieser Erreger war gegen mehrere Antibiotika resistent.
- 1974 schließlich wurde Resistenz auch erstmals bei lebensmittelvergiftenden Salmonellenarten beobachtet.

Doch die »überwiegende Mehrzahl« der schweren Lebensmittelvergiftungen wird nach Meinung der Deutschen Gesellschaft für Ernährung (DGE) durch »Nichtbeachtung erforderlicher Hygienemaßnahmen, meist im Haushalt« verursacht. In der Tat: Wer rechnet schon damit, daß das leckere Gefrierhähnchen im Kühlschrank regelrecht in Quarantäne gehört – schon das Tropfwasser kann andere

Lebensmittel mit Salmonellen infizieren oder über die Hände in den Mund gelangen.

Mit Antibiotika belastetes Fleisch kann – wenn es denn nicht unmittelbar resistente Keime transportiert – in körpereigenen Bakterien Resistenzen fördern. Davor wird der Verbraucher so gut wie überhaupt nicht geschützt. Nur ein Prozent der geschlachteten Tiere wird auf Antibiotika-Rückstände untersucht. Die restlichen 99 Prozent gelangen, egal, wieviel Antibiotika sie enthalten mögen, zum Verkauf.

Der amtliche »Hemmstofftest«, der an diesem verschwindend geringen Teil der Tiere durchgeführt wird, ist so gestaltet, daß man praktisch nichts finden kann. Beispielsweise ist er untauglich, um Rückstände von Sulfonamiden und Chloramphenicol aufzuspüren. Beides sind ebenfalls hochwirksame, das Bakterienwachstum hemmende Substanzen, die – Gesetze hin, Gesetze her – bei der Mast verwendet werden.

Chloramphenicol kann die tödliche »aplastische Anämie« auslösen, bei der das Knochenmark keine Blutzellen mehr bildet und zugleich Blut aus Haut und Organen austritt. In dem Buch »Iß und stirb« von Kapfelsberger und Pollmer heißt es: »Aufgrund des Fehlens jeglicher Kontrolle ist Chloramphenicol heute eines der wichtigsten Arzneimittel in der Massentierhaltung.«

Es ist kein Wunder, daß auch Hackfleischproduzenten – wie das Beispiel aus dem Mittelwesten der USA zeigt – von den Folgen mit Antibiotika verseuchten Viehbestandes und Fleisches betroffen sind, denn sie sind auf ungeheure Mengen preisgünstigen und schnell verfügbaren Rinderhacks angewiesen, die eben nicht mir nichts, dir nichts zu erzeugen sind. Die Chemo-Mast von Schlachttieren ist ein spezifisches Problem der industrialisierten Nahrungsmittelwirtschaft.

1984 begannen Knaben auf der Antilleninsel Puerto Rico plötzlich Brüste zu wachsen. Bei den Mädchen setzte frühzeitig die Menstruation ein: »Juana, im letzten Jahr eingeschult, sieht aus wie 18, ist aber zehn Jahre jünger. Ihr Vater, ein Lastwagenfahrer, bringt sie morgens zur Schule, damit die Männer das Kind in Frieden lassen.« (Spiegel) Am Ende registrierten die Ärzte 778 Kinder mit abnormen anatomischen Veränderungen; die Gesamtzahl der Erkrankten schätzten sie auf 3 000: »Es wird Probleme mit der endgültigen Statur der Kinder geben, und was mit ihrer Fortpflanzungsfähigkeit wird, weiß kein Mensch«, sagt Dr. Adolfo Perez-Comas, einer der behandelnden Mediziner.

Viehzüchter hatten ihr Geflügel mit Hormonen vollgepumpt, die das Wachstum beschleunigen sollen. Die geschädigten Kinder hatten Geflügel und Geflügelprodukte gegessen; bei 80 Prozent von ihnen fanden die Ärzte erhöhte Östrogen-Werte im Blut und empfahlen strikte Hendelabstinenz. Die Symptome bildeten sich daraufhin teilweise zurück, Spätschäden sind aber noch nicht abzusehen.

Während der Affäre stürzten die Geflügelumsätze in den Keller, so daß sich die Fast-Food-Kette Kentucky Fried Chicken, der größte Hühner-Verbraucher der Welt, gezwungen sah, eine Menge Geld in Gegenmaßnahmen zu investieren. Der Konzern schaltete ganzseitige Anzeigen in Zeitungen und Zeitschriften, in denen er die Bekömmlichkeit seiner Produkte betonte.

Kentucky Fried Chicken ist auf die Massenzucht von Geflügel angewiesen, das wohl auf die Dauer nur von Farmen bezogen werden kann, die auf Teufel komm raus ihren Viehbestand einem systematischen Doping unterziehen. Das Geflügel in den Batterien (100 000 bis 200 000 Tiere in einem Betrieb; 25 pro Quadratmeter) ist nur noch mittels massiver Medikamentengaben lebensfähig. Hier werden 3 000 bis 10 000 Hähnchen pro Stunde geschlachtet, wobei es wiederum leicht zur Übertragung von Salmonellen und anderen Bakterien kommen kann. Dazu das Bundesgesundheitsamt: »Offensichtlich wird die Zunahme der Salmonellosen durch die modernen Technologien der Lebensmittelzubereitung geradezu gefördert.« Anders als die Deutsche Gesellschaft für Ernährung macht das Bundesgesundheitsamt also nicht die Haushalte für die hygienischen Probleme verantwortlich.

L & O in Günzburg, Hamburger-Patty-Lieferant von McDonald's, trägt den Risiken der modernen Nahrungsmittelverarbeitung Rechnung, indem er die ganze Hackfleischfabrik gründlich desinfiziert. Denn ohne Chemie geht nichts mehr, und dieselben Maschinen, durch die sich tagsüber tonnenweise Hackfleisch wälzt, verschwinden nachts unter einem weißen Säuberungsschaum.

Solche Vorsichtsmaßnahmen helfen freilich nicht gegen Chemierückstände im Fleisch, und manch ein Zeitgenosse hat mittlerweile davor eine derartige Angst, daß er sein Rindfleisch nur noch aus speziellen Betrieben bezieht, deren Rinder ohne Chemie gezüchtet werden.

Ronald Reagan gehört zu ihnen. Während seine Behörden immer weniger Fleisch auf Medikamentenrückstände untersuchen, verlegt sich der US-Präsident auf wirklich »100 Prozent reines Rindfleisch«. Seine Vorliebe gilt »old-fashioned homegrown beef« aus biologischer Zucht, berichtet die US-Zeitschrift »Mother Jones«. Die Kälber für den Präsidententeller werden demnach sorgfältig in einem südkalifornischen Zuchtbetrieb ausgesucht und auf Reagans eigener Ranch in Santa Barbara aufgezogen. Und wie dereinst Fürsten und Monarchen habe heutzutage auch ein demokratisch gewählter Herrscher wieder seinen »persönlichen« Metzger, der die Rinder schlachtet und das Fleisch für seine Sippe zurichtet. Wann welche Portion ins Weiße Haus wandert, das erfährt freilich niemand. Das Fleisch für Reagans Hamburger wird, schreibt »Mother Jones«, zu einem geheimen Zeitpunkt abgeholt: vom Secret Service.

Die starke Wirkung von Herbiziden

Rindfleisch kann neben Antibiotika auch andere Rückstände enthalten, beispielsweise *Tordon,* ein Unkrautvernichtungsmittel des US-Chemiekonzerns Dow Chemical. Der Rinderzüchter Hugo Rivera aus Costa Rica über die zu hohen Aufwendungen für Chemikalien auf seiner Farm: »Ja, die Herbizide, Tordon und viele Produkte, die man auf einem Bauernhof braucht, sind sehr teuer geworden ...«

Tordon ist ein alter Bekannter unter den Unkrautvernichtungsmitteln (Herbiziden). Herstellung und Vertrieb sind mittlerweile in den USA und einigen Staaten Europas verboten. Wie in vielen Ländern Lateinamerikas wird Tordon allerdings immer noch in Costa Rica verwendet, um den Urwald niederzuhalten. Denn viele Rinderherden grasen auf ehemaligem Urwaldland. Und nicht selten vernichtete kurz zuvor an derselben Stelle der tödliche Stoff unerwünschten Wuchs.

95 Prozent der costaricanischen Fleischexporte gehen in die USA und werden dort auch an einige Fast-Food-Ketten verkauft. Donald Monroe von der Ganadera Industrial (GISA), dem größten Agrarkonzern Costa Ricas, nennt insbesondere Burger King, Wendy's, Hardee's und große Supermärkte als Empfänger. Selbstverständlich

handelt es sich ebenfalls um Fleisch von Rindern, die mit allen möglichen Medikamenten behandelt worden sind. Hugo Rivera beispielsweise zwickt seinen Rindern eine Langzeitberuhigungskapsel ins Ohr. Über drei Monate wird der Wirkstoff in den Blutkreislauf abgegeben. Die Tiere werden träge und bewegungsfaul und setzen dadurch schneller mehr Fleisch an.

Ohne Herbizide wie Tordon geht gar nichts. Wie Farmer in Lateinamerika im allgemeinen mit dem Gift umgehen, das erfuhr ein Fernsehteam des Südwestfunks bei Dreharbeiten in Brasilien. Auch hier ist Tordon in verschiedenen Ausführungen auf dem Markt zu haben, zum Beispiel als Tordon 2,4,5-T und Tordon 2,4-D. Die beiden, berichtet Südwestfunk-Redakteur von Oertzen, »werden auf den Farmen gemischt. 'Das wirkt dann stärker', sagte uns der Vorarbeiter auf der im Film gezeigten Bourdon-Fazenda«. Kein Wunder, denn aus der Mixtur entsteht nichts anderes als *Agent Orange.* Das ist die militärische Bezeichnung für eben jene Mischung aus 2,4,5-T und 2,4-D, die von den US-Streitkräften mit so verheerenden Folgen im Vietnam-Krieg eingesetzt wurde. Zusammen mit 2,3,7,8-TCDD *(Dioxin),* das in der Mixtur zwangsläufig als »Verunreinigung« vorkommt, verursacht Agent Orange schwerste Gesundheitsschäden bis in die folgenden Generationen hinein. Die Palette der Erkrankungen reicht von leichten Hautreizungen bis zur schweren Chlorakne im Stile Sevesos, die die Menschen ein Leben lang entstellt. Das Dioxin, wenn es nicht gleich tötet, ist außerdem verantwortlich für Leberschäden und Blutkrebs sowie mißgebildete Neugeborene.

»Viet-Duc hat zwei Köpfe, zwei Schulterpaare, vier Arme, aber nur zwei Beine, einen Penis und einen After. Er ist eineinhalb Jahre alt und lernt bald sprechen. Viet-Duc ist ein Mensch, oder zwei, auf alle Fälle hat er menschliche Regungen: Er ärgert sich, wenn der eine Kopf nicht so will wie der andere, zum Beispiel beim Sichumdrehen im Bettchen ... Viet-Duc ist keine gewöhnliche Mißgeburt, wie sie überall auf der Welt auftreten, sondern er gehört zu den zahlreichen mißgestalteten Babies, die seit dem chemischen Krieg der USA in Südvietnam heute noch mit einer abnormalen Steigerungsrate geboren werden.« (Frankfurter Rundschau, 8. Oktober 1982, über die Folgen der Anwendung von Agent Orange im Vietnam-Krieg) Auch US-Soldaten, die während des Vietnam-Krieges mit dem Supergift zu tun hatten, erkrankten schwer.

Die Magenleiden der Leute von Traverse und White City

1982 klagten 47 Menschen aus Traverse City (Michigan) und White City (Oregon) über extreme Unterleibsschmerzen, Magenkrämpfe und Durchfall. Alle 47 hatten Hamburger von McDonald's gegessen. Auch in diesem Fall nahmen sich die Centers for Disease Control in Atlanta der Sache an. Die Untersuchungen ergaben, daß 82 Prozent der Opfer in Michigan in der Hauptgeschäftszeit bei dem Fast-Food-Riesen gegessen hatten.

Wie es scheint, ist dies besonders ungesund, denn in der Rush-hour liegt viel mehr tiefgefrorenes Fleisch auf dem Grill als zu normalen Zeiten. Und der Grill erhitzt dann nicht nur das Fleisch, sondern letzteres kühlt auch den Grill, so daß Garzeiten verlängert, Grilltemperaturen unterschritten werden. Das Ergebnis sind zum Teil rohe Hamburger, und Bakterien, die gewöhnlich durch die Hitze getötet werden, bleiben am Leben, so Experten im nachhinein.

Die 47 Magenkranken waren für McDonald's besonders peinlich; schließlich wetteiferte der Konzern gerade mit dem Erzkonkurrenten Burger King gerichtlich um den besten Hamburger. Und auch an der Börse verging den Maklern der Appetit – der Handel mit McDonald's-Aktien wurde vorübergehend gestoppt.

Der Appetit kommt nach dem Essen

Die Koronar-Gefäße sind feine Blutgefäße, die den Herzmuskel selbst mit Blut versorgen. Sind sie durch Arterienverkalkung verstopft, kommt es zum Herzinfarkt, und um diesen zu vermeiden, werden gefährdete Patienten operiert. In den meisten Fällen wird ein sogenannter Bypass angelegt: Irgendwo im Körper wird ein Stück Vene oder Arterie entnommen und in die Herzgegend verpflanzt, um die verstopften Adern zu überbrücken und das Herz wieder mit ausreichend Blut zu versorgen.

»Coronary Bypass Special« ist ein Spitzname, den die Zeitschrift »Aktive Ernährung« Wendy's Dreifach-Cheeseburger verpaßte:

wegen seiner »niederschmetternden 612 Fett-Kalorien (von den 1 800 Milligramm Natrium ganz zu schweigen)«. Denn vor allem Fett und Salz, und im Salz das Natrium, sind für Bluthochdruck und Arterienverkalkung verantwortlich. Überhaupt macht sich Wendy's um die Überernährung der Bevölkerung sehr verdient; ein doppelter Cheeseburger, Pommes und ein Shake bringen zusammen 1 516 Kalorien auf die Waage. Das sind knapp drei Viertel des durchschnittlichen Tagesbedarfes eines Erwachsenen. Resümee der Zeitschrift: »Fast-Food-Mahlzeiten sind mit Kalorien geladen.«

Während die Faustgerichte über die Hälfte des Tagesbedarfs an Energie verabreichen, bringen sie es höchstens auf ein Drittel der benötigten Nährstoffmenge, bei Vitamin C sogar nur auf zwei bis vier Prozent. Das ist der Kern des Vorwurfes, bei Fast-Food handele es sich um »uneffektives Essen«: »Wer häufig auf ein Mittagessen verzichtet und sich statt dessen von Hamburgern ernährt, kann durch diese einseitige Ernährung Mangelerscheinungen bekommen«, sagt die Verbraucherzentrale Hamburg.

	McDonald's Viertelpfünder Pommes frites Apfeltasche Milchshake Vanille	*selbst hergestellt* Viertelpfünder gebackene Kartoffeln Apfeltasche entrahmte Milch
Gewicht	584 g	766 g
Kalorien	1 216	736
Eiweiß	43 g	40 g
Fett	51 g	25 g
Kohlehydrate	146 g	90 g
Kalcium	446 mg	365 mg
Natrium	1 476 mg	1 114 mg
Eisen	5 mg	6 mg
Vitamin A	263 I.U.	650 I.U.
Niacin	7 mg	9 mg
Vitamin C	14 mg	40 mg

Quelle: Rebecca M. Moulis, Foods and Nutrition Newsletter, No. 16, August 1977

Bei geringem Gewicht (das heißt schlechtem Sättigungseffekt) bringt es das McDonald's-Menü auf über 1200 Kalorien. Es enthält außerdem 100 Prozent mehr Fett, 62 Prozent mehr Kohlehydrate und 32 Prozent mehr Natrium als ein vergleichbares, selbst hergestelltes Gericht, das zudem weitaus reicher an Vitamin A und Vitamin C ist.

Der Mensch, der hauptsächlich von Fast-Food lebt, wird krank und fett. Er ist ein blasser Dicker, der von nervösen Erscheinungen wie Schlaflosigkeit, Angstträumen, aber auch gesteigerter Aggressivität und Hyperaktivität geplagt wird.

Kern des Problems ist ein ausgeprägter Mangel an Vitamin B 1 (Thiamin), wobei die Deutsche Gesellschaft für Ernährung unter der bundesdeutschen Bevölkerung ohnehin schon »einen beträchtlichen Anteil nicht ausreichend mit Thiamin versorgter Personen« fand. Die Unterversorgung mit Vitamin B 1, das wichtig für die Nerven ist, resultiert aus der industrialisierten Ernährungsweise, insbesondere der Erzeugung immer hellerer Mehle und Brotsorten. Bei dieser Feinverarbeitung fallen die Getreidehülsen unter den Tisch, die den größten Teil des Thiamin enthalten. Und die in den Burger-Küchen verwendeten Softbrötchen enthalten natürlich wenig Vitamin B 1.

Wo das Essen zum nährstoffarmen Mahl wird, da läßt sich mit Vitaminen ein Geschäft machen.

Zusätzlich greift das süße Fast-Food körpereigene Thiamin-Vorräte an, denn der Zucker betätigt sich als »Vitamin-B 1-Räuber«, das heißt, das Vitamin wird zum Abbau der süßen Kohlehydrate gebraucht und fehlt dann an anderer Stelle im Organismus. Wenn man bedenkt, daß ein Milchshake die 16 Stücken Würfelzucker entsprechende Menge Zucker enthält, kann man sich vorstellen, in welchem Umfang dem Körper Vitamin B 1 verlorengeht. So leiden viele US-amerikanische Kinder an einer Krankheit, die zuvor nur in Entwicklungsländern beobachtet wurde – dem Vitamin-B 1-Mangel, der »Junk-Food-Disease«.

Schließlich macht das Industrie-Futter auch nicht satt; in einer Untersuchung des Instituts für Jugendforschung führen 29 Prozent der befragten Jugendlichen dies als Nachteil des Fast-Food an – bei den 540 Kalorien eines Big Mäc oder den 740 Kalorien eines Whopper mit Käse allerdings ein erstaunliches Ergebnis. Dahinter steckt das Geheimnis von Kalorien, die nicht satt machen, einer Neuschöpfung der industriellen Nahrungsmittelwirtschaft.

Das Sättigungsgefühl hängt nicht von abstrakten Kalorienwerten ab; es gibt keinen Energiezähler im Körper. Ob man sich nach einer Mahlzeit satt fühlt oder nicht, ist vielmehr von einer ganzen Reihe von Faktoren abhängig, zum Beispiel dem Dehnungs-, Füllungs- und Bewegungszustand des Magens sowie dem Zuckerspiegel im Blut. Auch Dauer und Intensität des Kauens und der Verdauung allgemein spielen eine Rolle, wenn es darum geht, daß der Organismus dem Gehirn Sättigung meldet. Kalorien haben also nicht direkt etwas mit Sättigung zu tun, sind aber sehr wohl Maßstab für die aufgenommene Energie, und die ist es, die am Ende dick macht.

Die Hamburger legen die menschliche Verdauung rein; ruck, zuck, gekaut, geschluckt, verdaut vermitteln sie dem auf ganz andere Nahrungsmittel eingestellten Organismus das Gefühl, nur wenig Nahrung bekommen zu haben. So können der körperinternen Sättigungskontrolle schon mal einige hundert Kalorien durch die Lappen gehen – die Fettsucht schleicht sich heimlich ein.

Verantwortlich für die Täuschung ist ein Mangel an Ballaststoffen, die normalerweise zu Volumen und Gewicht der Nahrung beitragen, ohne die Energieaufnahme nennenswert zu erhöhen. Volumen und Gewicht sind aber für die Sättigung wichtig. Da wirkt es schon etwas paradox, wenn McDonald's in einer Anzeige »die Devise« für das moderne Essen ausgibt: »Lieber öfter eine Kleinigkeit als dreimal täglich eine Riesenportion«.

In der Dezemberausgabe 1984 warnt das »DAK-Magazin« die Mitglieder der Krankenversicherung vor zu ballaststoffarmer Nahrung. Ein Mangel an pflanzlichen Nahrungsbestandteilen führe zu einem »Überschuß an Nahrungsenergie und Verstopfung«. Das Zuviel an Energie verursache Fettleibigkeit, erhöhten Cholesterin-Spiegel, Herz- und Kreislauferkrankungen, Zuckerkrankheit und Bluthochdruck. Folgen der Verstopfung seien Hämorrhoiden, Krampfadern und Dickdarmkrebs. Diese unschöne Realität des industriell ernährten Menschen begegnet einem vor allem in den USA, dem Burger-Land, wo es so viele Fettleibige gibt wie sonst nirgends auf der Welt.

Allgemein ist die Aufnahme der Ballaststoffe in den letzten hundert Jahren auf ein Viertel der ursprünglichen Menge gesunken; der Trend geht mithin zu immer mehr Kalorien mit immer weniger Sättigungseffekt. Von der Spitze des Eisbergs winken McDonald's und Konsorten.

Durch den Mangel an Ballaststoffen sind die Hamburger aber nicht nur ein ungesundes, sondern auch ein teures Essen. Schließlich muß der Hunger, der viel zu schnell wiederkommt, seinerseits gestillt werden. Das kostet.

Dafür herrscht an anderen Bestandteilen nun wahrlich kein Mangel: 40 bis 50 Prozent der Kalorien in den meisten Fast-Food-Mahlzeiten kommen vom Fett, schätzt das Fachblatt »Aktive Ernährung«, deshalb »sind Fast-Food-Mahlzeiten fettige Mahlzeiten«. In der Tat müht sich die Industrie nicht sonderlich, den Fettgehalt der Burger niedrig zu halten. 12 bis 18 Prozent seien aus ernährungsphysiologischer Sicht »durchaus akzeptabel«, schreibt die Schweizer Stiftung für Konsumentenschutz (SKS), ein Fettgehalt von über 20 Prozent sei »abzulehnen«. Fettgehalt der McDonald's-Burger im SKS-Test: 19,8 und 19,7 Prozent.

Sogar der normalerweise leicht bekömmliche Fisch kann einem vermiest werden. Insbesondere vor dem McDonald's-Fischmäc warnt die Zeitschrift »Aktive Ernährung« und zählt ihn zu den fünf schlechtesten Fast-Food-Mahlzeiten. Man solle sich nur nicht durch diese »fetttriefende Angelegenheit« täuschen lassen. Denn der Fisch schwamm im Fettbad der Friteuse, ebenso wie andere Fast-Food-Produkte, zum Beispiel Chicken McNuggets und Pommes frites.

Umstritten ist die Rolle der gesättigten und ungesättigten Fettsäuren. Der Empfehlung, möglichst viel ungesättigte Fettsäuren zu sich zu nehmen, ist nicht mehr recht zu trauen, seit die Margarineindustrie mit diesbezüglichen Kampagnen viel Geld verdiente. Zumal sich auch unabhängige Wissenschaftler durchaus nicht einig sind, wieviel man von welchen Fettsäuren zu sich nehmen soll.

Tatsache ist, daß sich im Fast-Food vor allem gesättigte Fettsäuren finden. Ungesättigte kommen nur am Rande, etwa in Salatölen, vor.

Gesättigt oder ungesättigt – zuviel Fett bekommt der Hamburger-Esser allemal in den Bauch, und in den USA wehren sich die Konsumenten auf ihre Weise: Kaloriensparen ist »in«. Unter dem Motto »Machen Sie das beste aus einer schlechten Situation« empfehlen Gesundheitsblätter, die Einheitsgerichte zu variieren und sich die Konfektion nicht aufs Auge – beziehungsweise in den Magen – drücken zu lassen. Selbst Burger King rät Empfindsamen, Mayonnaise, Gurken und Salz (auf den Pommes) abzulehnen, und McDonald's machte Werbespots, in denen Kinder neben Fast-Food auch noch Karotten mümmeln.

Die süße Sucht

Es gibt Wissenschaftler, die behaupten, ein Großteil der Industrienahrung mache körperlich süchtig, ebenso wie Nikotin oder Alkohol. Eckpfeiler dieser Theorien ist die sogenannte Hypoglykämie, zu deutsch: der krankhaft niedrige Zuckergehalt des Blutes. Das ständige Bombardement des Körpers mit dem zuckerhaltigen Fast-Food führe zu einer Überproduktion von Insulin in der Bauchspeicheldrüse, so die Forscher. Das körpereigene Hormon Insulin regt den Abbau des Zuckers an.

Mit der Zeit stellt sich die Bauchspeicheldrüse auf die Überschwemmung des Organismus mit Zucker derart ein, daß die vermehrte Insulinerzeugung chronisch wird. Aufgenommener Zucker wird viel schneller als im Normalfall abgebaut. Damit ist der Grundstein zur Sucht gelegt; wann immer der Erkrankte es mit moderaten Zucker-Dosierungen versuchen sollte, »frißt« das Insulin die süßen Kohlehydrate im Nu auf; der Zuckerspiegel sackt ins Bodenlose. Im »hypoglykämischen Schock« mit Heißhunger, Zittern, Schweißausbrüchen und Konzentrationsstörungen greift der Süchtige sofort wieder zu Krapfen, Shake und Apfeltaschen, um jetzt mit massiven Zuckergaben das überschüssige Insulin zu neutralisieren.

Sogar für kriminelles Verhalten und Amokläufe soll die Hypoglykämie verantwortlich sein. In der Zeitschrift »Your Good Health« berichtet Dr. Barbara Reed von Jugendlichen, die durch Diät-Korrekturen von kriminellem Verhalten »geheilt« worden sind. Die Stoffwechselstörung sei bei ihnen die Ursache für Alkoholismus, Marijuana-Sucht und asoziales Verhalten. Nach der Behandlung, das heißt einer strikt zuckerfreien Diät, fühlten sich die Patienten »gesund, glücklich und ohne Probleme«. Sogar die Schulleistungen hätten sich verbessert.

Bei Kindern, die nach einer Untersuchung der Deutschen Gesellschaft für Ernährung Hamburger geradewegs zwischen Pudding und Schokolade einordnen, ist das süße Fast-Food die logische Fortsetzung von übersüßter Babynahrung. Kindertees beispielsweise bestehen bis zu 90 Prozent aus Zucker; sie sorgten für »Zufriedenheit und ungestörte Nachtruhe«, behauptet ein Werbeslogan. Das Kind bekomme den Tee also nicht, weil es durstig oder hungrig sei, folgert Al Imfeld, Autor des Buches »Zucker«: »Zucker wird also schon früh zur Beruhigung im sozialen (und damit politischen) Sinn.« Dem süßen Fast-Food fiele demnach die Rolle des fortsetzenden Betäubers zu, der Huxleyschen Glückspille in der Industriegesellschaft.

»Essen ist das Suchtmittel der Braven«, schreibt die Zeitschrift »Psychologie heute«. Daß ein Zusammenhang zwischen Zucker und »verfeinerter« Industrienahrung besteht, daß nicht nur körperliche Erkrankungen, sondern auch psychische auf Nahrung zurückzuführen sind, die den Körper nicht befriedigt, sondern ihn nur nach immer neuen Überreizen gieren läßt, ist ein Verdacht, der in Medizinerkreisen immer mehr zur Überzeugung wird, durch immer mehr Studien belegt. Auch Depressionen können durch regelrechte Lebensmittelabhängigkeiten hervorgerufen werden, behauptet zum Beispiel die »Klinische Ökologie«. Nicht nur sie führt die immer häufigeren extremen Eßstörungen wie Eß- und Magersucht auch auf Überempfindlichkeit gegenüber Essen zurück, das uns nur scheinbar rundherum ernährt.

Fest steht, daß Produktstrategen längst überlegen, wie eine Babynahrung gesüßt sein und welche Aromen sie enthalten muß, damit das Kind später eine ganz bestimmte Corn-flakes-Sorte ißt. Das sei der Beweis, so Imfeld, daß eine gewisse Wissenschaft und Industrie an die Zuckersucht glaubt.

Mit Fast- und Finger-Food wird eine Infantilisierung der Ernährung propagiert. Schnell und unkompliziert essen, ohne Besteck und Rituale, ähnlich dem Verzehr eines Riegels Schokolade. Und dabei schmeckt das Ganze noch so süß und salzig und gurkensauer, während sich der Kiefer kaum noch zu Kaubewegungen herablassen muß. Die Softbrötchen gehen runter wie Öl.

Kein Zufall, daß die Hamburger der White-Castle-Kette im Volksmund *Sliders* heißen: Gleiter. Rutscht einem so ein Ding durch die Kehle, scheint das so etwas zu sein wie die erste Liebe und der erste Geschlechtsverkehr: »Wenn ein Kind seinen ersten Slider ißt, ist das wahrscheinlich ein großer Moment für die Eltern«, schwadroniert ein Vater über seine Erfahrungen mit White Castle und schämt sich nicht zuzugeben, daß er seinem Sohn bereits im Alter von einem Jahr einen solchen Burger verabreichte. Mit zwei Jahren habe sein Sprößling schon zwei Stück auf einmal verdrückt. Mit jedem Lebensjahr werde es einer mehr pro Mahlzeit. Für den Vater ist der Slider Ausdruck für Kontinuität im Leben: Die Plätze seiner Jugend seien verschwunden, der Hamburger aber, der schon seinen Vater durch die Depression gefüttert habe, sei geblieben.

Nicht nur Kinder, auch Mäuse lassen sich mit industriell erzeugter Nahrung problemlos »anfüttern«. Eine Gruppe Wissenschaftler untersuchte die Anziehungskraft der US-amerikanischen »Normalkost«, das heißt vorverarbeitete, abgepackte, stark gesüßte und gesalzene, geschmacklich aufbereitete Nahrungsmittel, auf die kleinen Nagetiere. 600 Mäuse mußten antreten, um Supermarkt- und Fast-Food-Futter, eine Laborkost sowie eine »gesunde« Diät zu mümmeln. Gegenüber der Laborkost- und Gesundheitsgruppe wiesen die Junk-Food-Mäuse einen hohen Anteil an Fettleibigkeit auf und waren außerdem anfälliger gegenüber Infektionen. Überhaupt schien ihr Allgemeinzustand hinter dem der anderen Gruppen zurückgeblieben zu sein. Ließ man aber allen Mäusen die freie Wahl zwischen den verschiedenen Kost-Typen, setzte ein wahrer Run auf den Industriefraß ein – obwohl sich der Gesundheitszustand der Tiere binnen drei Wochen verschlechterte. Die Mäuse waren zu Junkoholics geworden.

- »Junkfood wurde darauf programmiert, dich an den empfindlichen Stellen zu treffen. Es bringt dich nicht um, aber es tut auch sonst nichts, es macht bloß satt. Sie haben all die Stoffe reingetan, die deinem Bauch das gewisse Gefühl geben: Klick, schmeckt gut. Nach ein paar Jahren wirst du krank von Burger Kings Whopper und McDonald's Big Mäc. Nenn sie, wie du willst, steck sie in andere Verpackungen: Sie bringen dich doch immer wieder auf die Höhe der Zeit, von der du gerade runter wolltest.« (Aus dem US-amerikanischen Buch »Junkfood«)
- »Ich habe gemerkt, es gab da eine ganze Reihe Leute, die sich zumindest einmal am Tag nur von diesem Zeug ernährten.« (Angelika Bongartz, ehemalige Verkäuferin von McDonald's Bonn)

Der konstruierte Geschmack

Die Massenproduktion von Obst, Gemüse und Fleisch geht zu Lasten des Geschmacks. Wo der Wurst Phosphat beigemischt wird, damit sie besser Wasser an sich bindet, wo immer größere und schönere Tomaten gezüchtet werden, da geht das natürliche Aroma der »Rohstoffe« verloren. Das Gemüse mag zwar einwandfrei gewachsen sein und gut aussehen, schmecken wird es aber genauso wenig wie das Wasser, das sich bei Hormon-gedopten Rindern ins Gewebe einlagert und schnell verkaufbare Kilos auf die Waage bringt.

Glücklicherweise gibt es ja Firmen wie Haarmann & Reimer in Holzminden mit Niederlassungen in der ganzen »entwickelten« Welt, mit anderen Worten, da, wo Fleisch und Gemüse industriell »produziert« wird. Auf dem Gebiet der Lebensmittelaromatisierung habe man eine 100 Jahre alte Tradition, empfiehlt sich das Unternehmen in einem Prospekt. Und da, wo es längst keine Frische mehr gibt, wird sie eben beigemischt: »Der Konsument bevorzugt frischen Fisch. Wir wissen das. Daher haben wir Aromen mit besonders ausgeprägter Frischenote entwickelt.«

Auch frische und gebratene Zwiebeln seien beim Verbraucher sehr beliebt - nicht verzagen, Haarmann fragen. Die »Palette der

Frisch- und Bratzwiebel-Konzentrate« biete die Gewähr für einen »abgerundeten, dabei aber auch typischen, standardisierten Geschmack«.

Geschmack und Substanz sind nicht länger eine Einheit. Von den modernen Hochleistungsprodukten hat sich der Geschmack längst verabschiedet. Ein Ding, das perfekt aussieht, kann nicht auch noch so schmecken. Also nimmt man die Zwiebel und träufelt Zwiebelaroma drauf. Oder bereitet das Hackfleisch mit einer »Hackfleisch-Gewürzmischung« zu, die beispielsweise das angeblich unbedenkliche Glutamat enthält. Glutamat bewirkt, daß einem das Wasser im Mund zusammenläuft. Der Stoff reizt die Speicheldrüsen zu unerwarteten Höchstleistungen, hat dabei einen leicht salzigen Geschmack und verstärkt zusätzlich das Aroma von Fleisch. Ansonsten sind die Eigenschaften von Glutamat weniger angenehm. Es wirkt nämlich auf das Nervensystem und ist verantwortlich für das China-Restaurant-Syndrom: Taubheit in Nacken und Beinen, Druckgefühl im Brustkorb, Kopf- und Bauchschmerzen, Übelkeit, Schläfrigkeit und oft starker Durst.

Glutamat wird von mancher Fast-Food-Kette gern zur Aufmöbelung von Hackfleischgerichten eingesetzt: »Im Hamburger sind MSG, HVP (Glutamat, hydrolisiertes Pflanzenprotein; der Verfasser) und Rauchhefe. All diese Kombinationen, oder wenigstens die ersten zwei, also die ersten beiden Kombinationen zusammen, ergeben im Mund einen Geschmack, daß man immer noch einen Bissen mehr essen möchte«, sagt der Fleischexperte Edmund Brandt.

Fast-Food, das ist ein Wirtschaftszweig, dem sich die Geschmackskonstrukteure besonders andienen. Fieberhaft arbeitet Haarmann & Reimer an der »Entwicklung neuer und maßgeschneiderter Aromen für den Fast-Food-Bereich«. Und da hat man was zu bieten: »temperaturbeständige Aromabausteine und Aromenkompositionen – sensorische, analytische und mikrobiologische Ausgangskontrolle – und als besonderen Service: Komplettwürzungen und Aromatisierung nach Ihren Vorstellungen«. Robust müssen die Aromen sein – »temperaturbeständig«. Der Geschmack muß zwischen Schockgefrieren und Erhitzen im Mikrowellenherd erhalten bleiben, genau da, wo der natürliche Geschmack der Lebensmittel auf der Strecke bleibt.

Pures Beefsteak, das schon nach Ketchup, Majo und Pommes schmeckt, ist längst keine Zukunftsmusik mehr. In unseren Tagen läßt sich aus jeder amorphen Masse mittels Geschmack- und Farbstoffen etwas halbwegs Eßbares zusammenfabrizieren. Es kommt nur auf die richtige »Komposition« der »Bausteine« an.

»Bugs« Burger Bug Killers

Während Haarmann & Reimer für den rechten Geschmack sorgt, kümmert sich eine Firma ganz anderer Art darum, daß einem der Appetit nicht dadurch vergeht, weil eine Laus über den Burger kriecht.

Wir sind bei einem Kommandounternehmen in Fort Lauderdale im US-Bundesstaat Florida live dabei. Es regnet in Strömen im »Sunshine State«. Ringsum ist alles stockfinster. Am schwarzglänzenden Highway ist um diese mitternächtliche Stunde nur noch ein Gebäude grell erleuchtet.

»Ungeziefer killen ist mein Leben, und ich liebe es.« (Al Burger)

Ein weißer Lieferwagen fährt heran, fünf Männer steigen aus. Sie stülpen sich Gasmasken über, schleppen Sprühgeräte mit Chemikalien und betreten den McDonald's-Store: »Bugs« Burger ist da.

Schweigend beginnt die Demontage: Alles, was auf Tischen, Theken und Küchengeräten liegt, wird abgeräumt, abgeschraubt, verpackt und mit riesigen Plastikplanen abgedeckt. Hier und da lugt noch eine Semmel oder eine vergessene Apfeltasche hervor. Dann, binnen weniger Minuten, ist alles im Nebel: die Giftgasattacke auf das Lokal beginnt. Die Luft ist stickig, schneidend, beißt unerträglich in den Augen. Wie Mondmänner sehen die Eindringlinge aus, wie übermächtige Angreifer. Bedrohlich langen sie mit ihren Spritzdüsen auch in die hintersten Ritzen und Fugen hinein, als wollten sie auch den letzten Lebenshauch, das letzte Wesen, den letzten Widerstand, das letzte bißchen Unordnung beseitigen. Nach einigen Minuten ist die delikate Mission beendet. Die Chemikalien setzen sich in einem dichten Film auf allen Gegenständen, Möbeln, dem Boden und auch manchem unzureichend geschützten Lebensmittel ab. Die Männer verschwinden. »Bugs« Burger zieht ab.

BBBK-Einsatz in einem McDonald's-Store in Florida

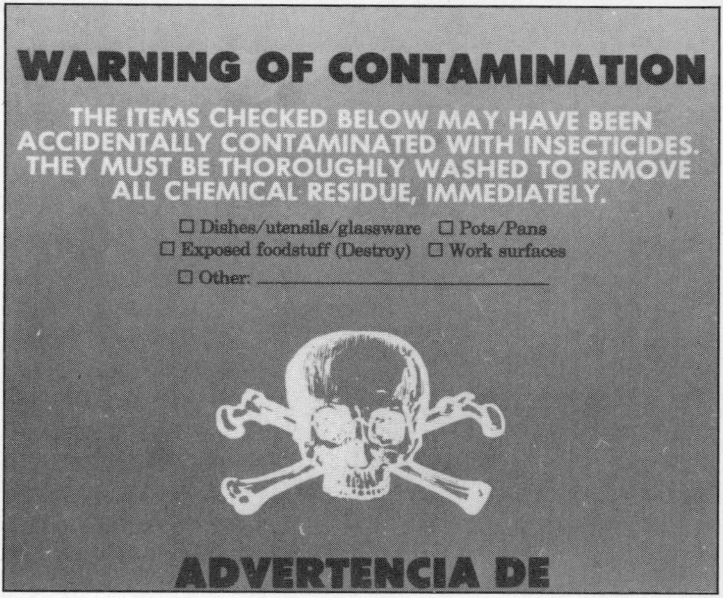

»Bugs Burger« warnt vor Verseuchung: Die anzukreuzenden Dinge wie Geschirr, Arbeitsflächen, Lebensmittel und Küchenutensilien könnten »versehentlich mit Insektiziden vergiftet worden sein«. Sie müßten sofort gründlich gereinigt oder – im Fall von Eßwaren – vernichtet werden.

»Bugs« Burger Bug Killers Inc. ist der größte Kammerjäger der USA. In 43 Bundesstaaten beseitigt die Firma unhygienische Umtriebe und erzielt jährliche Umsatzsteigerungen von 40 bis 50 Prozent.

Der Boß heißt Al Burger und ist die »Legende der Seuchenkontroll-Industrie«: »Ungeziefer killen ist mein Leben«, sagt Burger, »und ich liebe es.« So spricht der Feind aller Kriechtiere, während er in seinem Büro in Miami sitzt, auf dem Schreibtisch eine Plastikratte, an der Wand eine überdimensionale Küchenschabe; zu seiner Rechten ein Dummy, eine Puppe, sein originalgetreues Abbild. Auf dem Schoß hat die Figur eine weitere Riesen-Schabe, und im Bauch trägt sie ein Tonband, denn die Plastikfigur muß ihren gestreßten Herrn zuweilen auf Vorträgen vertreten.

Was mancher durch die Blume sagt, spricht Al Burger lieber durch den Unterleib seines leblosen Substituten aus: »Hallo, ihr alle da draußen im Kakerlakenland: Ich bin Al Burger von 'Bugs' Burger Bug Killers, und wir sind hier, um euch allen zu erzählen, wie man diese Kakerlaken los wird ... Denn wir glauben eins: Die einzig gute Kakerlake ist eine tote Kakerlake!« Und während die Konkurrenz nur von »Kontrolle« redet, meint Al Burger die totale Ausrottung, die »Null-Population« auf dem Fliesenboden.

Bei der Ungezieferjagd, so BBBK-Manager Frank Perez, »muß man genauso handeln wie eine Kakerlake. Vielleicht muß man denken wie eine Kakerlake, wie eine Maus, wie eine Ratte.«

Dabei ist Vorsicht geboten, denn es werden ja »sehr starke und giftige Chemikalien« verwendet: »Man muß sich selbst vor diesen Chemikalien schützen – mit Gasmasken, mit Gummihandschuhen, mit angemessener Kleidung, und man muß seinen Kopf mit einem Sturzhelm schützen«, sagt Al Burger, der Boß. Die Frage ist nur, wer den Kunden schützt.

Es gibt zwei Sorten von Giften. Die eine wirkt sofort, die andere bleibt liegen und wartet bis zu 60 Tage auf »Kundschaft«. Denn mit so mancher Lieferung kommen ungebetene Gäste ins Restaurant: »Kakerlaken, Ratten, alle möglichen Sachen ...« (Perez) Die Neuankömmlinge sterben innerhalb weniger Stunden nach dem Aufenthalt auf dem vergifteten Boden, in den Ritzen und Ecken und sollen so an der Fortpflanzung gehindert werden.

Sogar im Weißen Haus sollten Burgers Mannen die Wühlarbeit der Krabbelfüßler, der Mäuse und Ratten schon stoppen. Doch da versuchte ein gewisser John W. Hinckley mit ein paar Schüssen Ronald Reagan das Leben zu nehmen, so daß man – aus Sicherheitsgründen – doch nicht ins Geschäft kam: »... jetzt machen sie es selber«, sagt Al Burger bedauernd.

Burger-Propaganda

»Early to bed, early to rise – Advertise, advertise, advertise!« (Früh ins Bett, früh aufstehen – Werben, werben, werben; so lautete der Spruch auf dem Schreibtisch eines McDonald's-Werbechefs in der Konzernzentrale in Oak Brook im US-Bundesstaat Illinois.)

»Irgendwie kann die ganze Aufmerksamkeit, die der Hamburger in den USA und rund um die Welt genießt, und all das Geld, das ausgegeben wird, um Hamburger zu entwickeln und für Hamburger zu werben ... durchaus auch absurd erscheinen, weil es so ein einfaches und simples Produkt ist und weil es eigentlich jeder machen kann, und es ist eigentlich nicht so sehr anders als all die anderen Lebensmittel, die die Leute essen«, sagt stirnrunzelnd der Fast-Food-Experte von der Wall Street, Michael Culp. »Was aber die Hamburger-Industrie nun speziell gemacht hat, ist: sie hat den einzelnen Produkten Namen gegeben, so daß sie ihre eigene Identität haben. Und so konkurriert jeder Hamburger ganz allein gegen alle anderen Hamburger.«

Big Mäc gegen Whopper gegen Fatburger gegen All American Burger gegen Chiliburger gegen Tofuburger gegen Loveburger gegen Texasburger gegen Kolossalburger gegen Königsburger gegen Jetburger ... – wo einer ist wie der andere, wird Unterscheidbarkeit künstlich hergestellt. Verbale Vielfalt dient in der Burger-Welt eines einheitlichen Industrieerzeugnisses nur dem Überleben im Konkurrenzkampf eines wachsenden Marktes. Fehlende Produktqualität soll mit einem wahren Agitprop-Spektakel gar nicht erst zu Bewußtsein kommen: Clowns und Stars spielen dabei Legitimationsfiguren und Vergnügungsanreizer. Plastik-Freiheit und -Abenteuer werden propagiert, grelle, kindliche Traumbilder ausgemalt, neue Werte wie praktische Handhabung, (Sozial-) Hygiene und genormtes Futter als Fortschritt präsentiert, Demokratie und Autonomie gepredigt – denn schließlich sind bei der Selbstbedienung an der Theke und vor der globalen Spezialität alle gleich.

Die Marketing- und Werbestrategen lassen ein Feuerwerk aufsteigen, das blendende Wirkung haben soll. Es soll den Verlust der Aura des Einzigartigen, meines Essens hier und jetzt, verbergen. Mit allen möglichen Knalleffekten wird gearbeitet: Farben, Fotos, Plakaten,

Spots, Happy Music, kleinen Geschenken, Konsummärchenfiguren, Food-Design, Innenarchitektur ... – ein einziges großes Ablenkungsmanöver, bei dem für den Kunden »Erinnerungswerte« geschaffen werden sollen.

Beim Fast-Food, das wollen Marketing-Forscher herausgefunden haben, fällt die Entscheidung für das schnelle Futtern erst minutenkurz vor dem tatsächlichen Akt. Und zwar nicht, weil die Konsumenten von dem Angebotenen begeistert wären, eher im Gegenteil: die meisten betrachten die Qualität des flink Servierten schlicht als miserabel. Aber für jeden zweiten ist Zeitmangel, für mehr als jeden dritten reine Bequemlichkeit das ausschlaggebende Argument, »etwas anders« zu essen.

Um so wichtiger ist also die Reklame-Konditionierung. Wenn Hunger sich meldet und der Gedanke: »Woher jetzt schnell etwas Eßbares?« durchs Bewußtsein schießt, dann muß – US-Werbestrategen sagen: es sind genau 30 Sekunden Zeit – augenblicklich der Markenname im Gehirn ausgedruckt werden wie bei einem Computer. »Think this – think me« (etwa: »wenn du daran denkst, denk an mich«): Damit wir Stammkunden werden, sollen wir nicht mehr »Hamburger« denken, sondern »McDonald's«, »Hardee's«, »Wendy's«, »Burger King« ...

»Wenn man in diesem Geschäft arbeitet«, meinte der McDonald's-Schöpfer Ray Kroc, »dann arbeitet man im Show-Geschäft. Jeder Tag ist eine neue Show. Das ist wie bei einem Broadway-Musical. Wenn sie deine Melodie mitsummen, dann hast du Erfolg gehabt.«

Um das zu erreichen: daß die Welt das Liedchen mitsummt und gar nicht mehr merkt, wie ein Grundbedürfnis bestenfalls noch mitgeschleift wird, dafür schrecken McDonald's und seine Gefolgschaft auch vor Schwachsinn nicht zurück. »Es ist soviel Grazie in der sanft geschwungenen Silhouette eines Hamburger-Brötchens«, so Ray Kroc. Und: »Es erfordert schon einen ganz besonderen Geisteszustand, um das zu erkennen.«

Marketing-Strategen

McDonald's hat im Vergleich mit den anderen Ketten die grundlegende Rolle von Werbung und Marketing am besten erkannt, hat Maßstäbe gesetzt. Was der Weltkonzern leistet, wird oft kopiert, aber nie erreicht. Auch dieses Buch paßt unweigerlich in das Konzept »Think this – think me«: der Name bleibt hängen. Jeder Versuch veröffentlichter Analyse kann in diesem Sinne auch einen Werbeeffekt haben. Selbst die Artikel über den Vietnam-Veteranen, der im Amokrausch 21 Menschen in einem McDonald's-Lokal in San Diego (Kalifornien) erschoß, lösen zwar negative Assoziationen aus, Entsetzen – doch der Name fällt, fällt auf, fällt aus dem Rahmen ... und dem Kunden wieder ein, wenn er hungrig ist.

»Wissen Sie, was McDonald's eigentlich ist? Und das werden die niemals zugeben: Es ist überhaupt nicht ihr Hamburger! Niemand mag ihren Hamburger. Oder Burger King! ... Ist doch bei beiden das gleiche Zeugs. In jeder Bar kriegst du doch für eineinhalb Dollar einen halbwegs gescheiten Hamburger mit Pommes frites. McDonald's, das ist nichts als ihr Image, ihre Werbung und ihre allgegenwärtige Verfügbarkeit ... das ist eine regelrechte Bewußtseinskontrolle über einen Großteil der amerikanischen Öffentlichkeit«, sagt Keith Kallaher von der Fast-Food-Workers-Gewerkschaft, selbst ein Fast-Food-Konsument aus Chicago.

415 Millionen Dollar hat McDonald's 1984 weltweit für Werbung ausgegeben. Das ist weit mehr als eine Million Dollar pro Tag und rund fünf Prozent des Umsatzes. 1975 waren es »nur« 100 Millionen Dollar – also eine Steigerung um das Vierfache innerhalb von nur acht Jahren. Burger King und Wendy's liegen mit 155 beziehungsweise 74 Millionen Dollar weit dahinter.

Der McDonald's-Werbeetat ist höher als der Gesamtumsatz so mancher Konkurrenten. Dabei machen Reklame und Public Relations nur einen Teil der Aktivitäten aus, die dazu dienen, den Kunden zum Konsum anzutreiben – den »Showcharakter« der »Veranstaltung Essen« herzustellen, wie Jan Thorn Prikker in der Wochenzeitung »Vorwärts« schreibt, bei dem nicht mehr das Essen, sondern die Umgebung den Genuß herstelle. Nicht im Werbeetat enthalten, aber Bestandteil der Marketing-Strategie ist jeder einzelne Mitarbeiter, jede Außenfassade, jede Inneneinrichtung, jeder Standort für den einzelnen Store ... – und natürlich das Produkt selbst.

»Vor vielen, vielen Jahren in einer Galaxy weit, weit weg hatten die Kinder wenig Spaß beim Essen. Dann kam Ronald und seine Ufos.« (Handgemaltes Werbeplakat im Schaufenster des McDonald's am Bonner Friedensplatz)

»In seinen Marketing-Anstrengungen wird McDonald's immer mit einer einzigen Stimme zu den Kunden sprechen, mit immer nur einer Botschaft zu einem bestimmten Zeitpunkt, innerhalb wie außerhalb eines Restaurants«, ist im konzerninternen »The Vision of McDonald's« zu lesen. Marketing, das heißt, einem bestimmten Produkt bestimmte Eigenschaften anzuhängen und sichtbar zu machen, mit denen es identifiziert werden soll, und das durchgängig: ein sogenanntes Marken-Profil.

Einheitliches Gebäude-Design, einheitliche Berufskleidung, standardisierte Menüs und ein ideologischer Überbau, vermittelt durch Werbekürzel, machen zusammen die »Corporate Identity«, die Identität des Unternehmens, aus. McDonald's zählt dazu vor allem Qualität, schnelle Bedienung, Sauberkeit und ein preiswertes Produkt (was Firmengründer Kroc mit der Formel »QSCV« für »quality, service, cleanliness and value« seinen Arbeitern einbläute), aber auch Kinder- und Familienfreundlichkeit, soziale Verantwortung und karitatives Engagement, die Schaffung von Arbeitsplätzen und von Chancen für Individuen.

In diesem Sinne stellte sich der Konzern in einer wochenlangen Anzeigenserie 1981 im »Spiegel« dar – gekaufte Antwort auf zu viel Pressekritik am lieblosen Essen und an frühkapitalistischen Arbeitsbedingungen. »Hinter dieser schäbigen Herummäkelei steckt nichts weiter als eine antiamerikanische Kampagne«, erklärte damals der bundesdeutsche McDonald's-Chef Walter Rettenwender dem US-Wirtschaftsmagazin »Fortune«.

Immerhin: »Wir erziehen die Leute zu einer neuen Lebensweise«, sagt der McDonald's-»Vicepräsident« – so nennt er sich gern selbst – Rolf Kreiner, und so steht es auch in dem entwicklungspolitischen Lehrbuch der Werbeleute des Hackfleischkommandos aus Chicago. Das ist doch schon etwas mehr als das »anders essen« im »etwas anderen Restaurant«.

Diese Kulturrevolution hatte auch eine Konferenz der Fast-Food-Industrie in Texas zum Thema. In den gewaltigen Hallen des mondänen Anatole-Loews-Hotels im neureichen Dallas, wo Nadelstreifenmänner und kostümierte Damen inmitten berauschender kalter Buffets von Lachs bis Maronencreme das genormte Massenfutter konzipierten, plauderte im Arbeitskreis »Internationale Märkte« der Wendy's-Vertreter Gallant mit kleinen und größeren Unternehmen der Imbiß-Branche, die sich ebenfalls in der Fast-Food-Entwicklungsarbeit in Übersee engagieren wollten, zum Beispiel bei uns europäischen Hamburger-Rückschrittlern. »Europa ist noch vollständig unterentwickelt«, meinte da Mr. Gallant und berichtete von seinen »tough problems with the Burgermeister from Garmisch«, was beispielsweise die Unterbringung von Burger-Burgen unter Holzdächern und Lüftl-Malereien im bayerischen Breznland anging, und davon, daß man in manchen Ländern auch erst mal ein »plattes Nein« zu hören bekomme, dem Fortschritt verschlossen sei. »Es wird sehr schwierig sein, die Eßgewohnheiten in Europa zu ändern«, resümierte Mr. Gallant.

Auch Rolf Kreiner klagt, noch viel zu viele Erwachsene suchten hierzulande allzu oft nach Entschuldigungen für ihre Burger-Schwäche. Kreiner: »Es gibt schon viele Kunden, aber noch wenige Bekenner.«

Um das Bekenntnis zu erleichtern und Hemmschwellen vor allem bei der Mittelschicht abzubauen, startete McDonald's im Frühjahr 1985 eine neue Image-Kampagne gegen die »Vor-Urteiler«, die

»diese Vor-Urteile weitergeben an andere Vor-Urteiler, die wieder vor-urteilen und so weiter und so weiter.« »Haben Sie was gemerkt?« fragte etwa die Schlagzeile zu einem Foto eines renovierten bürgerlichen Renaissance-McDonald's in Landshut. Eine andere lautete: »Die natürlichste Sache der Welt« – zu einem Foto von McDonald's-Hamburger-Zutaten, angeblich »ein Stilleben, wie es ein holländischer Maler anno dazumal nicht appetitlicher hätte komponieren können«. »Ein typisch amerikanisches Großunternehmen«, so konterkariert eine andere Schlagzeile das fröhlich-dynamisch swingende Foto des Lizenznehmers »Herr Schwerber aus Mainz, der sich hier mit seiner Familie präsentiert« und dafür sorgen soll, daß wir alle an die Legende vom individuell entscheidenden Einzelunternehmer aus bundesdeutschen Landen glauben sollen. Besonders raffiniert das zunächst völlig verwirrende Foto eines nobel gekleideten Gourmets mit Perlen-Krawattennadel, dessen Schlips in einer feinen Suppe schwimmt: »Jede Eßkultur hat ihre Tücken«. Darin stellt McDonald's klar, daß man eben Feinschmeckerei und Hamburgerei nicht miteinander vergleichen dürfe – »weil bei uns nicht vorgelegt, sondern deftig von der Hand in den Mund gegessen wird«. »Alles hat seine Berechtigung« ... »Wir sind für den ganz normalen Hunger da« ... Das klingt redlich und bescheiden.

Der Big Mäc soll befreit werden vom Image, er sei nur etwas für Jugendliche und für Leute, die sich nichts anderes leisten können. Offenbar wollen die Burger-Brater den Schichten- und Generationswechsel einläuten, ihre Produkte salonfähig machen auch für den gut betuchten mittelständischen Geschäftsmann, für all jene, die heute noch skeptisch bis angewidert nicht wagen, ihren Fuß über die Schwelle des Stores zu setzen. Diese psychische Hemmschwelle soll therapiert werden, wobei auffälligerweise gerade der Mann der Adressat entsprechender Inserate ist. Marktforscher haben herausgefunden, daß er für Angebote für den »kleinen Hunger zwischendurch« noch empfänglicher ist.

Konsum-Entertainment

Die Marketing-Strategen zeigen sich lernfähig. Je mehr sich die Kritik an der Plastik-Uniformität der Inneneinrichtung der Lokale breitmachte, desto intensiver sind die Anstrengungen geworden, den unabänderlichen Anblick der Produktionshektik und der immer gleichen Produkttafeln (der Fernsehmensch ißt, was er sieht ...) mit mal der Stadtteilumgebung angepaßten, mal gekünstelt verzierten, mal schreiend folkloristischen Ausstattungsaktionen – eben mit einem vermeintlich gemütlichen, familiären Ambiente entgegenzutreten. Die Stunde der Pastellfarben, der Wanddekorationen, der Kunst aus dem Katalog, der (künstlichen) Topfpflanzen, im Dutzend billiger, hat geschlagen.

Die höchste aller Künste ist dabei die, ein Lokal gleichzeitig relativ ansprechend erscheinen zu lassen, aber dennoch genügend grell und bunt, damit die Kunden nicht zu lange ihren Sitzplatz für den Nachfolger versperren. Es geht um Profit, deshalb muß die Stimmung, erzeugt durch Farben und die richtige Anordnung der Sitzgelegenheiten, ausreichend nervös, müssen der Kundenfluß und der Luftstrom ausreichend zugig und zügig bleiben. Für den Käufer gilt das gleiche wie fürs Personal: er soll Zeit sparen. Er wird selbst zu kleinen Arbeiten eingespannt, wird durch innenarchitektonische und optische Kniffe geschickt durchs Restaurant und vor allem wieder hinausgelotst.

Das Image als heimeliger Treffpunkt für die ganze Familie geben sich – nicht nur in den USA, sondern mittlerweile auch hierzulande – sogar noch die finsteren *Pizzatime*-Theater mit ihren blinkenden und piepsenden Spielautomaten und Videogames, untermalt mit patriotisch fahnenschwenkendem Roboter-Puppenspiel. Die Familie futtert und kämpft gleichzeitig mit dem Joy-Stick gegen die Bildschirm-Angreifer, die mit Maschinengewehrsalven die Freiheitsstatue bombardieren: *food and fun,* um das Eßelend zu vergessen. Konsum-Entertainment statt Sättigung auch der Sinne.

Bei *O'Kitch* in Paris glotzen Videoclips auf die sich mit der Faust an die Nahrung Klammernden herab – sie glotzen zurück, damit sie nicht merken, wie fad sich ihr Magen füllt.

»Frech, originell, bunt und modern« müßten Hamburger-Lokale sein, meint Erich Scevak, ein Münchener Fast-Food-Architekt. Die Zeiten, in denen US-amerikanische Geschmacksvorstellungen dominierten, seien vorbei.

Der Trend, so erfuhr man beim »Internationalen Fast-Food-Forum« 1984 in Hamburg, gehe heute in folgende Richtung: Da man unter den vorwiegend jungen Kunden den Typus »junger Genießer, kritisch und selbstbewußt« ausgemacht hat, die »narzistische Generation«, läuft das Ablenkungsmanöver sowohl über eine Aufwertung des Produkts in der Werbung als auch über die seiner Konsum-Umgebung. »It's a great time for the great taste of McDonald's«, war der zentrale McDonald's-Slogan 1984, mit Burgern und Shakes in Großaufnahme und raffinierter Ausleuchtung. Hier wie bei Burger King sei »immer mehr Holz, Messing, Glas und Stoff statt Plastik und Edelstahl« angesagt, berichtete der Designer Dieter Dreesen. Burger King restaurierte systematisch einen seiner Imbisse nach dem anderen – und in seinen US-Werbespots blödelt immer seltener der Hamburger-König, als daß zu rhythmischer Streichorchestermusik mit schnellen Schnitten und kreisenden Kamerabewegungen einem die Bestandteile des Image-Menü-Angebots »Salatbuffet« in Großaufnahme nahegebracht werden.

Restrisiko Kunde

Viele kleine Kunststoffzellen, vielleicht eineinhalb Quadratmeter groß, schalldicht voneinander abgetrennt. Darin ein Stuhl, eine Eßplatte, eine Durchreiche mit geschlossener Klappe. Klappe hoch: Eine rundliche Frau reicht ein Tablett mit einem Hamburger. Klappe

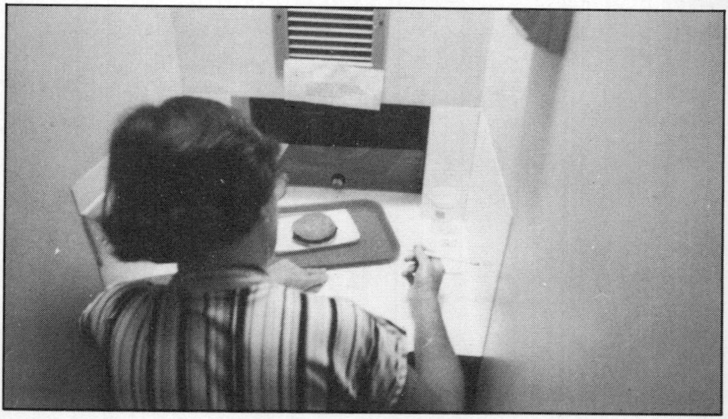

Geschmackstest-Zelle in der Burger-King-Zentrale in Miami

zu. Nach ein paar Minuten wieder Klappe hoch. Der Burger wandert angebissen zurück, mit ihm ein Fragebogen mit Kreuzchen: War er zu groß? Zu klein? Zu roh? Zu scharf? Zu fad? Sah er schön aus? ...

Es geht um den neuen extragroßen Burger-King-Klops. Das Personal spielt im fliegenden Wechsel Versuchskaninchen. Über Monate werden auf diese Weise bei den großen Fast-Food-Ketten neue Produkte erst einmal hausintern, dann auf einzelnen Testmärkten erprobt, bevor man sie etwa in den USA oder international anbietet. Denn – auch dies ein wichtiger Anknüpfungspunkt für das Marketing – Produkt und Image hängen eng zusammen. Deshalb stellen neue Angebote immer ein großes Risiko dar.

Flops hat es viele gegeben. McDonald's zum Beispiel mußte *McRib* in den USA vom Markt ziehen, weil die aus Schweinehack geformte Rippchen-Attrappe nicht ankam (den Deutschen war sie noch lange gut genug ...). Den Ananas-Hula-Burger, von Ray Kroc höchstselbst erfunden, und auch ein Hühnerfleisch-Sandwich kriegte man nicht los. Burger King mußte in manchen Gegenden die dann doch nicht so frischen Salatbars wieder dichtmachen. Offensichtlich bleibt eben bei aller Werbe-Manipulierbarkeit immer noch ein gewisses Restrisiko des Kundenverhaltens übrig; alles lassen sie sich doch nicht servieren.

Die armselige Menü-Eintönigkeit versuchen die Marketing-Strategen immer wieder mit vorübergehenden flächendeckenden Produkt-Werbungsbombardements aufzuheben. Da hat dann der Milk-Shake plötzlich eine andere Farbe und heißt »Ananas«, oder der Fischmäc kriegt eine Etage drauf – vorgetäuschte Angebotserweiterungen, denn sie dauern nur ein paar Wochen. Doch um so lauter schreien sie von riesigen Plakatwänden in U-Bahn-Stationen, an Bushaltestellen, auf Bahnhöfen und überall, wo Leute stehen und gucken, herüber.

Expansionshindernis Standort

McDonald's-Pressemitteilung: »Das Umweltbewußtsein von McDonald's beschränkt sich nicht nur auf moderne Technologie, Verpakkung und Energie. In vielen deutschen Städten haben wir unsere Restaurants dem gewachsenen Stadtbild angepaßt ... werden gewissenhaft alle Denkmalschutzauflagen erfüllt, wird äußerste Rücksicht auf historische Stadtbilder genommen.« Kein Wunder, diese Verteidigungsrede. Denn ob im Alten Turm in Freiburg aus dem 13. Jahrhundert, in der barocken Hofapotheke in der Heidelberger Hauptstraße oder – bei Burger King – in einer alten wilhelminischen Lesehalle in Hamburg: Fast-Food nistet sich schamlos in historischen Gebäuden ein, verbirgt sein schreiendes Plastikgesicht nur unvollkommen hinter Fachwerk, Säulen und Steinfassaden des Abendlandes. Eine schöne Geschichte, darunter verstehen Burger-Ketten zunächst einmal: viel Publikumsverkehr.

Bei der Standortauswahl hat McDonald's den allergrößten Vorsprung. Gegen den Marktriesen mit seinen computerberechneten Analysen von Stadtteilen und Straßenzügen, deren Kosten und Nutzen und Infrastruktur, können die Kleinen nicht mithalten. Profite sind gesichert, wenn ein Lokal in Einkaufsstraßen und Fußgängerzonen, in der Nähe von Kauf- und Warenhäusern, von Schulen, Universitäten oder Bushaltestellen liegt. Die »Absatzreichweite« errechnet sich aus dem Verkehrsaufkommen, der sozialen Schichtung der Bevölkerung, sprich: ihrer Kaufkraft, aus der Bevölkerungsdichte, den Wochenend- und Freizeitgewohnheiten und natürlich der Konkurrenzsituation. Transportentfernungen und Lieferbedingungen sowie die Möglichkeiten lokaler Lieferanten – also ökonomische Strukturdaten – werden ins Kalkül gezogen, Grundstückspreise oder Gebäudemieten und kommunale Steuern – alles zusammen berechnet mit Hilfe von Analysen, Befragungen, Beobachtungen, statistischen Verfahren, Matrizen, Histogrammen und Datenprogrammen.

Mittlerweile ist es vor allem in den Innenstädten immer enger geworden. So kämpfen die Ketten um die gleichen wenigen guten Plätze. Die Finanzstärksten lassen die Immobilienpreise in astronomische Höhen schießen. Der Wert bestimmter Grundstücke verdoppelte sich innerhalb nur eines Jahres!

Die größten Ketten kaufen ganze Gebäude, reißen sie ein und bauen dann ihre Standardbuden – manchmal erst nach Jahren. Mit computerberechneten Baukonstruktionen geht das im Handumdrehen. So hat McDonald's mit Hilfe des Serie-'80-Standards nicht nur die Kosten um 20 Prozent verringern, sondern auch die Bauzeit von 169 auf 115 Tage reduzieren können.

In den USA sind praktisch alle erstklassigen Immobilien bereits unter den großen Ketten aufgeteilt. Für ein Grundstück in bester New Yorker Lage zahlte McDonald's der Maklerfirma auf einer Fläche von 600 Quadratmetern die damalige Rekordsumme von 900 Dollar pro Quadratmeter – und darüber hinaus noch einen geheimgehaltenen Umsatzanteil vom zukünftigen Hamburger-Laden. In einem Bürogebäude machte der Branchenführer Schlagzeilen mit einem 1800 Quadratmeter großen Laden zu je 1000 Dollar pro Quadratmeter. Auf diesen Store war McDonald's wegen seiner erstklassigen Lage und den zu erwartenden Riesenumsätzen so scharf, daß der Konzern sogar auf sein obligatorisches Markenzeichen zu verzichten bereit war.

In der Bundesrepublik sollen in den Innenstädten nur noch Peep-Shows höhere Mieten einbringen als Hamburger-Lokale. »Der Standort ist das größte Expansionshindernis in Deutschland«, meint die Marktkennerin Gretel Weiß von der Zeitschrift »Fast Food Praxis«. Zentral gelegene Objekte sind schier unbezahlbar. Bis zu 50 000 Mark, bei einem Münchner Lokal sind es 70 000 Mark, Monatsmiete sind nicht ungewöhnlich. Doch die Bulette bringt's.

In den USA haben die Fast-Food-Ketten inzwischen ganz andere Hindernisse überwunden. Sie nisten sich in den elegantesten Nobel-Einkaufstürmen ein, in Krankenhäusern, Universitätsgebäuden, Schulen, auf Armeebasen, in Bürogebäuden, Busbahnhöfen und Bibliotheken. McDonald's versorgte in Selma im Bundesstaat Alabama Gefängnisinsassen mit Hamburgern. Burger King speist die Arbeitnehmer der Firma Wang Laboratories ab und hat sich in weitblickender Zähigkeit Untermietverträge mit der Hotel- und Highway-Raststätten-Kette Howard Johnsons und der Kaufhaus-Kette Woolworths gesichert ... Im Land der unbegrenzten Möglichkeiten ist Fast-Food immer schon da.

Die idealen Mitarbeiter

Entscheidende Transporteure der »Corporate Identity« sind vor allem auch die Mitarbeiter. Sie sollen verkörpern, was der Kunde mit einer bestimmten Firma assoziieren soll. »Die drei E's« nennt Burger-King-Pressesprecher John Weir das: »Einstellung: Wir suchen

Burger-King-Sprecher Weir mit Werbung: »Er ist nicht nur 'big', Mac.«

jemanden, der fröhlich ist, freundlich, der eine gute Einstellung hat, was das Ausführen der Anweisungen des Managers angeht. Wir suchen nach einer Erscheinung - nun, jeder Saubere, Anständige, der einen Job im Restaurant haben will. Und Einsatzfähigkeit heißt: jemand, der zu der Zeit zur Verfügung steht, in der unsere Restaurants geöffnet sind.« Außenwirksam und effizient.

Bei McDonald's klingt das ähnlich: »Die idealen Verkaufsmitarbeiter sind die, die einen anlächeln und sagen: 'Kann ich Ihnen bitte behilflich sein?' Und die einem dann das Produkt schnell und freundlich servieren, so daß Ihre Erfahrung eine angenehme Erfahrung ist«, meint Burger-Vize Richard Starmann aus Chicago. Wie sehr die Hektik um einen herum auch toben mag: »Unsere Frauen lächeln mehr und besser«, weiß John Barnes von Burger King.

Proper und strahlend im adrett gestärkten Plastik-Kittel (die Reinigung ist bei manchen Ketten selbst zu bezahlen!) werden Arbeiter in Fast-Food-Stores getrimmt. Don Cougle, einer der Manager-Trainer an der *Hamburger University* von McDonald's: »Die meisten der Leute, die für uns arbeiten, sind junge Leute, Schulkinder, Jungen und Mädchen. Sie sind Heranwachsende, sie suchen und sie schauen sich um. Und vor allem suchen sie nach einem: nach ihrer eigenen Identität.«

Die weiß McDonald's ihnen zu geben. Jeder Mitarbeiter sollte täglich für den Job seine Fingernägel putzen und jederzeit Atem und Zähne frisch halten. Er sollte sich oft baden und, um Achselschweiß zu vermeiden, auch ein Deodorant benutzen. Er sollte dunkle Hosen, einen anständigen Haarschnitt und eine reine Gesichtshaut haben. Rasur ist Pflicht, Vollbart verboten; wer unbedingt einen Oberlippenbart tragen will, der muß ihn säubern und pflegen, die Mundwinkel dürfen nicht überwuchert, geschweige denn die Unterlippe berührt werden. Weibliche Angestellte sollten mit Make-up sparen und Nylon-Strümpfe über rasierten Beinen zu ihren Uniform-Kleidern tragen, die moderat gefärbt, möglichst kein Muster haben sollen. Dann gibt es noch die Lakaien auf der untersten Stufenleiter, die niedrigste Kaste, die es nie zu etwas bringen wird. Das ist das Personal mit Tätowierungen, mit schlechten Zähnen oder mit Akne. Ihm ist es streng verboten, an der Theke zu bleiben – Schande, die im Verborgenen, sprich: am Grill, versteckt werden muß. All dies ist in internen Mitarbeiter-Handbüchern festgehalten.

Tatsächlich ist wohl Vorsicht geboten, wenn einem der Umsatz über alles geht. Daß so viele Konsumenten Fast-Food-Läden für unhygienisch halten, führt die Marktforschung beispielsweise auf Ausländer hinter den Theken zurück und nennt das zynisch den »Ausländer-Effekt«.

Die aggressive Missionsgesellschaft

»Die Hierarchie bei McDonald's ist wirklich dieselbe wie bei der Bundeswehr«, sagt ein Mitarbeiter der PR-Agentur Heye, Needham and Partners, die in der Bundesrepublik nicht nur für den Bulettenkonzern, sondern auch für die kanadische Gesundheitschuhfirma Roots und – die Werbung ist eine Hure – auch für das Münchener Feinkostgeschäft und Luxusrestaurant Käfer arbeitet, bei dem übrigens McDonald's-Vize Richard Starmann gern zu speisen pflegt, wenn er in München nach dem Rechten sieht (Leibgericht: Schweinsbraten mit Knödel). Heyes US-amerikanische Verwandtschaft Needham, Harper and Steers mußte 1981 in den Vereinigten Staaten den Löwenanteil der McDonald's-Aufträge an den Chicagoer Werberiesen Leo Burnett abgeben. Auf lokaler Ebene arbeiten in den USA nochmals 70 kleinere Agenturen; zwei machen national Werbung speziell für Schwarze und Latinos.

Heye mit Sitz in Hamburg und München ist federführend für die Durchsetzung der Marketing-Strategien. Die Agentur hat alles im Griff – »kreative Totalbetreuung«. Sogenannte FAEs, das steht für »Field Account Executives«, reisen innerhalb bestimmter Regionen von Store zu Store, um Besucherzahlen und die richtigen Relationen der Produktumsätze zu kontrollieren und bei Problemen bestimmte Werbeaktionen vorzuschlagen. Zum Beispiel: Wenn beim McDonald's-Laden gegenüber ein Fast-Food-Croissant-Bäcker aufmacht, dann zieht er das »Konkurrenzprogramm« aus der Tasche – Werbematerialien, die die Produktunterschiede herausstellen, in der Vertragsdruckerei für die Bundesrepublik zentral erstellt. Oder: Wenn zu wenig Hamburger verkauft werden, dann werden gezielt dafür Anzeigen und Plakate geschaltet; der Lizenznehmer muß nur noch den Namen der Stadt in die Matern einfügen. Damit der tägliche Umsatz eine möglichst gleichmäßige Kurve hat, das heißt, damit Maschinen und Personal rund um die Uhr ausgelastet sind, werden alte Leute mit Frühstücksgutscheinen (Apfeltasche, Kaffee) oder für den späten Abend die Kunden über die Kinowerbung angesprochen.

Zentral gedruckt und in der McDonald's-Bibel »Marketing-Manual« (dem Handbuch für Marketing) vorgeschrieben sind Werbe-Halb- und -Vierteljahrespläne und das »Local-Store-Marketing«-Programm (LSM). Täglich, monatlich und halbjährlich ist Bericht zu erstatten. Planungsnorm sind Werbemaßnahmen für 500 Bewertungspunkte. Das bedeutet zum Beispiel mindestens 30 bis 40 Kindergeburtstage à vier Punkte plus zahlreiche andere Aktionen.

Fünf Prozent ihres Umsatzes müssen die Lizenznehmer für Werbung ausgeben. Hinzu kommen die Kosten für einzelne Materialien. Bei den meist sechs Wochen lang andauernden nationalen Kampagnen sind sie zum Mitmachen verpflichtet, ob es um die Schwimm-Olympiade, um Chicken McNuggets oder um vorübergehende »Produktinnovationen« geht. Das macht für den einzelnen Store-Besitzer oder -Manager eine Menge Arbeit – beispielsweise, wenn er bei einem Preisausschreiben täglich per Formular Rückmeldung an die Agentur geben muß. »Hau doch mit deiner Scheiße ab!« schmetterte es daher einem Heye-Mitarbeiter hin und wieder mal entgegen. Doch allzuviel Eigensinn dürfen sich die Manager nicht leisten. Wer bei der Werbung nicht mitzieht, auch das kommt vor, den verpetzt die Agentur an die McDonald's-Marketing-Abteilung, den Big Brother – und das kann Kündigung zur Folge haben.

Jede PR-Aktion wird so weit vorgedacht und genormt, daß Manager und Mitarbeiter das Gefühl haben müssen, für komplett unzurechnungsfähig gehalten zu werden. Zum Beispiel bei der Ronald-McDonald-Krankenhaustournee des Firmenclowns Ronald McDonald:

> »BLUMEN KAUFEN:
> 1. WAS: Zur Begrüßung überreicht Ronald der Oberschwester im Namen von McDonald's einen Blumenstrauß – nicht zu klein, aber auch nicht zu aufwendig.
> 2. WARUM: Goodwill schaffen.
> 3. WER: Begleitperson kauft Blumen.
> 4. WO: Blumenladen im Krankenhaus oder in der Stadt.
> 5. WANN: Kurz vor Aktionsbeginn.«

So lauten die Anweisungen. Und am Schluß von so manchem Formular für Manager steht der aufmunternde Kampfschrei: »Let's be aggressive!« (Laßt uns aggressiv sein!)

Mehr noch als an die Bundeswehr erinnert der interne Umgangston und Druck bei McDonald's an denjenigen einer Glaubensgemeinschaft, einer Sekte im Fast-Food-Geschäft. »Unser Leitmotiv ist eine Synthese aus Sonntagsschule, den weiblichen Pfadfindern und dem Christlichen Verein junger Männer«, gab »Schöpfer« Ray Kroc

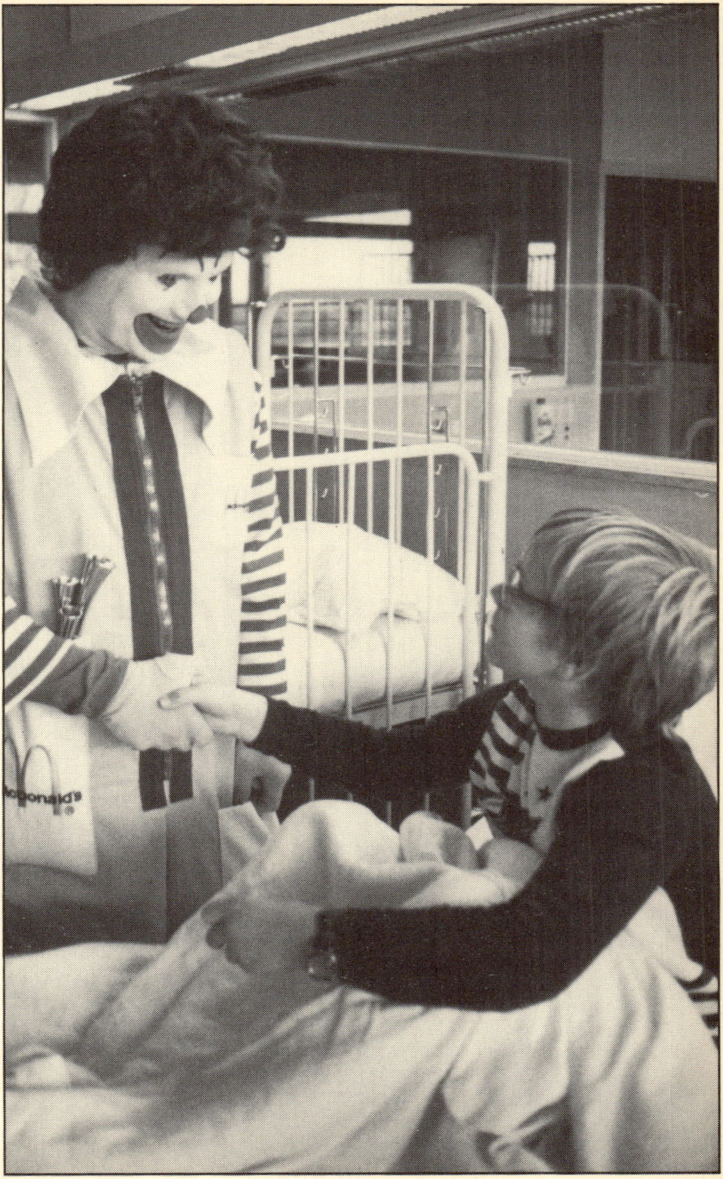

zum Besten. Die Bekenntnis-Lehranstalt ist die *Hamburger University* mit ihren weltweiten Zweigstellen. Auf einem begrünten Industriegelände ist dieses hochmoderne Management-Ausbildungszentrum neu gebaut worden, ausgestattet mit allem von Videoausrüstungen und Großbildprojektionen bis zur Simultanübersetzungsbox. Drumherum riesige Park- und Rasenflächen, deren begrenzende Straßen und Alleen nach leitenden Managern und natürlich dem legendären Ray Kroc benannt sind; zwei künstliche Seen heißen »Lake Fred« (nach dem Aufsichtsratsvorsitzenden Fred Turner) und »Lake Ed« (nach McDonald's-Vizechef Ed Schmitt). Innen Gemälde von Hamburgern in allen Nationen und Zusammenhängen, Ray-Kroc-Porträts und gleich in der Empfangshalle eine Büste des Hamburger-Gotts, vor der man wie vor einem Altar auf die Knie fallen möchte...

Manager aus aller Welt sollen hier laut Kroc »darum wetteifern, auf der von Konkurrenzkampf bestimmten, aber gleichzeitig verheißungsvollen Unternehmensleiter ihr Zeichen zu setzen«. Feudale Autorität kaschierend, wird nach den modernen Management-Methoden der Transaktionsanalyse vorgegangen: »I'm o.k. – you're o.k.« – ein partnerschaftliches Miteinander eintrainierend, das doch nur knallharter Produktivitätssteigerung dient.

Auch in der *Burger King University* wird in Rollenspielen Effizienz in Krisen- und Spannungssituationen einstudiert. Wie schafft es ein Manager, seine Mitarbeiter auch in größter Hektik zu noch mehr Leistung anzustacheln, ohne sie anzubrüllen? Ein anderer Kursus lehrt, wie eine richtige Führungspersönlichkeit ausschaut.

McLanguage ist Teil der Initiation – die interne Bezeichnung für interne Bezeichnungen. McDonald's heißt zum Beispiel niemals (auch nach außen nicht!) »Fast-Food«, sondern stets »Familienrestaurant mit schneller Bedienung«.

Sprach-Vereinheitlichung mit ideologischem Hintergrund: der Kodex stimmt bei jedem einzelnen Mitarbeiter, sogar der Tonfall, die einzelne Redewendung. Zum Beispiel die Geschichte von der »großen Familie«: »Unseren Chef Fred Turner könnte ich jetzt anrufen, und er würde bestimmt nicht hochnäsig mit mir sein«, sagt Fred Luers von der Fleischlieferfirma Otto and Sons. »Wissen Sie, wenn ich jetzt bei unserem Chef Fred Turner ins Zimmer liefe, würde er sofort wissen, daß ich verheiratet bin und wie viele Kinder ich habe«, meint Europa-Einkäufer Michael Gerling.

Egal ob bei der PR-Agentin in Chicago oder bei einem Lizenznehmer, brav fangen die Sätze mit »Ray Kroc, our founder, says« an, als rede man von einem Heiland, und der nächste Satz lautet entweder: »Es macht Spaß, im Leute-Geschäft mitzuarbeiten« oder: »Es ist so wundervoll, in einem Unternehmen zu arbeiten, das sich engagiert ...«

Wo so genau zensiert, ritualisiert und auf eine bestimmte Außenwirkung fixiert wird, ist es kein Wunder, daß sich Mitarbeiter der Öffentlichkeit gegenüber so verstört verhalten wie kleine Kinder, denen der böse Onkel einen Schrecken einjagt: Panisch, paranoisch vergewissern sie sich erst mal nach oben, was sie und ob sie überhaupt was sagen dürfen. Wer Informationen will, kommt um die Zentrale in Chicago nicht herum; korrespondiert über Monate, wartet vielleicht ein Jahr, wenn er eine Drehgenehmigung haben will, darf dann nur ausgewählte Räume betreten und wird von PR-Damen, wenn es sein muß, auch bis zur Toilette begleitet.

Diese Art religiöse Familiengemeinschaft ist nicht nur McDonald's zueigen. »Immer mehr werden wir zu einer Brüder-Bande – ein hungriger Haufen Verrückter«, brüstet sich Burger-King-Chairman Jeffrey Campbell. Und der Vizepräsident der Operations-Abteilung, Larry W. Kohler: »Wir sind alle Teil des gleichen Teams. Es ist so wie bei einer Bruderschaft.«

Burger-Krieg

Die USA seien, so schrieb der Schriftsteller Vance Bourjaily im Angesicht von McDonald's, eine »versagende Kultur. In anderen Ländern ist Essen ein Vergnügen. Hier ist Essen Antwort auf Reklame«.

Die mit Abstand wichtigste Rolle spielt dabei die Fernsehwerbung. Nick Mottern, Mitglied des US-Senats, meint: »Die Beschleunigung im Konzentrationsprozeß der 'hochveredelten Nahrungsmittel', ihr Umsatzwachstum, ist eng verknüpft mit der Wachstumsstrategie der größten Lebensmittelkonglomerate, die mit der Einführung des Fernsehens ihren Wachstumserfolg der Werbung zu verdanken haben.« Das US-amerikanische Durchschnittskind sieht 5 000 Stunden fern, bevor es in die Schule kommt; bis zum Schulabschluß sind es rund 16 000 Stunden. Mit 40 Jahren hat der –

natürlich umstrittene – Durchschnittsbürger in den USA mehr als eine Million Werbespots gesehen. Bei solchen Berechnungen muß man freilich immer bedenken, daß die sogenannten »Vielseher« einen bei weitem noch höheren Spot-Konsum haben.

Die Fast-Food-Industrie gehört zu den bedeutendsten Fernsehwerbungs-Auftraggebern; 929 Millionen Dollar gab sie allein 1984 für TV-Anmacher aus.

»Was das Fernsehen macht, das kann man gar nicht überschätzen«, sagt ein Mitarbeiter von Burger Kings Werbeagentur J. Walter Thompson. Die Networks in den Vereinigten Staaten scheinen nicht nur von den Hamburger-Giganten, sondern überhaupt von der Nahrungsmittelindustrie finanziert zu werden. 40 Prozent der gesamten Werbezeit – und das private Fernsehen in den USA finanziert sich ausschließlich aus Werbung – wurde von Getränkefirmen gekauft. In elf Prozent wurden Süßwaren, in 14 Prozent Öle und Fette angepriesen. Dazu kamen kleine Imbisse und Snacks. Während 70 Prozent der gesamten Werbezeit wurde für Hochkalorisches, in nur 0,7 Prozent auch mal für Obst, Gemüse oder Säfte Reklame gemacht.

1982 hat McDonald's in den Vereinigten Staaten 145 Millionen Dollar für Fernsehwerbung ausgegeben, davon 60 Millionen für die nationalen Networks und 85 Millionen für lokale Anstalten. Im Jahr zuvor zahlte der größte Hamburger-Konzern das Dreifache seines nächsten Konkurrenten Burger King und sogar das Fünffache von Wendy's.

1984, im Jahr der Olympischen Spiele in Los Angeles, investierte McDonald's 253 Millionen Dollar für TV-Spots in den USA. Für dieses Geld könnte man ein Jahr lang die gesamte Werbezeit des ZDF einkaufen und darüber hinaus noch in den größten bundesdeutschen Illustrierten wöchentlich je eine farbige Doppelseite schalten, berichtete ein in Düsseldorf und New York tätiger PR-Fachmann den staunenden Teilnehmern des »Fast-Food-Forums« in Hamburg.

Nach Angaben der US-Fachzeitschrift »Nations Restaurant News« haben die großen Fast-Food-Ketten ihre Fernsehwerbung in den ersten neun Monaten des Jahres 1984 um durchschnittlich 34 Prozent erhöht. Burger King und Wendy's, die beide eine große Werbeoffensive starteten, erhöhten ihre Etats gar um 72 Prozent!

Während McDonald's zehntgrößter TV-Werbekunde der USA ist, noch vor Coca-Cola, spielt der Konzern auch innerhalb der eigenen

Branche als Zeitungsinserent nur eine erstaunlich geringe Rolle; da steht McDonald's auch nach kleinen Unternehmen, die sich allzu viele teure Bildschirm-Sendeminuten offensichtlich nicht leisten können, erst an elfter Stelle der Fast-Food-Firmen, ganz anders als in der Bundesrepublik.

Rund 150 verschiedene Fernsehspots produzieren Werbeagenturen alljährlich für McDonald's. Das »McDonald's-Experience« - Spaß, Sicherheit, die Nähe zu Freunden oder Familie - soll in diesen Heile-Welt-Szenchen lockend rüberkommen; Preise oder Konkurrenten (vergleichende Werbung ist den USA begrenzt möglich) werden nicht erwähnt. Anders als beispielsweise bei Burger King, wo schon immer aggressiver etwa ein *Whaler,* die dort angebotene Fischsemmel, zu bedrohlichen Klängen aus dem Film »Der Weiße Hai« einen McDonald's-Fischmäc umkreist - die Konkurrenz zwischen den Reißzähnen.

Nur die großen Ketten können die ungemein teuren Werbezeiten der national empfangbaren »Networks« zur sogenannten »prime time«, also der günstigsten Fernsehzeit in den Abendstunden, finanzieren. Rund 100 Millionen US-Amerikaner erreichte McDonald's beispielsweise mit seinen 90 Werbesekunden beim nationalen Football-Endspiel »Superball«. Der Preis dafür: 1,5 Millionen Dollar.

> »Da tobt ein Nahrungsmittelkrieg, und die Reklame ist die Waffe darin. Das Fernsehen sind die Bomber-Flieger mit Massenwirksamkeit, und die Zeitungen und Zeitschriften sind das Fußvolk für den Nahkampf.«
>
> (Jack Tronz, Chef einer Werbefirma)

In der Bundesrepublik mit den öffentlich-rechtlichen Anstalten ist das Werbefernsehen im Vergleich zu den Vereinigten Staaten ein Stiefkind. Doch die Zeiten ändern sich. McDonald's Marketing-Chef Rolf Kreiner jedenfalls freut sich über die Privatfernsehzukunft, die auch hierzulande gerade eingeleitet worden ist: »Es wird mehr Kindersendungen, es wird mehr Jugendlichensendungen, es wird vielleicht auch mehr Seniorensendungen geben, die also speziell auf Zielgruppen ausgerichtet sind, und da läßt sich natürlich effektiver und ohne vielleicht eine Fehlstreuung, wie wir sagen, zu haben, werben und konstanter in einem größeren Rahmen; und nur aus dem Sinne heraus sehen wir die Privatisierung vielleicht von Fernsehen, Funk oder sowas als eine Möglichkeit, eine Chance für die Zukunft, ja.« Denn eigentlich, so Kreiner, sei Fernsehen eben doch das beste Medium – wegen des bewegten Bildes: »Wir wollen ja ein 'Experience' vermitteln.«

So hat McDonald's als Pionier in der Frühphase schon eifrig mitgeholfen, Werbezeiten in Kabelpilotprojekten mit einer Handvoll von Zuschauern gekauft und Radio Luxemburgs »RTL plus« (Privatfernsehen mit Beteiligung des Bertelsmann-Konzerns) den von McDonald's produzierten Film mit dem warmherzigen Titel »Weihnachten rund um die Welt« als »Gegengeschäft« verkauft, wie Rolf Kreiner sagt: Film gegen Werbezeit.

Dergleichen Unternehmer-Unterhaltung werden wir in den elektronischen Medien demnächst öfter zu sehen bekommen. Und wenn die Kabel erst alle verlegt sind und jeder seinen Bildschirmkontakt zur Welt hat, dann eröffnen sich laut einer Veröffentlichung der »Nations Restaurant News« mit dem Titel »McDonald's 2000« ganz neue Perspektiven. Dann kann nämlich zielgruppenspezifisch der McDonald's-Store gleich um die Ecke mir mit meinem Beruf und meiner Arbeitszeit meine ganz persönliche Werbebotschaft ins Haus kommen lassen – ob ich will oder nicht.

Wo Kabelkommunikation und Heimcomputer Alltag geworden seien, da schlägt die Zukunftsstudie außerdem einen lokalen »Marketing Transmitter« vor, der in einem Radius von bis zu zwölf Kilometern von jedem einzelnen Store aus, gesteuert von zentralen Computerbanken, mit einer Art elektronischem Zeichen gezielt die Autos und die Häuser der Umgebung, damit also die potientiellen Kunden ansprechen könnte.

Ein US-amerikanisches Fast-Food-Unternehmen hat bereits ein Computersystem eingeführt, das einen weiteren Schritt zur »kreativen Totalbetreuung« des Kunden darstellt: Mit der Bestellung werden dort gleich eine Reihe persönlicher Daten erfaßt, zum Beispiel Geburtstag, Telefonnummer, Adresse. Zusammen mit der Information, was der Kunde wie häufig bestellt, ermöglicht dies nicht nur eine flexible und präzise Marktdiagnose, sondern auch eine noch gezieltere und effizientere Werbe-Umsorgung.

Besonders wichtig sind diese Überlegungen, wie man in die Hirne und Wohnzimmer auch ohne breite Streuverluste über teure Werbespots oder Plakatwände gelangen könnte, im Zusammenhang mit einem weiteren Markttrend in den USA: der Lieferung von Mahlzeiten nach Hause. Werbung am Terminal, Bestellung am Terminal – Bratröhre = Guckröhre, Kauen vor dem Terminal.

Unterhaltungsindustrie und Fast-Food finden in der Werbung als Konsumschwestern zusammen. Coca-Cola (der McDonald's-Saft-Produzent) hat schon vor einigen Jahren die Filmfirma Columbia gekauft (arbeitet mit der Beta-Film des Münchener Filmhändlers Leo Kirch zusammen) und ist an der größten US-Pay-TV-Gesellschaft HBO (Home Box Office – CBS und Time) beteiligt.

MTV, das erfolgreichste Videoclip-Fernsehprogramm, das einen kometenhaften Aufstieg erlebt hat, lehnt sich in einer Werbeanzeige an Burger King an: »Burger King! Now's the time to face the music!« ruft MTV; seine Zuschauer (meist junge Leute) äßen über zehn Prozent häufiger als andere US-Amerikaner in Fast-Food-Stores – welch ein Konsumduett! So solle doch Burger King zwischen den Plattenfirmen-Werbe-Clips auch seine TV-Spots schalten. Die Hamburger-Könige gingen auch schon eine symbiotische Freundschaft mit der Filmgesellschaft 20th Century Fox ein und warben mit »Star-War«-Gläsern und mit solchen vom Kassenschlager »Rückkehr der Jedi-Ritter« – gleichzeitig von deren Erfolg profitierend.

Hardee's, eine weitere Hamburger-Kette, startete im Sommer 1984 eine PR-Aktion, bei der mit dem Kauf bestimmter Produkte ein Schallplattengeschenk von Steven Spielbergs »Gremlins« verbunden war, das von Walt Disney produziert worden war. Über Disney tauchen im übrigen immer wieder Gerüchte auf, daß sich McDonald's als Anteilseigner einkaufen wolle – kein Wunder, war doch einer seiner Aufsichtsräte früher bei Walt Disney.

Das »familienfreundliche Restaurant« warb mit einer 20-Millionen-Dollar-PR-Aktion mit Muppets-Puppen und 1982, um sich und der Videospiel-Industrie auf die Sprünge zu helfen, auch schon mal recht scheinheilig mit dem Wettbewerb »Taste the thrill of Atari« – probiert die Faszination der Atari-Computerspiele, die McDonald's in den eigenen Läden freilich ansonsten nicht dulden mag. Für einen Werbe-Spot kaufte der Konzern 1984 eine Szene aus dem Erfolgsfilm »Cotton Club«.

All das trägt offenbar Früchte. So kennen 96 Prozent der US-Amerikaner McDonald's, und davon haben 92 Prozent auch schon einmal dort gegessen. Bei einem Test hatten mehr Kunden den Namen McDonald's parat als den auch nur irgendeines anderen der abgefragten Produkte, die keineswegs nur solche der Fast-Food-Industrie waren. Gegenüber den übrigen Hamburger-Ketten mit weniger Werbekraft steht McDonald's jedenfalls entschieden besser da: Burger King kennen zwar 96 Prozent der US-Amerikaner, aber nur 81 Prozent haben dort auch schon einmal gegessen. Bei Wendy's ist das Verhältnis 95 zu 76 Prozent.

Der Abstand hat sich allerdings verringert. Denn Burger King und Wendy's, deren Produkte laut Marktforschung bei den Kunden paradoxerweise den Ruf besserer Qualität genießen als diejenigen des Buletten-Branchenführers mit den meisten Käufern, wollen daraus endlich Kapital schlagen. Sie haben zu für ihre Verhältnisse gigantischen Werbeoffensiven ausgeholt.

So gab es über Jahre neben dem »großen amerikanischen Hühnerkrieg« unter den Chicken-Fast-Food-Ketten auch einen unter den Burger-Herrschern: »The Battle of the Burgers«. Als Resümee schrieb »Nations Restaurant News« in ebenso militaristischem Tonfall: »Der Krieg ist die Hölle - außer für die Buchhaltung.«

Burger King fing an mit der Kampagne »Sind Sie nicht hungrig?« (»Aren't you hungry?«), bei der man sich auf einen angeblichen Geschmackstest berief, demzufolge Burger Kings Burger - weil gegrillt und nicht gebraten - in den ganzen Vereinigten Staaten so unheimlich viel besser abgeschnitten haben sollten. Ein TV-Spot: Ein kleines Mädchen steht mit bierernstem Gesicht an der Burger-Theke: »Sehe ich denn 20 Prozent kleiner aus als ich bin?« Die Kamera schaut auf das Mädchen herab. Und dann: »McDonald's scheint das zu finden. Denn wenn ich mir da einen Hamburger bestelle, dann machen sie ihn mir mit 20 Prozent weniger Fleisch als bei Burger King.« Oder ein »elektronischer Gutschein«: In einer Fernsehwerbung wird angekündigt, daß, wer an einem bestimmten Wochenende einen Whopper kauft, ihn umsonst bekommt, wenn er den Geheimcode weiß: »Der Whopper soll den Big Mäc schlagen.«

Oder eine Familie McDonald's sitzt auf dem Sofa. Alle haben wie zum Fasching eine alberne schwarze Brille und Pappnasen auf, einschließlich Hund: Eine Familie, die von McDonald's aufs vermeintlich bessere Burger King umgestiegen ist. Doch weil man immer noch diesen Namen trägt, den gleichen Namen wie diese miesen Hamburger von der Konkurrenz, könne man sich unter den Leuten kaum noch blicken lassen ...

> »Ich glaube, daß man alles, was man über den Konkurrenten wissen will, am besten mitkriegt, wenn man genau durch seine Abfalltonnen wühlt. Darüber stehe ich überhaupt nicht, glauben Sie mir das, und nicht nur einmal habe ich morgens um zwei Uhr den Abfall eines Konkurrenten untersucht darauf, wie viele Fleischkartons er am Tag vorher schon benutzt hatte, wie viele Brötchen und so weiter ...« (McDonald's-Gründer Ray Kroc)

McDonald's klagte wegen irreführender Werbung auf 62 Millionen Mark Schadenersatz. Auch Wendy's ging vor Gericht und forderte einen überprüfbaren »amerikaweiten Geschmackstest«. Darüber hinaus wiesen McDonald's-Sprecher darauf hin, daß zwar stimme, daß Burger King seinen Whopper grille, daß er aber in diesem Zustand oft noch lange warmgehalten und vor dem Servieren noch einmal im Mikrowellenofen heißgemacht werde ... Das Wort »Whopper« hat übrigens zwei Bedeutungen: »Mordsding« und »faustdicke Lüge«.

1983/84 dann schlug Wendy's zu, das sich zuvor bieder mit »old fashioned hamburgers« angedient hatte: Aus der Behauptung, die anderen Ketten servierten wesentlich größere Semmeln und dafür 25 (McDonald's) beziehungsweise zehn Prozent (Burger King) weniger Fleisch, machten die Wendy's-Marketing-Strategen aus Ohio den legendären Spruch: »Where's the beef?« (Wo ist das Fleisch?) Auf der Suche danach war die zierliche, aber energische Clara Peller, eine 80jährige weißhaarige Seniorin aus Chicago.

»Er ist groß«, sagte da eine alte Dame an der Buletten-Theke in einem TV-Spot zu einem vor ihr liegenden Burger. »Er ist wirklich groß«, meinte eine weitere alte Dame neben ihr. Und dann zwängte sich von hinten Clara durch und stimmte in den Chor ein: »Er ist groß, ja wirklich!« Doch Oma Peller klappte den Semmeldeckel hoch und bellte plötzlich mit tiefer Baß-Stimme: »Aber wo ist das Fleisch?«

Die gallige Alte wurde prompt zur »Großmutter der Nation« gekürt. Der Umsatz von Wendy's stieg dank Clara angeblich 1983 um 20 und 1984 um 31 Prozent gegenüber dem Vorjahr. Vom US-Rinderzüchterverband erhielt sie einen Orden. Und im Präsidentschaftswahlkampf 1984 bediente man sich fleißig des Spruchs »Where is the beef?«, um dem politischen Gegner vorzuhalten, er hätte nichts Handfestes vorzuweisen. Clara konnte sich indessen vor Angeboten nicht retten. Sie ist Wendy's untreu geworden und hat ihr »Beef« jetzt in einer Spaghettisauce der Konkurrenz entdeckt.

Burger King verzeichnete 1983 einen Umsatzzuwachs von 14 Prozent pro Store in den USA. »Die Werbekampagne von Burger King 'Battle of the Burgers' war ein wenig verwirrend, und ich habe darüber einige schlaflose Nächte verbracht«, antwortete mit vornehmem Understatement McDonald's-Chef Fred Turner einem Aktionär.

Längst hat Burger King den Krieg auch nach Übersee ausgedehnt: »München hat lange genug geschmort«, annoncierte man in der »Abendzeitung« am Eröffnungstag für den ersten Laden in der bayerischen Metropole, die bisher vom Gegner gehalten wurde, und warb: »Burger King geht für seine Freunde durchs Feuer.« Die AZ dankte das ganzseitige Inserat mit einem PR-Artikel: »'Whopper': Noch eine Waffe an der Hamburger-Front.« Bereits einige Monate früher hatte Bill Prather, Burger Kings General Manager für Europa, in Ansbach verkündet: »Wir sind natürlich glücklich, daß wir die Armee und die Luftwaffe der Vereinigten Staaten als Lizenznehmer gewinnen konnten. Es ist für uns eine Genugtuung, denn alle anderen Mitbewerber einschließlich McDonald's sind in dieser weitergehenden Version des Hamburger-Krieges nicht zum Zuge gekommen.«

Burger King setzt im Burger-Krieg auf US Army und Air Force. Bei der Eröffnung eines Kasernen-Stores im bayerischen Ansbach sagte General Saint: »Freie Wahl zu haben ist etwas Schönes. Ebenso wie freien Wettbewerb. Freie Wahl und Wettbewerb stehen vielen Nationen des Ostens nicht zur Verfügung. Es ist schade, daß sie so viel vermissen müssen.« Die GIs brauchen fortan nicht mehr auf den Whopper zu verzichten. Und das Big-Mäc-Monopol von McDonald's in Ansbach ist gebrochen, der freie Wettbewerb wiederhergestellt.

Die Big-Buck-Philosophie

»Hamburger-Diplomatie« hat McDonald's-Schöpfer Ray Kroc seine Expeditionen zu den überseeischen Zweigstellen genannt. Tatsächlich ist jeder Burger-Store eine Art Botschaft der US-amerikanischen »Popular Culture«, der Konsumkultur, die teils Ausformulierung dessen, teils Ausbruch aus dem ist, was als *American Dream* seit spätestens nach dem Zweiten Weltkrieg auch die Deutschen beflügeln soll. Tatsächlich ist jeder McDonald's-Manager und -Lizenznehmer ein Kulturattaché einer aus Ideologie angeblich ideologiefreien Ideologie der Leistung, des Erfolgs, der Selbstverwirklichung mit rempelnden Ellenbogen, der sauberen, anständigen, heilen Konsumwelt, des körper- und lustfeindlichen Vergnügens in Grenzen, des neurotischen, aggressiven Patriotismus.

Der amerikanische Traum, eine Mischung aus religiösen, politischen, gesellschaftspsychologischen und mythischen Elementen, ist eine Identifikationshilfe für eine nur von der protestantischen Arbeitsethik und den Marktgesetzen bestimmte Einwanderergesellschaft ohne gewachsene Kultur. 1930 wurde der Begriff erstmals von dem Historiker James Truslow Adams verwendet: individuelles Glück, sich in Freiheit mit so wenig staatlicher Beschränkung wie möglich durchsetzen können, Erfolg – dessen Kehrseite das schuldige Scheitern derjenigen ist, die es nicht geschafft haben, und dessen Folge das arrogant-selbstbewußte Sendungsbewußtsein der Vereinigten Staaten ist, mit allen, auch militärischen Mitteln. Der »American Dream« soll auch unserer sein – das Überbau-Korsett einer rigoros kapitalistischen Gesellschaft, die Freiheit an der Höhe des Kontostandes mißt.

Ray Kroc ist der personifizierte amerikanische Traum, die personifizierte protestantische Arbeitsethik, die personifizierte Mittelstands-Sauberkeits- und Anstandsideologie. Sich und sein Fast-Food-Imperium als Kultstätte des »wahren Amerika« zu verkaufen, Amerika-Mythen in Tüten, das war sein Ziel ebenso wie beispielsweise Burger King auf Stars-and-Stripes-Banner fragt: »Are you hungry, America?«

Ray Kroc ist die »success story« – einer, der zwar nicht Tellerwäscher war, aber Vertreter von Pappbechern und Barpianist in schummrigen Etablissements, und der es trotzdem geschafft hat, »who made it«, der auch mit 52 Jahren noch einmal ganz von vorn anfing und vor seinem Tod ein Privatvermögen von einer halben Milliarde Dollar sein eigen nannte. Dank dem, was er selbst »eine einfache Philosophie« nannte. Ray Kroc wörtlich: »Ich habe immer geglaubt, daß jeder Mensch sich sein eigenes Glück schafft und für sein Unglück selbst verantwortlich ist. Das ist eine einfache Philosophie, aber ich mag sie, weil sie funktioniert ... Glück ist nichts, was man anfassen kann. Glück ist ein Nebenprodukt – ein Nebenprodukt von Leistung ... Es ist keine Leistung, auf einem Seil zu balancieren, das flach auf dem Boden liegt ... Das hier ist keine Industrie. Lächerlich. hier frißt die Ratte die Ratte auf und der Hund den Hund. Ich werde dir den Hals umdrehen, bevor du mir den Hals umdrehst. Wovon wir hier reden, ist die amerikanische Ausführung des Prinzips: 'Der Stärkste überlebt'.«

In der Tat: eine einfache Philosophie. Sie ist durchgängig sogar bei denjenigen, die nicht schuldig gescheitert, aber durch ein nicht vorhandenes soziales Netz in den USA gefallen sind. Ihre Folgen beseitigt die Geschäftswelt dann höchstens vorgeblich durch das rosarote Heuchlertum karitativer Wohlfahrt.

»Jeder sollte reich sein«, schrieb in den fünfziger Jahren der General-Motors-Vizepräsident im »Ladies Home Journal«. Das große Geld – »The Big Buck« – der eigentliche »American Dream«. Für Ray Kroc ging er in Erfüllung. Und wir können von Leroy Cougle, dem Dozenten an der Hamburger-Universität von McDonald's, lernen, was für einer man sein muß, um den »Big Buck« zu machen: ein »ganz normaler produzierender und ehrgeiziger Mensch«.

»Kapiert, Chruschtschow?«

Nur eine einzige fehlte an den 218 notwendigen Stimmen, um die vom Abgeordneten Romano L. Mazzoli aus Kentucky eingebrachte Resolution aus dem Unterausschuß ins Plenum des Repräsentantenhauses zu lancieren. Der betreffende Gegenstand sei, so argumentierte Mazzoli unter anderem, Bestandteil der US-amerikanischen Tradition. Er werde auch vom Volk als Kulturelement empfunden, was am Beispiel jenes Generals James Dozier erkennbar werde, der ihn nach seiner Befreiung aus dem Gefängnis der Roten Brigaden im Januar 1982 in Italien als allererstes gewünscht und erhalten habe. Deshalb sollten Repräsentantenhaus und Senat den Präsidenten autorisieren, die zweite Oktoberwoche zur »Nationalen Cheeseburger-Woche« zu erklären und entsprechende Festlichkeiten und Aktionen anzuregen.

Auch wenn der arme Mazzoli mit seinem Cheeseburger-Projekt knapp scheitern mußte, zum patriotischen Nationalsymbol wird der Hamburger auch ohne Feiertag stilisiert. Ronald Reagan ließ sich burgerbeißend im Wahlkampf 1984 fotografieren. Die Wirtschaftszeitschrift »Barons« schreibt: »McDonald's hat Burger mit Fritten zur amerikanischsten aller Mahlzeiten gemacht, seit die Pilgerväter vor über 350 Jahren jenen aufsehenerregenden Truthahn zubereiteten.« Kein Wunder also, daß bei der Feier des Unabhängigkeitstages am 4. Juli auch im US-Konsulat in München statt eines festlichen Menüs die geladenen Gäste ihre Hamburger beim eigens errichteten McDonald's-Stand abholen mußten.

Enger noch gestaltet sich die Zusammenarbeit mit den Heerscharen des Pentagon in aller Welt. Nicht nur, daß McDonald's-intern Generalstabssprache gepflegt wird – »den Offizieren im Feld in den verschiedenen Territorien werden Anweisungen erteilt, so daß sie die Unternehmensphilosophie besser vollstrecken können« (Ray Kroc) –, die Hamburger-Strategen marschieren auch direkt im Gleichschritt mit dem Militär von Pearl Harbor über Aschaffenburg und Hawaii bis Südkorea. Selbst wenn die Zeitschrift »Nations Restaurant News« meldet: »Die Marines überfressen sich, sagt das Pentagon«, weiß ein anderer zu berichten: »Unsere Marines lieben den Big Mac«, so McDonald's-Sprecher Starmann. »Sie würden nicht glauben, was die essen können. Die essen vier Stück auf einmal.« Und Burger-King-Sprecher John Weir: »Wir werden den GIs geben, was immer sie wollen.«

»A little bit of home«, warb Burger King bei der Eröffnungszeremonie eines Kasernen-Stores in Ansbach, und die Konkurrenz lockt mit »A bite of home away from home« ins McDonald's-Lokal in der Stadt. Und nachdem James McLamore, eigens eingeflogener Mitbegründer von Burger King, die jungen Soldaten in der bayerischen Garnison aufgefordert hatte, »diesen Ort mit Patriotismus zu belohnen«, erklärte General Saint noch einmal »die Mission«, »warum wir hier sind: weil unsere beiden Länder an die Freiheit des einzelnen glauben«. Und angesichts der Tatsache, daß US-Soldaten nun wieder einen neuen Hamburger zusätzlich zu den anderen Hamburgern in Ansbach kaufen könnten, freute sich der General: »Freie Wahl zu haben ist etwas Schönes. Ebenso wie freien Wettbewerb. Freie Wahl und Wettbewerb stehen vielen Nationen des Ostens nicht zur Verfügung. Es ist schade, daß sie so viel im Leben vermissen müssen.«

»Das ist es, was Ray Kroc mit der Erfüllung des amerikanischen Traums meinte«, schrieb ein US-Journalist in den fünfziger Jahren über dessen Erfolg und fügte hinzu: »Kapiert, Chruschtschow?«

Während die Verteidiger des kapitalistischen Systems »sozialistische Gleichmacherei« bekämpfen, betreiben sie in ihrer eigenen Gesellschaft die kulinarische Gleichschaltung. Ausgerechnet der Freund von Franz Josef Strauß, der Wienerwald-Hendl-Jahn, äußerte nach einer Reise nach Moskau, er sei »entsetzt darüber, daß in einigen Lokalen bis zu 50 verschiedene Gerichte auf der Speisekarte standen ... bei ihnen geht es noch viel zu individualistisch zu«.

Seit den Zeiten des Kalten Krieges wehen vor allen US-amerikanischen McDonald's-Läden die Stars-and-Stripes-Flaggen. Ray Kroc wurde in Sachen »American Dream« aber noch konkreter aktiv: als er 1972 den US-Präsidenten Richard Nixon mit einer großzügigen Spende von 250 000 Dollar unterstützte. Das tat er nach eigenen Angaben gegen den demokratischen Kanditaten McGovern, der sich damals engagiert für ein verbessertes Gesundheitssystem, für mehr staatliche Sozialleistungen und für die Minderheiten einsetzte und mit einem solchen Programm im Verständnis des US-Mehrheiten-Konsens schon fast mit Kommunisten gemeinsame Sache machte.

Kroc machte sich mit seiner Spende freilich nicht nur Freunde. Allzu offensichtlich war das zeitliche Zusammenfallen mit einer Gegenleistung Nixons. Dessen Regierung hatte nämlich gerade einen Preisstop verfügt und nur für den McDonald's-Konzern eine Ausnahme genehmigt, der just zu diesem Zeitpunkt seine Hamburger-Preise um neun Prozent erhöhen wollte. Und konnte.

»Einmal habe ich einen großen Fehler gemacht. Den erwähne ich nur, weil so viele dumme Esel deswegen rumgebrüllt haben. Das war meine 250 000-Dollar-Spende für Nixons Wahlkampagne 1972 ...« Viel mehr wollte Kroc dazu nicht anmerken, denn, so schrieb er, »meine Sprache dabei ist nicht für den Druck geeignet«.

Dabei ist der Hamburger-Preis in den USA tatsächlich so etwas wie in anderen Ländern der Brotpreis – der Hamburger als, so »Esquire«-Kolumnist Larry Goldberg, »eine amerikanische Institution wie ein Grundnahrungsmittel«. Und die Konzernherren können ihre Entscheidungen über das Portemonnaie des Bürgers wie von Gottes Gnaden verkünden. So trat 1979 der patriotische Patriarch Ray Kroc in national ausgestrahlten Fernsehspots auf und rief,

McDonald's werde »helfen, die Inflation zu bekämpfen«, dadurch daß »alle im Besitz der Gesellschaft befindlichen Läden Hamburger um zehn Cents billiger verkaufen werden«.

Hurra-Patriotismus wird schon den Kleinsten eingebläut. McDonald's hat einen Malbuch-Kalender herausgegeben, in dem die Kids lernen, wann »Flaggentag« und »Veteranentag« ist. Zum Unabhängigkeitstag singen Clown Ronald McDonald und der »Hamburglar« (der Hamburger-Klauer) vor Trommeln, Flaggen und Feuerwerk: »We live in a wonderful country...« – Wir leben in einem wundervollen Land ...

Und auch das können wir von den Buletten-Ideologen lernen: »McDonald's ist sauber...« (Ray Kroc) Mehr noch: pedantisch sauber.

Ray Kroc schreibt in seiner Biographie vom Putzfimmel seiner Großmutter, bei der er aufwuchs und die den ganzen Fußboden mit Zeitungspapier ausgelegt hatte, um ihn dann am Samstag um so gründlicher zu reinigen. Das muß Kroc dazu gebracht haben, daß ihn bei dem Hamburger-Stand der McDonald's-Brüder in San Bernardino vor allem die »blitzsauberen« weißen Hemden und Hosen und die weißen Papierhüte der Angestellten faszinierten: »Mit unzulänglich geführten Haushalten bin ich schon immer ungeduldig gewesen, und noch mehr mit Restaurants.«

Daher also wischt einem andauernd ein Angestellter vor der Nase herum oder wirbelt mit dem Besen um die Füße, dem großen Meister folgend und uns ein Beispiel gebend: »Ich selbst bin mir nie zu schade gewesen, einen Mop zu nehmen und die Klos zu putzen – sogar, wenn ich meinen guten Anzug trug«, meinte einst der um Sterilität bemühte Kroc.

Ganz klar: sauber und anständig

»Familie – ganz klar! Positiv – vorwärts – ja!« sagt der bundesdeutsche McDonald's-Marketing-Chef Rolf Kreiner. Wo gesellschaftliche Ideologie und wirtschaftliche Interessen einander bedingen und ergänzen, da wird in Werbeaktionen »Die Familie der Woche« gesucht. Die Kleinfamilie als effizienteste Keimzelle einer gewinnorientierten Gesellschaft muß mit einer Art Heiligsprechung umworben werden, weil sie - konservativ besorgt, wie der Mittelstand ist - noch am ehesten vor dem Konsum des verrufenen Fast-Food-Futters zurückschreckt. Andererseits aber ist sie - damit auch Mutti arbeiten kann, damit es schnell geht - eine der potentiell gewinnbringenden Gruppen.

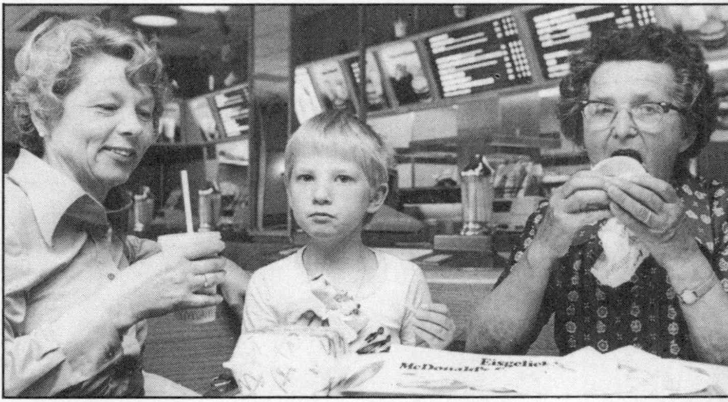

»McDonald's-Mahlzeiten: Schnell serviert, gesund und schmackhaft für jung und alt« (Werbefoto und -text)

Keine Musikautomaten, keine Spielautomaten, keine Verkaufsautomaten, kein Alkohol (Ausnahme für die bundesdeutschen Papis: Bier) - sauber und anständig soll es zugehen bei McDonald's, kein schlampiges Rumhängepublikum soll Familien verschrecken. Das »Familienrestaurant« veranstaltet Familientage und Muttertage und die Aktion »Wir bereiten unseren Eltern Freude« - mit einem Kalender für Kinder zum Eintragen: »Habe meine Zähne geputzt, habe meine Mahlzeiten gegessen, habe Mutti geholfen«, und als Belohnung gibt's einen Cheeseburger - gezeichnet: Ronald McDonald.

In den USA hat McDonald's 1983 allen Lizenznehmern verboten, Werbezeit für die ABC-Serie »Dornenvögel« (in der Bundesrepublik unter anderm im Satellitenfernsehen) zu kaufen, weil darin die heiße Liebesgeschichte zwischen einem Priester und einer Australierin gezeigt wird. Dafür schwebt in den US-TV-Spots eine Braut in Zeitlupe durch grüne Wiesen dem örtlichen McDonald's entgegen.

Hamburger-Man Kroc verkaufte sich als Saubermann - verschweigend, daß er seine erste Frau verließ, vor seiner Erfolgszeit durch fragwürdige Vergnügungsstätten tingelte, 1979 in eine Alkoholiker-Klinik eingeliefert wurde und seinen Angestellten, den Mitgliedern der »McDonald's-Familie«, nach einem Bericht des US-Nachrichtenmagazins »Time« persönlich Trinkgeld weggenommen hatte.

Doch kreischend munter wird Optimismus-Förderung betrieben – Meldungen aus dem Kunden-Magazin »Mäc Press«, familienfreundlich: »Gabriele Hoffmann, Berliner Wahrsagerin, sieht 70 Jahre Frieden in Deutschland« ... »Prinz Edward darf zu McDonald's« ... »Mollig ist erlaubt« ... »Deutschlands kleinster Schornsteinfeger« ... »Unser Land kann immer noch wachsen« ...

Das blitzsaubere Familienimage ist freilich nicht auf McDonald's beschränkt. Auch Wendy's entschloß sich, dann doch keine unanständigen Lotterie-Wettscheine den Hamburger-Gutscheinen beizulegen, während Kentucky Fried Chicken wirbt: »Es gibt im Monat viele Tage, an denen man Mutter etwas Arbeit abnehmen kann – zum Beispiel mit Kentucky-Hühnchen.« Schließlich, wer kennt es nicht: »Heute bleibt die Küche kalt, wir gehen in den Wienerwald.«

Die fröhliche Diktatur

»McDonald's hat nach unserer Ansicht den Markt für die Kinder und – was nicht überraschend ist – den von Familien mit kleinen Kindern so gut wie im Würgegriff«, schreibt Michael Culp im Informationsdienst der Anlageberatungsfirma Prudential Bache.

»Ein Kind, das unsere Fernsehwerbung gern mag und seine Großeltern mit in einen McDonald's bringt, das bringt uns zwei neue Kunden«, so Ray Kroc. Kinder sind für die Geschäftsstrategen Mittler; sie sollen die Eltern zum Produkt führen: »Take a father to lunch« (McDonald's).

Kinder sind leicht zu begeistern, besonders für Finger-Futter, für das Essen des geringsten Widerstands. Wie beeinflußbar sie sind, zeigt eine Untersuchung aus den USA: Da gab man Kindern zwei verschiedene Sorten Schokolade zu essen, eine, die viel zu süß war, und eine leckere, normale, die allen besser schmeckte. Dann erzählte ihnen jemand ein Märchen, in dem der Held der Geschichte die viel zu süße Schokolade gern aß und die, die sie vorher lieber gemocht hatten, verspottete. Als den Kindern nochmals Schokolade angeboten wurde, fiel die Auswahl prompt andersherum aus.

82 Prozent der Produkte, für die auf Kinder gezielte Werbung gemacht wird, sind Nahrungsmittel, vor allem Süßwaren. Und das überall in der Welt: Die staatliche Verbraucherorganisation Mexikos zum Beispiel klagte, daß nachmittags, wenn hauptsächlich Kinder fernsehen, diese von transnationalen Unternehmen von Pepsi über Del Monte bis Kelloggs mit Werbung auf Kaugummi, Süßigkeiten und Pommes frites wild gemacht würden. Ein US-Fernsehwissenschaftler stellte fest, daß im Untersuchungszeitraum speziell McDonald's vor allem in gewalttätigen (Kinder-) Fernsehserien mit hohen Einschaltquoten Werbezeit gekauft hatte.

In der Bundesrepublik befindet sich der Fast-Food-Konsum in der McDonald's-Zeitrechnung noch immer im Primärstadium. Die Vorkoster zwischen 16 und 24 besorgen hier über die Hälfte des Umsatzes. In der McDonald's-Fernsehwerbung sollen sie sich in adretten Popper-Teenagern wiederfinden.

Pommes und Burger sind typische Jugendprodukte, die mit Begriffen wie »unkomplizierte Essensfreude« und »Modernität« assoziiert werden. Im Fast-Food-Lokal trifft man sich – hier kann man sein. Sitte und Anstand werden durch »Essen mit Spaß« ersetzt. Wo man mit den Fingern ißt, wird die Freiheit vermutet, die anderswo fehlt. Daß das immer auch heißt, etwas kaufen zu sollen, wird akzeptiert, wenn auch manchmal unwillig: »Das Schärfste wäre, wenn man für 'ne Mark nur das Rumsitzen bei McDonald's kaufen könnte«, meint die Schülerin Martina.

In den USA freilich hat sich das Generationenverhältnis längst umgekehrt. Dort ist der Durchschnittskonsument um die 30, und rund zwei Drittel der Gäste sind über 26 – jetzt erwachsene Konsumkinder von damals, mit Milchshakes gesäugt, die ihre Lektion gelernt haben.

In den überseeischen Zweigstellen muß man gezielt auf diejenigen hinwirken, die die zukünftigen Väter und Mütter sind: muß die Kinder formen und zu reifen, treuen Hamburger-Konsumenten erziehen. »To kidnip«, so hat die New Yorker Kolumnistin Mimi Sheraton die McDonald's-Strategie charakterisiert. Das »Kinderschnappen« fängt schon bei der bunten grellen Plastikwelt an, in der man fröhlich mit den Pfoten rumferkeln kann, die jedoch ganz zielstrebig angelegt ist: »Klar konzipierte Kinderecken sind wichtige Umsatzträger der Hamburger-Restaurants, die der traditionellen Gastronomie damit noch ein Riesenstück voraus haben. Dabei macht es nicht die Masse der das kindliche Auge und den Spieltrieb anreizenden Einrichtungselemente, sondern die genaue Abwägung von Funktionen und ästhetischer Gestaltung«, schreibt der Münchener Fast-Food-Architekt Erich Scevak.

Für die Kleinen werden extra niedrige Türklinken angebracht, und der McDonald's-Lizenznehmer kann für 600 Mark eine Leiter erwerben, auf der die Minikunden für die Bestellung auch die Theke erreichen können.

Kinderstraßenbahnfahrt, Kinderkrankenhaustournee, Kinderfaschingsball, Kinderkino, Kinderluftballonaktion, Kinderflohmarkt, Kinderparty ... in Zusammenarbeit mit dem Spielwarengeschäft Obletter, mit der Firma Carrera ... als Geschenk wird die Kinderzeitschrift »Yps« verkauft ... Kinderferienspaßaktion; dazu die Anweisungen für McDonald's-Lizenznehmer:

> »KINDER VERVIELFACHEN IHREN UMSATZ
> – Durch Eigenbestellungen
> – Sie bringen Freunde oder Verwandte mit
> – Kinder zeigen, daß hier jeder speisen kann
> – Die kleinen Gäste von heute sind Ihre erwachsenen Gäste von morgen und sichern den Erfolg auch in der Zukunft.
> MIT DEM FERIENSPASS-BUCH ...
> ... 'hängen' wir uns wirkungsvoll an die Aktionen der Gemeinden an oder bieten sogar die einzige Möglichkeit, mehr 'Ferienspaß' zu haben, da wo es keine öffentlichen Aktivitäten für Kinder zur Ferienzeit gibt. Damit
> – zeigen wir, daß sich McDonald's um die Kinder kümmert ...
> – betonen wir den 'Freund-Charakter' von McDonald's
> – schaffen wir 'Goodwill' zwischen Kindern, Eltern und McDonald's
> – führen wir viele Kinder über einen längeren Zeitraum an Ihren Store heran ...
> Lassen Sie deshalb die Geschenke nicht einfach vom Counterpersonal ausgeben oder gar aufs Tablett legen, sondern begrüßen Sie jede Familie (keine sollte übersehen werden!!), fragen Sie, wie's geht ... kurz, reden Sie ein paar nette Worte mit ihnen ...«

In einer Gesellschaft, in der eine Verbraucherorganisation eine Broschüre mit dem Titel »How to Raise Children« (Wie man Kinder großzieht) herausgibt, die den Leser darauf hinweist, daß man mit Kindern unter anderem auch mal spielen sollte, so wie man erklärt, daß man Hunde Gassi führt, und wo Restaurants üblicherweise Kinder am liebsten aussperren würden – da wird eben auch ein Kindergeburtstag zur Ware. McDonald's profitiert, und die Eltern sparen »Aufregung, Vorbereitungszeit, Lärm, Abwasch...« Diese Familienideologie verkleistert nur Entfremdung und rationalisierte Elternschaft. Kinder sind nur noch Instrument und Garnitur einer voll durchgeplanten Werbe- und Gehirnwäsche-Aktion. McDonald's-intern:

»Die 7 Etappen einer Geburtstagsparty:

1. Etappe: Die Vorbereitungen	Zeit ca. 15 Min.
2. Etappe: Die Begrüßung	Zeit ca. 10 Min.
3. Etappe: Bestellung aufschreiben	Zeit ca. 5 Min.
4. Etappe: Bestellung abholen	Zeit ca. 10 Min.
5. Etappe: Essen mit Spaß	Zeit ca. 15 Min.
6. Etappe: Spielen bzw. Storetour	Zeit ca. 10 Min.
7. Etappe: Sich verabschieden ...	

Anschließend Evaluationsdaten eintragen ...«

In den Wohnzellen moderner Satellitenstädte gibt es eben oft auch keinen Platz zum Selberfeiern. Aber: »McDonald's wird von den Kindern bis zum letzten verteidigt«, sagt Brigitte Sladek, Erzieherin in einem Kölner Kinderhort. Der Bulettenkonzern wird zur geliebten Stiefmama: »Frauen haben im Umgang mit Jugendlichen das beste

Feeling«, meinte McDonald's-Vize Ludwig in einem Interview mit der Zeitschrift »Brigitte«.

In Villa Park im US-Bundesstaat Illinois fanden in einem Monat in einem McDonald's-Raum 600 Geburtstagsparties statt ... Und der Firmenclown hält seine Visiten im Kinderkrankenhaus ab und gräbt sich mit kleinen Geschenken, die die Freundschaft erhalten, tief ins kleine Bewußtsein ein.

Doch worum es wirklich geht: »Aufgrund der negativen Berichterstattungen im letzten Jahr waren wir gezwungen, verstärkt Aktionen auf lokaler Ebene durchzuführen, die auch ohne großen Kostenaufwand außergewöhnlich sind und in der Öffentlichkeit Interesse und Sympathie wecken«, heißt es in McDonald's-Strategiepapieren. Daß die lokale Presse auf Herz-Schmerz-Aktionen wie den Kinderbesuch des Clowns anspringt, Werbung hin, Werbung her, darauf kann man bauen: »Über den ideellen Wert der Aktion (der sich ohnehin nicht aufrechnen läßt) hinaus, hätte die Bekanntmachung ... über die Anzeigenabteilungen der Zeitungen mindestens das Dreifache gekostet.«

Kinder sind McDonald's so wichtig, daß die Anweisungen für den offiziellen Company-Repräsentanten Ronald McDonald beinahe den Umfang eines Bandes deutscher Heldensagen haben. Superstar Ronald ist bei US-amerikanischen Kindern berühmter als der Nikolaus. Sein Name ist zum Synonym für »Clown« geworden. »Gott mag tot sein oder nicht – Ronald McDonald jedenfalls ist unsterblich«, schreibt der Autor John Caroll. Denn Ronald McDonald ist so gesichtslos, charakterlos, geschlechtslos und unumstritten wie das Weißbrot, der Hamburger, die US-amerikanische Ideologie. Er ist ein Clown – aber einer ohne Brüche, ohne Listigkeit, unnahbar steril, ohne extreme Ausgelassenheit, extremen Frohsinn: Spaß in Maßen, distanzierte Herzlichkeit. »Der Alltag ist trist genug«, sagt Ronald McDonald betulich. »Dann soll uns wenigstens das Essen Spaß machen.«

Die internationalen Richtlinien für den Firmenclown und sein korrektes Auftreten schreiben vor, daß es in jedem Land einen Fernseh-Ronald und einen für PR-Aktionen geben solle, damit er unverwechselbar bleibe. Die Schauspieler dürfen keine Interviews geben, damit Ronald nicht vermenschlicht wird, sondern mythisch unnahbar Konsumglück demonstriert. Alljährlich treffen sich in den USA die McDonald's-Ronalds zu Auftretensabsprachen - die Presse ist nicht zugelassen.

Ronald ist eigentlich ein humorloser Clown, komisch nur nach Vorschrift: »Ronald ist komisch, freundlich, bunt, tapfer, überraschend, voller Tricks und Witze. Auf der anderen Seite gibt es eine Reihe von Dingen, die Ronald nicht ist. Ronald ist nicht gewalttätig. Er tätschelt niemanden, wie das andere Clowns machen. Er lacht nicht über Leute oder andere Figuren. Weil Ronald McDonald und McDonald's ein Synonym sind, müssen seine Handlungen immer geschmackvoll sein. Guter, sauberer, ausgelassener Spaß« - so das Marketing-Handbuch. Die fröhliche Diktatur.

Das Handbuch schreibt neben vielen anderen Regeln den Lizenznehmern vor: »Laßt nicht zu, daß eure PR-Aktion von einer negativen oder rassisch problematischen Situation in Mitleidenschaft gezogen wird. Ronald ist ein sichtbares Symbol. Laßt nicht zu, daß eine unkontrollierbare Menge ihn als Gallionsfigur für den Kapitalismus oder das weiße Establishment benutzt.«

In dem gleichen Handbuch lernen die McDonald's-Manager ganz konkret: »Warum ist Ronald McDonald so wichtig?« Antwort: »Ronald McDonald ist das allerwichtigste Vehikel, um mit Kindern zu kommunizieren. Forschung hat nachgewiesen, daß Kinder im Alter von zwei bis neun Jahren eine ganz besonders direkte Beziehung zwischen ihren Gefühlen Ronald und denen McDonald's gegenüber haben. Mit anderen Worten: In den Augen der Kinder ist

Ronald gleichbedeutend mit McDonald's.« Und: »Ronald McDonald ist kein Hamburger Salesman, also kein Hamburger-Verkäufer, sondern Ronald McDonald soll eigentlich immer in spielerischer Form McDonald's bei den Kindern präsent halten«, sagt Rolf Kreiner, Marketing-Chef. Im 8 000. Lokal in den USA gibt es den Clown übrigens zum erstenmal auch als Roboter …

Ronald lebt im *McDonaldland,* das in den sechziger Jahren entwikkelt wurde – ein riesiges Konsumparadies mit »Coca-Cola-Fällen«, dem »Pommes-frites-Dickicht« und »Milk-Shake-Gebirgen«, ein Kommerz-Schlaraffenland, in dem, so das Marketing-Manual, »wie im McDonald's-Restaurant alle Probleme aufs glücklichste gelöst werden«.

Essen und Konsumieren als Problemlösung – nicht nur gegen diese folgenschwere Ideologie, wohl auch wegen grundsätzlicher Bedenken gegen Manipulation von Kindern im großen Stil ist der fröhliche, harmlose Clown in Schweden verboten.

Essen als Problemlösung – auch in Werbespots wie diesem: Ein kleiner Junge fühlt sich vernachlässigt. Seine Eltern haben noch einmal Nachwuchs bekommen. Alle haben nur noch Augen für das Neugeborene. Sein Vater löst das Problem des Jungen, indem er ihn zu McDonald's einlädt. Und bei einer Hamburger-Mahlzeit erklärt Papi, das »Schwesterchen« brauche doch seinen großen Bruder, jemanden »der die Nachbarschaft wie seine Westentasche kennt«. – »Mit einer Tüte Pommes frites sieht die Welt für den Kleinen schon ganz anders aus«, lobt die Werbezeitschrift »Advertising Age« diesen Werbespot als einen der besten des Jahres 1984.

Der Kauf eines McDonaldland-Dekors, so erfährt der Lizenznehmer, kann innerhalb nur eines Jahres den Umsatz um 80 Prozent erhöhen. Und was am erstaunlichsten ist: Diese mit Fast-Food im McDonaldland aufgewachsenen Kinder bleiben Kinder – für immer. Nicht nur die letzte Domäne des offen genehmigten Finger-Futterns läßt erwachsene Menschen in Burger-Stores wieder wie Kleinkinder das Essen verdrücken, offenbar findet auch niemand etwas dabei, sich der infantilen Sprache zu befleißigen, die man benutzen muß, um etwas zu bestellen. »Kakapipitatalismus« – der Begriff muß Alain Finckielkraut und Pascal Bruckner an einer Fast-Food-Theke eingefallen sein.

Ist man etwa kein kleiner Dummerjan, wenn man ein »Mordsding« (Whopper) ordert, einen »McGoldklumpen« (McNugget), einen »königlichen Burger« (Burger Royal)? Oder in den USA einen »Was-für-einen-Burger« (Whataburger), einen »Baron«, einen »Gürtelsprenger« (Belt Buster), »Gewehrrauch« (Gun Smoke), einen »großen Fuß« (Big Foot), einen »Herrn Neblig« (Mr. Misty) ...? Wenn Ihnen das nicht über die Lippen kommt, brauchen Sie nur mit dem Finger drauf zu zeigen: »Das da!« In diesen Lokalen nimmt Ihnen das keiner übel.

Jeden Tag eine gute Tat

In Bertolt Brechts Stück »Die heilige Johanna der Schlachthöfe« rufen die Chicagoer Zeitungsjungen: »Der Fleischkönig und Philanthrop P. Mauler begibt sich zu der Eröffnung der P. Maulerschen Krankenhäuser, der größten und teuersten Hospitäler der Welt!«

»Wissen Sie, manchmal, da wird mir das alles ein bißchen viel«, sagt, ihre Miene unterstreicht es, eine Mitarbeiterin der Golin-Herace-PR-Agentur in Chicago. »Emotional, meine ich.« Gerade hat sie der Journalistin aus »Germany« das »Haus, das die Liebe baut« gezeigt, in dem Mütter mit ihren krebskranken Kindern wohnen können, wenn sie zu Untersuchungen oder Bestrahlungen in die Spezialklinik nach Chicago kommen müssen. Das *Ronald McDonald House* – grundsätzlich eine wirklich hilfreiche Einrichtung. Nur: Innen sind sämtliche Türen und Wände mit Ronald McDonalds, Coca-Cola-Fällen und dergleichen garniert. Warum gibt es hintendran einen McDonaldland-Spielplatz? »Wissen Sie«, meint die PR-Agentin, »es ist einfach so ungeheuer aufregend, wenn man in einem Unternehmen arbeitet, das so gemeinschaftsorientiert ist.« 1985 wird das erste Ronald-McDonald-Haus auch in der Bundesrepublik, und zwar in Gießen, eröffnet.

»Schaut auf das phantastische Wunderwerk, das McDonald's mit seinen Ronald-McDonald-Häusern vollbringt! Ihr spürt den Geist, den es immer schon im Innern des individuellen, wahrhaftigen

Amerika gegeben hat!« schwärmte der andere Ronald, der Präsident der Vereinigten Staaten.

Philanthropie, großzügige Spenden- und Wohltätigkeitsaktionen, Hilfe für Notleidende und Förderung des nach Gutdünken Förderungswerten – das ging in den USA schon immer mit dem ganz großen Geld einher. Oft kommt und kam das nicht nur Wohlfahrtseinrichtungen, sondern auch kritischen und engagierten Projekten zugute. Die Ford-Stiftung beispielsweise ist für ihre Aufträge an kritische Forscher, die von anderen nicht finanziert werden, bekannt.

Ausgerechnet die First Lady der Hamburger-Welt, die Witwe des legendären Ray Kroc, stiftete Millionenbeträge an die US-amerikanische Friedensbewegung, initiierte und finanzierte Vorträge von Rüstungsgegnern und hat 500 000 Exemplare des Buches »Raketenneid – Wettrüsten und Atomkrieg« von Helen Caldicott, der Mitbegründerin der internationalen Initiative »Ärzte gegen den Atomkrieg« gekauft und verbreiten lassen.

Mrs. Joan Beverley Kroc besitzt zehn Prozent der McDonald's-Aktien. Jeder verkaufte Hamburger macht sie reicher. Den Konzern-Managern, deren gesamtem Werbekonzept und deren mühsam gestalteter und kontrollierter »Corporate Identity« das politische Engagement der spendablen Lady um 180 Grad zuwiderläuft, hält sie freilich ein plausibles Argument entgegen: »Ich sage denen, wer soll wohl unsere Hamburger essen, wenn keine Menschheit mehr existiert?« Dies sei ein Grund, meint Mrs. Kroc, der selbst Reagan-Bewunderer »beeindrucken müßte«.

Ein Unternehmen wie McDonald's, das einen Massenkonsumartikel verbreitet, legt allerdings vor allem auf Gefälligkeit, Unumstrittenheit und einen Massenwerbeeffekt wert, wenn es um »der Gemeinschaft zugute kommende Aktivitäten« geht. Eine Aufspaltung in politische und andere Lager könnte schließlich auch eine solche in Kunden und Nicht-Kunden bedeuten. Wenn zum Beispiel das traditionelle Fußballspiel Temple University gegen University of Delaware ansteht, dann verteilt der Hamburger-Konzern bei den einen Buttons »Beat Temple« und bei den anderen ebensolche mit dem Aufdruck »Beat Delaware«. Am Schluß sind im Stadion alle auf einer Seite, auf der von McDonald's.

So sehr sich einzelne Mitarbeiter engagieren und zu individuellem Glück beitragen mögen, die Anteilnahme des Konzerns ist eiskalt kalkuliert: Wenn ein Kinderspielplatz, ein Kinderkrankenhaus, ein Ronald-McDonald-Haus unterstützt werden, dann geschieht dies nicht in aller Stille, sondern solche Veranstaltungen sind oft ganz konkret mit Produktwerbung verbunden. Und der Kunde als Konsument und Spender kriegt einen Hamburger, eine Cola, ein Spektakel.

Die Entfernung zum Opfer bleibt dabei so groß wie möglich. Wenn etwa alljährlich für die Multiple-Sklerose-Stiftung Ray Krocs Jerry Lewis zum »Telethon« aufruft, das von über 259 angeschlossenen Fernsehstationen in den USA übertragen wird, dann gibt es eine Runde Glitzer-Anzug-Gala-Fernsehunterhaltung, bei der Jerry Lewis für »Jerry's kids« wie ein fundamentalistischer Prediger den Leuten ins Gewissen schreit, sie sollten spenden, spenden, spenden! Gleichzeitig wird eine Plattform für Politiker, Showstars und Konzern geboten, mit der guten Tat sich und ihre Interessen zu verkaufen, und das eine ganze Nacht lang.

Tausende von McDonald's-Managern nutzen die Publizität der Spendenkampagne für die Multiple-Sklerose-Forschung, um die neuen Produkte Banana-Shake, Chicken McNuggets und Diät-Coca-Cola an den Kunden zu bringen. Neun Cents pro Shake gehen an die MS-Stiftung für manchmal todgeweihte, oft schwerstbehinderte Kinder. Oder man stellt im Store den »fun fund raiser« auf, eine Art Spardose, den »Spendenspaß«.

In der Bundesrepublik nutzte McDonald's die Eröffnung seines 200. Restaurants für eine 20 000-Mark-Spende an die Bayerische Multiple-Sklerose-Gesellschaft, deren Schirmherrin die Tochter des Ministerpräsidenten Strauß ist. Besonders fragwürdig werden solche Aktionen übrigens, wenn man bedenkt, daß gerade Krebs und Multiple Sklerose in manchen medizinischen Forschungsansätzen wie der Klinischen Ökologie als Folgen einseitiger und verfeinerter Industrie-Ernährung vermutet werden.

Das Marketing-Handbuch von McDonald's weist darauf hin, daß man mit bestimmten Nachrichten ganz sicher Publizität in der »Gemeinschaft« erreicht; aufgeführt sind da »Großzügigkeit, Außergewöhnliches, Emotionales«. Wie Boas und Chain in ihrem Buch »Big Mac« berichten, war McDonald's da, wenn sich irgendwo Katastrophen gleich welcher Art ereigneten: Mit einem Arm voller kostenloser Hamburger erschien man beim schlimmsten Schneesturm in Santa Cruz, in Joplin (Missouri) nach einem Tornado, in

Die Tochter des bayerischen Ministerpräsidenten Strauß nimmt von Walter Rettenwender, dem bundesdeutschen McDonald's-Chef, einen Scheck für die Multiple-Sklerose-Gesellschaft entgegen.

Roseville (Kalifornien), nachdem ein Munitionstransport in die Luft geflogen war, in Cleveland (Ohio) während einer Informationswoche über Bleivergiftungen, in Roanoke (Virginia), als der Elefant Frump Frump gestorben war – auch bei US-Soldaten in Vietnam.

Die »Gemeinschaft« erreicht McDonald's auf vielfältige Weise. Hierzulande werden Gutscheine als Gewinne verteilt, wenn die Deutsche Verkehrswacht Schülern die wichtigsten Regeln der Verkehrserziehung als Quiz beibringt. In den USA werden an den Schulen Materialien zum Thema Umwelt, Wirtschaftskunde und – man soll es nicht für möglich halten – Ernährung verbreitet. Solche »Lehrmittel« will Marketing-Chef Kreiner, das ist natürlich keine Werbung, auch bundesdeutschen Schulen anbieten, »um einfach dort auch unseren sozialen Charakter mit zu unterstreichen«. Aber »ganz ehrlich« muß er zugeben, daß im Gegensatz zu anderen Ländern das »uns in Deutschland noch nicht gelungen ist«.

»McDonald's und der Sport, das sind zwei, die einfach zusammengehören. Viele Millionen Menschen, nicht nur Hochleistungssportler, betreiben Sport – viele Millionen Menschen essen bei McDonald's«, heißt es im Marketing-Handbuch. So werden jugendliche Turner bei McDonald's-internen internationalen Wettbewerben gefördert oder »Familienolympiaden« veranstaltet.

Bei den Olympischen Spielen 1984 trat der Bulettenkonzern nicht nur als einer der »offiziellen Verpfleger« auf, sondern sponserte auch das Schwimmbecken mit Tribüne und Wettbewerbsanlagen. Im Sinne des Dienstes an der Gemeinschaft sollte die Anlage anschließend der Stadt Los Angeles und vor allem der Universität zugute kommen, auf deren Gelände sie gebaut worden war. Wer allerdings einige Wochen nach den Spielen nach Los Angeles kam, konnte staunen: Ein einsames Becken lag dort, nackt, ohne Tribüne oder Sitzgelegenheiten. Studenten zuckten mit den Achseln: »Ja, da ist schon der McDonald's-Pool. Aber die haben alles wieder abgebaut.« Jetzt sind ja keine Fernsehkameras aus aller Welt mehr da. Also braucht man auch keine Kulissen mehr.

Ob Familienolympiade, McHappy-Tag mit Spenden für Kinderspielplätze oder die Ronald-McDonald-Kinderkrankenhaustournee – Prominenz ist immer dabei und kann sich zudem im Lichte der Scheinwerfer sonnen und im Spiegel der Presse bewundern, allen voran in »Bild«. Zum Beispiel beim McHappy-Tag in Zusammenarbeit mit dem Deutschen Kinderhilfswerk: »AUFGABE: Profilierung. McDonald's gibt einen Teil seiner Gewinne an die Gemeinschaft zurück. McDonald's-Lizenznehmer/Manager tun mehr für die Gemeinschaft als andere«, heißt es in den firmeninternen Anweisungen dafür.

Und alle machen mit: Dorthe, Dieter Thomas Heck, Anneliese Fleyenschmidt, zahlreiche Fußball- und Sportstars, Uschi Glas, Dunja Rajter, Claudia Doren, Peter René Körner, Max Schmeling, die Jacob Sisters, aber durchaus auch eine Reihe Politiker wie die Oberbürgermeister von Hannover und Köln, die Bürgermeister von Düsseldorf, München, Lübeck und Stuttgart, die Bundestagsabgeordnete Edith Strumpf, Senatskanzleichef und Jugendsenator aus Bremen und viele andere mehr.

Der Münchener Bürgermeister Zehetmeier lobte: »Daß die Firma McDonald's, deren Geschäfte ja von unseren Jugendlichen besonders gern angenommen werden, Gelder für solche Aktionen sammelt und zur Verfügung stellt, finde ich besonders gut. Hier fließen Gelder ein, die aus dem Verkauf, dem günstigen, dem reduzierten

Verkauf von Big Mäcs eingenommen worden sind ... Ein Hoch den Big-Mäc-Essern, die dafür gesorgt haben, daß dieser Kinderspielplatz so toll finanziert werden konnte.« Was soll's, daß der gleiche Bürgermeister kurze Zeit später bei einer Stadtratsdiskussion über die Münchener Fußgängerzone besorgt warnte: »Wir müssen schon sehr aufpassen, daß die gute Stube nicht zu einer Hamburger-, Currywurst- und Softeismeile verkommt.«

Für McDonald's jedenfalls hat sich die Sache mit dem McHappy-Tag gelohnt. Die Generalsekretärin des Deutschen Kinderhilfswerkes, Jeanette Becker, schreibt dem Burger-Manager Coleman: »Mit einem 'sehr herzlichen Dankeschön' für Ihre großzügige Spende überreichen wir Ihnen heute die Spendenbescheinigung über DM 12 000 ... Wir würden uns sehr freuen, wenn wir Ihre Absicht – in diesem Rahmen noch mehrere Kinderspielplätze in Deutschland zu unterstützen – gemeinsam verwirklichen könnten. Natürlich werden wir bei den zukünftigen Projekten besser berücksichtigen, daß es sich um einen Kinderspielplatz in der Nähe (beziehungsweise in derselben Stadt) einer McDonald's-Niederlassung handelt ...«

So lockt McDonald's seine Hamburger-Käufer, und die wohltätigen Organisationen helfen mit. In der Abrechnung steht unter dem Posten »Kosten für Media« gar nichts eingetragen – da »PR-Veröffentlichungen ... Zum Vergleich: hätte man in den gleichen Medien und in gleichem Umfang Anzeigen geschaltet, würden die Media-Kosten rund 235 000 Mark betragen«.

»Die BILD-Zeitung sorgte für Publicity bei 5,5 Millionen Lesern täglich«, konkretisierte die interne Auswertung der McHappy-Tage diese kostenlosen PR-Geschichten. Und: »Bei der Suche nach Prominenten half uns die BILD-Zeitung, die über die besseren Kontakte zur Politik-, Sport- und Showprominenz verfügt.« Die Prominenten erhielten keine Gage, jedoch Publicity in »Bild«, zum Beispiel in der Münchener Ausgabe mit der Schlagzeile »Essen Sie mal einen Big Mäc für einen guten Zweck« neben einem Foto der Sängerin Dorthe.

Doch längst nicht nur »Bild« unterstützt das selbstlose Wirken der Hamburger-Brater. Stolz resümiert die PR-Abteilung über den McHappy-Tag: »in zehn Städten erschienen 85 Artikel über den McHappy-Tag mit einer Auflage von 40 Millionen«.

Ähnlich begeisternd sind die Ergebnisse der Ronald-McDonald-Krankenhaustournee: »Da Text und Fotos vorliegen, läßt sich ein

Presseartikel leicht initiieren«, heißt es in den Anweisungen für die Lizenznehmer. Die Ausbeute: 77 Zeitungen in 73 McDonald's-Städten »veröffentlichten einen PR-Artikel« – teils mit Foto. Gesamtauflage: 10 333 427. »Lachen ist die beste Medizin« – die Überschrift der McDonald's-Pressemitteilung ist bei fast allen dieser Artikel identisch.

Es ist immer wieder eindrucksvoll, wie bereitwillig die kritische, unabhängige Presse Texte des Unternehmens mehr oder minder vollständig wortwörtlich abdruckt. Da gibt es ganze Reportageseiten, wenn McDonald's zur Einführung der Chicken McNuggets in der Bundesrepublik ihren PR-Gag, den Luxuskoch »Chef René«, einfliegt.

»Ein Hamburger, den alle mögen« (Hamburger Abendblatt) oder »Noch mehr Hamburger für alle Hamburger« (Hamburger Morgenpost) – das alles sind schlicht und ergreifend die Pressetexte mit kleinen Verbindungsstücken. Die These, eine Zeitungsredaktion sei dazu da, den Platz zwischen den Anzeigen zu füllen, reduziert sich darauf, den Platz zwischen den Anzeigen mit verkappten Anzeigentexten zu füllen ...

Die Aufmachung macht es dem Leser nahezu unmöglich, zwischen Firmenwerbung und journalistischen Beiträgen noch zu unterscheiden. Der Bonner »General-Anzeiger« beispielsweise schwärmte auf einer »Verlagssonderseite« (?) von der »Super-Fete bei McDonald's« zur Eröffnung der dritten Filiale in der Bundeshauptstadt. Auf der unteren Zeitungsseite ist, von Ronald-Clown-Zeichnungen umrahmt, das Programm abgedruckt – eine Woche Kinderverlockungen mit dem Höhepunkt am Samstag, wo man sich von Fußballer Wolfgang Overath bedienen und mit Ronald McDonald fotografieren lassen kann. Der obere Teil der Seite sieht aus wie ein normaler Zeitungsartikel, liest sich aber ebenfalls als schierer Werbetext: »Schon von außen lädt das neue McDonald's zum Verweilen in gepflegter Atmosphäre ein ...« Eine Woche später folgt dann noch der tatsächlich von der Redaktion geschriebene Bericht über das Gartenfest eines »Förderkreises für Tumor- und Leukämieerkrankte Kinder« (Schirmherrschaft Marita Blüm, Frau des Bundesarbeitsministers), der dreispaltig und riesig hoch überdacht ist mit einem Foto vom Firmenclown Ronald McDonald ...

Die Wirtschaftsfachleute der Medien sind da kein bißchen seriöser – auch sie drucken, was man ihnen zu fressen gibt. Zahlen werden unhinterfragt als Information übernommen, außerhalb ihrer Zusammenhänge. »Ging so an die Presse«, jubiliert die McDonald's-Presseagentur PRINT in ihrer Auswertung bei einem abgeschriebenen Artikel der anerkannten »Vereinigten Wirtschaftsdienste«.

Eigene Recherchen sind nicht gefragt, sind anstrengend und lästig oder wegen Zeitmangels nicht möglich. All diese Mechanismen kennt Marketing-Boß Rolf Kreiner ganz genau: »Journalisten lieben in ihren Artikeln oder in ihren 'Headlines' mit Rekorden oder sowas zu ... nicht protzen, ist jetzt übertrieben, aber zu schreiben, weil das natürlich auch für den Leser 'catchier' ist, wie man sagt ... Es liegt dann einfach daran, daß wir wissen, wie die Journalisten gerne reagieren ... und dann muß man ihnen halt auch das geben, worauf sie reagieren, und aus dem Grunde haben wir nun unsere Informationspolitik an die Journalisten nicht nur auf das aufgebaut, das stimmt nicht; aber wir würzen sie mit solchen Zahlen ... Wir versuchen jetzt einfach, die Information so bildlich und so geschickt aufzubauen, daß sie auch für alle verständlich ist, sage ich jetzt einmal so, und der Journalist so wenig wie möglich danach noch Arbeit hat, sie zu verbreiten.«

So sind die Journalisten nun schon zweimal zu einem »Medientag« eingeladen worden. Ein Teilnehmer berichtete vom zweiten im WDR: »Sie reden über Hamburger wie andere über den Milliardenkredit an die DDR oder über die Genfer Abrüstungsgespräche ... Keiner interessierte sich für die Kultur des normierten Essens. Die Wirtschaftsjournaille ist in der Überzahl. Sie trinkt für mein Gefühl ein wenig zu üppig über ihren Wissensdurst nach Bilanzen, Statistiken, Umsätzen und Gewinnen.« Da war man auf Kosten des Hauses angereist: Flugreise, Taxitransfer von Frankfurt nach Darmstadt, Übernachtung im feinen Hotel und ein lohnenswertes Menü (Odenwälder Lachsschinken mit Vinaigrette-Trauben; Gemüsebouillon mit Vermicelles; Rinderbraten Esterhazy mit pikanter Rotweinsauce, gebratenen Grießnockerln und buntem Salatteller; Ingwereisbombe mit Feingebäck). Nach Abzug der Spesen errechnete McDonald's beim ersten »Medientag« eine Auflage von 18 100 867: vom »Altenaer Kreisblatt« über die »Süddeutsche Zeitung« bis zum »Ärzteblatt«.

»Ronald Reagan aß Big Mäc – Mit offensichtlich großem Appetit biß US-Präsident Ronald Reagan nach einer Wahlkampfrede in der Universitätsstadt Tuscaloosa im US-Bundesstaat Alabama am Dienstag (16. Oktober 1984) in einem Schnellrestaurant in einen Hamburger ...« (Meldung der Deutschen Presse-Agentur vom 17. Oktober 1984)

Die aufkommenden kommerziellen elektronischen Medien werden das ihre dazu beitragen, denn sie sind dankbar für jeden Werbekunden und dafür, daß ihnen Konzerne Waschzettel liefern, die sie nur noch verlesen, Fersehfilme, die sie nur noch »wegsenden« müssen.

That's the way of life

Auch wenn Michael Culps Vision nach eigenen Worten »vielleicht eine übertriebene Hochrechnung« ist, so zeigt sie doch den Trend bei McDonald's an: »Nun, ich habe mal ausgerechnet, daß das Werbebudget im Jahre 2000 rund eineinhalb Milliarden Dollar umfassen wird, daß sie dann in den USA alle dreieinhalb Minuten in den großen Netzen im Fernsehen sein werden und daß sie als alleinige Werbekunden die wichtigsten großen Netze in Japan, Australien, Kanada, Deutschland, Brasilien, England und Malaysia gekauft haben werden«, meint der New Yorker Fast-Food-Experte und Anlageberater.

Fest steht bei alledem: Die Big-Buck-Philosophie setzt sich durch. »In Amerika ist McDonald's ein, wie die Amerikaner sagen, ein 'way of life'. Es ist etwas Natürliches, mit dem die Amerikaner groß geworden sind, und Ronald Reagan hat auch das Bedürfnis, mal schnell und preiswert wo einzukehren«, so Walter Rettenwender, Präsident von McDonald's Deutschland. Und er fügt hinzu: »Und ich glaube auch, daß es in Deutschland vielleicht möglich sein wird, daß der Bundeskanzler schnell mal vorbeikommt ...« Auszuschließen ist es jedenfalls nicht.

Letzte Meldungen aus der kulinarischen Welt

Nachwort zur Taschenbuch-Ausgabe

1986 stieg der weltweite Umsatz des Branchenführers McDonald's auf 12,4 Milliarden Dollar; Profit: 480 Millionen Dollar. Die Zahl der Filialen ist im April 1987 auf 9 350 geklettert, davon 2 140 im Ausland. Mehr als die Hälfte der US-Bevölkerung lebt heute nicht weiter als drei Minuten von einem Imbißcontainer der rot-gelben Marke entfernt. Täglich besuchen 17 Millionen Kunden in den Vereinigten Staaten eine McDonald's-Filiale. 95 Prozent aller Restaurant-Gänger gehen mindestens einmal im Jahr dorthin, der durchschnittliche Kunde 20mal. »The big M«, so das Nachrichtenmagazin »Time«, ist in den Augen der US-Bürger längst kein Privatunternehmen mehr, sondern eine öffentliche Einrichtung wie Post oder Bahn – nur zuverlässiger.

Gab der Bulettenkonzern 1984 450 Millionen Dollar für Werbung aus, waren es zwei Jahre später rund 700 Millionen, fast zwei Millionen pro Tag. McDonald's sendet 30mal täglich im US-TV und -Radio Reklame.

Derweil machen sich US-Ernährungsexperten immer größere Sorgen um die Gesundheit ihrer Landsleute. Allein der Konsum der viel zu fettigen Pommes frites hat sich von 1960 bis 1984 versiebenfacht auf 14 Pfund pro Kopf und Jahr. Kinder zwischen sieben und 15 Jahren essen im Schnitt 6,3 Hamburger in der Woche.

Satte Gewinne für alle, die rechtzeitig investiert haben: Wer 1965 100 McDonald's-Anteile für 2 250 Dollar erworben hat, bringt heute 400 000 Dollar aufs Konto. Der Konzern, mittlerweile der größte Immobilienbesitzer der USA, beschäftigt in den Staaten etwa 560 000 Menschen und prahlt damit, mehr Leute als die US-Streitkräfte auszubilden, als Hilfskoch, Tagelöhner...

In der Bundesrepublik sind nunmehr in 244 McDonald's-Lokalen über 12 000 Menschen beschäftigt; Umsatz 1986: 697 Millionen DM. Die Mitarbeiter der Frikadellenschmiede erhielten ein Rundschreiben der Zentrale, in dem ihnen Diskussionen mit Kunden am Tresen untersagt werden.

Den »größten Ansiedlungserfolg« der letzten Jahre hat triumphierend das Duisburger Amt für Wirtschaftsförderung zu verzeichnen: 50 Millionen DM investiert McDonald's für ein neues Lager- und Distributionszentrum. Hier sollen bis zu 70 000 Hähnchen wöchentlich, also 4 500 Tonnen Hähnchenfleisch im Jahr, zu Chicken McNuggets montiert werden. 100 Millionen »Weichbrötchen« sollen pro Jahr von Duisburg aus nach Nord- und Westdeutschland, nach Nord- und Westeuropa, sogar nach Sizilien und Istanbul vertrieben werden. Aneinandergereiht sei die Semmelproduktion 10 000 Kilometer lang, brüstet sich Andreas Rost, Bauherr der gigantischen Fabrik.

»Eat and run« demnächst auf bundesdeutschen Autobahnen. Das Bundeskartellamt verpflichtete die Gesellschaft für Nebenbetriebe der Bundesautobahnen nach deren anfänglicher Weigerung, auch McDonald's bei zukünftigen Ausschreibungen zu beteiligen.

In Gießen eröffnete der Konzern das erste »Ronald-McDonald-Haus«. Die Schirmherrschaft übernahm, trotz Kritik aus eigenen Reihen, Annemarie Renger, SPD-Vorstandsmitglied und Vizepräsidentin des Bundestages: »McDonald's ist es gelungen, eine Lücke im Versorgungssystem des Gesundheitswesens zu schließen!«

Kanzler Kohl lud mehr als 1 000 Jungen und Mädchen aus dem Bundesgebiet ein. Das traditionelle »Kinderfest« im Park seines Amtssitzes bekam eine bekannte Geschmacksnote: Das Mittagessen für Kanzler und Kinder gestaltete McDonald's.

Endlich können sich die Abgeordneten unweit des Bundestages ihren Big Mäc reinziehen. »Es versteht sich von selbst, daß wir unser Restaurant in Architektur und Ausstattung der Bedeutung und Würde des Standortes angemessen gestalten werden«, hatte McDonald's-Chef Walter Rettenwender erklärt. Die Grünen forderten als »Nachrüstung« die Einrichtung eines »Borschtsch-Stübchens«.

Das bayerische Umweltministerium übernahm die Schirmherrschaft für die »McDonald's-Umwelttournee«. Der Werbeclown des Konzerns besuchte 1987 mehr als 300 Kindergärten der Republik. Der Bundesumweltminister (Wallmann) sowie einige Abgeordnete der CDU und FDP hatten zuvor Kritik an der appetittötenden Verpackung der Burger geübt und sich damit mit großer Verspätung den Umweltverbänden angeschlossen. Denn beim Aufschäumen der Polysterol-Boxen für Fast Food werden Fluor-Chlor-Kohlenwasserstoffe frei, die die Ozonschicht in der Atmosphäre zunehmend zerstören.

Zu hohe Chemierückstände haben US-Behörden bei Fleischimporten aus Mittelamerika wiederholt festgestellt. Die Ware wurde zurückgewiesen. Costa Ricas Landwirte zum Beispiel müssen wegen erodierender Böden 50mal mehr Chemie als Bauern bei uns einsetzen.

»Cibo veloce, morte precoce« (Fast Food, früher Tod), »Stoppt die neuen Barbaren« stand auf den Schildern über einem riesigen, dampfenden Topf voll hausgemachter Spaghetti, als sich Schauspieler, Schriftsteller, Sänger, Maler und Köche zu einem Anti-Fast-Food-Demonstrationsessen versammelten – Protest gegen die Eroberung Roms durch McDonald's. Unmittelbar in der Nähe der berühmten »Spanischen Treppe«, dort, wo das Traditionsrestaurant »Rugantine« schließen mußte, machte sich der US-Konzern breit. 450 Sitzplätze, dazu eine computergesteuerte Küche, Speisentransport auf Fließbändern bis direkt an die Mäuler der »Paninari«, der »Brötchenfanatiker«, wie sie in Italien genannt werden. Aufgrund massiver Proteste ordnete der Rat der Stadt Rom die Verkleinerung des 1 300 Quadratmeter großen Lokals auf die Hälfte der Plätze an. Die Bulettenschmiede mußte vorübergehend schließen.

Big Mäcs werden 1987 in 42 Ländern der Welt verspeist. Der Kreuzzug hinter dem »Eisernen Vorhang« hat begonnen. McDonald's hat in Budapest Fuß gefaßt. Doch Konkurrent Pizza Hut, Tochtergesellschaft von Pepsico, der weltgrößte Anbieter industriell vorgefertigter Pizza mit über 4 500 Filialen, hat bereits in der Sowjetunion Premiere gefeiert, wo die Cola-

Firma schon seit 1973 vertreten ist. Immerhin, das sowjetische Fernsehen strahlte einen schmeichelhaften Bericht über McDonald's aus: »Vielleicht«, so der TV-Kommentator, »gibt es da etwas, wovon wir lernen können.«

Pizza Hut hat auch in der Bundesrepublik erfolgreich gestartet. Das Gemeinschaftsunternehmen des Mutterkonzerns Pepsico und des Supermarkt-Giganten Tengelmann setzt nach zweijähriger Tätigkeit fast 15 Millionen DM um.

Noch schneller als hierzulande expandiert die Fast-Food-Branche in Frankreich. Gegenüber 1981 ist dort der Umsatz innerhalb von fünf Jahren auf das Siebenfache gestiegen. Drei Viertel des Geschäfts wird mit Hamburgern gemacht.

Die französische Regierung hat mit dem Unterhaltungskonzern Walt Disney Corporation einen Vertrag über den Bau eines 2 000 Hektar großen Disneylands geschlossen. Es soll ab 1992 jährlich zehn Millionen Besucher aus Europa anziehen. 25 Fast-Food-Lokale sind geplant.

Weitere Meldungen aus der kulinarischen Welt: Endlich gibt es den ersten Pommes-Automaten. »Kwik-Frits« spuckt nach Münzwurf die Tüte in 60 Sekunden voll. In Großbritannien, Europas größter Fast-Food-Markt, gibt es mittlerweile System-Haute-Cuisine; unter dem Namen »Rouxl Brittania« expandierte eine Restaurantkette der gehobenen Klasse, die es versteht, von angelernten Küchenkräften haltbare, vorgegarte, vakuumverpackte Gerichte minutenschnell per Mikrowelle zuzubereiten und luxuriös am Tisch zu zelebrieren.

Last not least: Offensichtlich vom Titelbild des Buches »Das Brot des Siegers« beeindruckt zeigten sich die Werbefachleute der Hamburger-Kette Wendy's. Sie ließen den fliegenden Hamburger als Plagiat überall in der Bundesrepublik plakatieren – für uns, die Autoren, ein Schuß, der nach hinten losgeht.

Hinweise

Literatur

G. Thornieporth, Fast Food – Ein Unterrichtsmodell, Klinkhardt Verlag, Bad Heilbrunn 1975

Hackfleischordnung international – didaktische Aufbereitung für Schule und Erwachsenenbildung, pad-Verlag, Postfach 10 01 43, 4600 Dortmund 2

Dschungelburger – Arbeitsheft zum Film (siehe unten), EZEF, Gänsheidestraße 67, 7000 Stuttgart 1

Siegfried Pater/Boris Terpinc (Hg.), Zum Beispiel Soja, Süd-Nord 5, Lamuv Verlag, Bornheim-Merten 1987

Filme, Ausstellung

»Das Brot des Siegers oder die Schlacht um die Mägen der Welt«, ein abendfüllender Film zu diesem Buch von Peter Heller über die Kulturrevolution in Europa als Folge der Industrialisierung des Essens oder den Imperialismus zu Tisch; Verleih: Verleihgenossenschaft der Filmemacher, Alfonsstraße 1, 8000 München 19

»Dschungelburger – Hackfleischordnung international«, ein Film von Peter Heller über die ökologischen und ökonomischen Folgen der Fast-Food-Industrie auf die Dritte Welt; Verleih: Verleihgenossenschaft (siehe oben)
»Fast Food – Eßkultur von morgen?«, ein Kurzfilm von Peter Heller über Jugendliche und Schnellimbiß untersucht die Wirkung industrialisierter Nahrung auf unsere Gesundheit; Verleih: Verleihgenossenschaft (siehe oben)
»Soja-Milch-Kühe« (Arbeitstitel), ein Film von Siegfried Pater und Boris Terpinc über Soja, das als Futtermittel aus Brasilien importiert wird, um damit u. a. Rinder in Bayern zu mästen, deren Fleisch zu McDonald's-Hamburgern verarbeitet wird. Verleih (ab Frühjahr 1988): medusa-film, Wackersteinstraße 20, 7410 Reutlingen 17
»Das Brot des Siegers«, eine Wanderausstellung mit zwölf Tafeln von Peter Heller und Martin Herbst. Begleitmaterialien und Diaschau, Verleih: Volksmund (siehe unten)

Aktionen

Volksmund – Informations- und Koordinationsbüro der Fast-Food-Kampagne, Friesengasse 13, Dritte-Welt-Haus, 6000 Frankfurt
Kampagne gegen Futtermittelimporte, BUKO, Nernstweg 32–34, 2000 Hamburg 50

Abbildungsverzeichnis

S. 7 und 11: Werbung der Fa. Grace (Ausschnitt); S. 15: Stiftung Preußischer Kulturbesitz; S. 21: Duden, Bildwörterbuch der Deutschen Sprache, Tafel 45; S. 23, 36, 91, 95, 267 und 278: Agentur Print/McDonald's Corporation; S. 27: Brangus; S. 34, 78, 131, 145, 160, 168, 177, 181, 189, 229, 230, 241, 245 und 261: Peter Heller; S. 38 und 124: Nations Restaurant News; S. 52: Hans W. Silvester, zu erreichen über Agentur Rapho, 8. Rue d'Alger F-75001 Paris (lt. Zeitschrift GEO, Frau Marianne Hoffmann); S. 59 und 60: Niederländisches Kartoffelinstitut; S. 62 und 66: Fa. Borden International/Weber; S. 71: Werbung der Fa. Curtis; S. 81: Der Wiener; S. 84: Bicap GmbH; S. 99: Thomas Stankiewitz/J. W. Thomson Agentur; S. 103: The Reagan Report, Doubleday & Co.; S. 110, 121, 123, 141, 143, 233, 246, 249, 256 und 273: McDonald's Corporation; S. 115 oben und unten: Barbara Wozniak; S. 117 und 118: Agentur Voir; S. 125 und 259: Paul Spitzkopf; S. 144: Time Magazine; S. 153, 164, 183, 197, 200 und 203: Siegfried Pater; S. 171: Hartmut Schwarzbach, Bahrenfelder Steindamm 101, 2000 Hamburg (lt. Zeitschrift DER SPIEGEL, Herrn Fried von Bismarck); S. 174: Walt Disney/Manager Magazin; S. 175: Chicago Tribune; S. 188: GISA; S. 193: VW do Brasil; S. 205: Achim Ferrari/Auslöser; S. 213: Hustler; S. 221: Christane Grefe; S. 231: »Bugs« Burger Bugs Killer; S. 237: Thomas Hax; S. 271: Michael Marquardt/Verlag Schaschko & Freund; S. 283: dpa.